名人餘談

高伯雨等　原著
蔡登山　主編

編輯前言

蔡登山

我曾經將當年蒐集到的有關近代史的文章，擇其最精彩的，試圖依時間為主軸，來加以分類，而編出《晚清遺事》、《晚清遺事續編》、《民初珍史》、《抗戰紀聞》四本書，出版以來，引起海內外諸多迴響，佳評如潮。究其原因，是這些文章的可讀性極高，而且可信度更高，堪稱難得一見的好文章。但由於他們非學術論文，也從未有人加以編纂，或收錄於文史資料庫中，因此成為歷史的「遺珠」。我之所以發現他們的重要，是因為這些作者，雖然大半是姑隱其名，但你整篇文章讀下來，就知道作者是親歷、親聞這些事件，絕非信口開河，大言不慚者流。而這些史料又有其價值，常常會是大事件中的關鍵點，或是見證者。對於我這個有史料癖的人而言，是非常重要的資料，因此我一疊一疊地從無數的老舊雜誌中影印起來，並加以妥善地保存，其間歷經數十寒暑。我時常去翻閱它們，後來我寫文章有時也會參考使用其中的材料，但我引用可能是其中的一小段話，或是一個觀點，為了讓更多讀者能夠一窺全豹，所以這次我把全文錄出，許多有興趣的讀者看過後都拍案叫絕，也證明「英雄所見略同」！

基於前四冊發行以來，叫好叫座，很高興珍貴的史料被重視而不再淹沒於圖書館昏暗的角落中，因此我再次賈其餘勇，再編出《歷史留痕》和《名人餘談》兩冊。這次不同於前例，不是按照時間軸來分類的，而是依照事件來分類。歷史不外乎時間與空間的縱橫交錯，時間是縱的，空間是橫的。因此這兩本書不侷限於時間的縱軸而是偏向跨界的橫軸。將同一類的主題擺放在一起，跨越時間，晚近並存的。

《歷史留痕》首篇談及留日士官系與民國政壇，誠如作者所言，由日本士官學校回來的留學生，後來都成為叱吒風雲的軍政人物，在對內及對外的戰爭歷史上表現過身手。這個「士官系」，後來還是「保定系」、「黃埔系」的老大哥。第一期的著名人物有陳其采、吳錫永、杜淮川、蔣雁行、王廷楨、吳祿貞、唐在禮、陸錦、張紹曾等。第二期的著名人物有：舒清阿、哈漢章、良弼、馮耿光、藍天蔚等。第三期的著名人物有：蔣方震（百里）、許崇智、曲同豐、胡景伊、宮邦鐸、張懷斌、高爾登、蔣百器、蔣鍔、吳光新、傅良佐、陳樂山、孫銘、張瀾等。第四期的著名人物有蔣作賓、石星川、杜錫鈞、何佩鎔、李宣倜、王揖唐、劉嗣榮等。第五第六兩期是合併畢業的，其中著名人物有：何成濬、陳之驥、袁華選、范熙績、陳毅、姜登選、朱先志、危道豐、孫傳芳、莫擎宇、李根源、尹昌衡、劉存厚、閻錫山、盧香亭、張鳳翔、韓麟春、周蔭人、唐蟒、楊揆一、唐繼堯、葛光庭、趙恆惕、李烈均、程潛、黃慕松等。（按：陸光熙、徐樹錚、黃郛、楊宇霆、邢士廉等均為七期以後，不備贅。）自辛亥革命，民國肇建，以迄於北伐成功，南北統一，其間政治組織，或黨或系，名目繁多，魚龍漫衍，變化尤劇。〈北洋軍閥統治時期的政黨〉所述，為自南京臨時參議院起，大小政黨與政團的變化，及其間若干有關的重大的事故。它們雖各制有政綱，發為宣言，洋洋大文，語長心重，實際只是拉攏幾個有名政客，掛上一塊招牌，標門待沽，投機活動，既乏堅定主張，自無固守崗位。儘可忽左忽右，脫黨跨黨，配合現實，唯利是圖。其為甲黨所推戴的領袖，亦可由乙黨奉為魁首，而被推者則對任何一黨，均不關心，分合興衰，任其演變。蔣作賓、廣田弘毅、葛魯是中、日、美三國的外交官，他們涉及當年中日外交的一段秘聞，作者說姑不論功過是非，而以一個「這個時代最痛苦的中國知識份子」來回顧這三位前輩，讀者也許可能看出我們今日國運之蹇劣，實承自當年他們處理之失策。

寫過《汪政權的開場與收場》的朱子家（金雄白），因張志韓寫了〈血淚當年話報壇〉的長文，而談及在抗戰當年，腥風血雨，上海報壇真是充滿了血淚，新聞界卻首當其衝，不少同業，都成為政爭中的犧牲品。他說客窗無俚，回首前塵，也寫一些張志韓那篇鴻文中所牽涉的人與事。真正拆穿西洋鏡，固覺乏味，仍不妨以之對「忠」「奸」之間，揭露一些真相，聊供讀者作為笑談之資料。其他還有談上海《申報》滄桑與史量才死、談上海當年四大報之一：《時報》、談「揚州才子」畢倚虹、談五十五年前的《星光》、談狀元女婿徐枕亞、談三十年代上海「藝社」的活動、談上海的小型報，篇篇都精彩可讀，史料珍貴，堪稱可謂「歷史留痕」之作。

《名人餘談》從維新派淪落為復辟派的沈曾植談起，有談章太炎及其門下的「五個王」：東王汪旭初、天王黃季剛、翼王錢玄同、北王吳承仕、西王朱逖先，而章太炎的師徒三代，則從章太炎、黃季剛說到劉博平。他們年齡的差距都不遠，劉博平和黃季剛，只相差幾歲；黃季剛和章太炎，也只差幾歲。儘管歲數懸殊不大，但對師道尊嚴，卻看得最重；他們師徒之間，最重禮數，逢年過節，或久別乍見，依例都要躬行叩拜之禮；行禮和受禮者，都視為行所當然。最聰明的人，有時不一定記憶力最強！反之，記憶力最強的人，則多屬最聰明之士！湘潭奇士沈鏝若，堪稱縱橫一代，睥睨千秋。自幼即以神童著稱，因資質超越，造詣精湛，不逾弱冠，已成為傳奇一類人物。書畫大家葉恭綽曾是民初交通系掌門人，這是一般人所較不熟悉者。葉恭綽是梁士詒一手提攜的大將，是交通系的要角。尤其是在一九二一年三月在他任交通總長任內將上海工業專門學校、唐山工業專門學校和交通部原先在北平設有的郵電學校及鐵路管理學校四校合併，改為交通大學，增加其預算及設備，並廣延師資，培育不少專業人才。唐紹儀是中國近代歷史上的一位關鍵人物，以民國首任國務總理而為大眾所知。歷史學者經盛鴻說：「關於唐紹儀的死因，多年來一直撲朔迷離，議論紛紛，莫衷一是，成為疑案。直到近年，蔣介石的日記與其他史料陸續公開，就在唐被刺死的第二天，蔣介石在日記中寫道：『此實為革命黨除一大奸。此賊不除，漢奸更多，偽組織與倭寇更無忌憚矣。總理一生在政治上之大敵，我黨革命之障礙，以唐奸為最也。』蔣介石的日記與其他史料，終於使唐紹儀被刺案真相大白於天下。」歷史學者王綱領認為「他卻自稱一生中『對於外間任何謠言，向不聲辯，而以事實為之表現』，而始終未公開表明態度和政見，使國人動搖了對他的信任，亦授『鋤奸』者以把柄。」這位以遜清郵傳部尚書，首膺民國開國第一任國務總理，曾經望重中外，最後卻成了難逃一斧的悲劇人物！

〈趙竹君趙叔雍父子傳奇故事〉和〈名士風流趙叔雍〉談的是趙鳳昌、趙叔雍父子。趙鳳昌被稱為「民國產婆」，當年在「惜陰堂」中相與計議。此後以十七省代表之力，奠定南京臨時參議院的鎡基，建立共和政體，進而設置臨時政府，推舉孫文為臨時總統，推源溯本，固不妨謂此為其胚胎。趙叔雍是詞人，在國學浸衰的今日，可當一代詞宗而無愧。他親炙於大詞家況夔笙之門，得其薰陶而卓然成家。於詩於文，也都冠絕儕輩，他駢文的典麗，古文的樸茂，而且手揮目送，下筆千言，不加雕琢，往往於談笑中成之。論者謂戴季陶在晚清之際，以「天仇」為筆名，為文犀利淋漓，甚具朝氣。一九二一年之前，從事新文化運動，與陳獨秀、沈玄廬輩，大倡社會主義，亦還有維新氣象。迨官居考試院院長，則一變原有之慷慨激昂，反而仗馬寒蟬，唯唯諾諾，只剩長樂老之風。「良弼」、「天仇」、「季陶」、「傳賢」這些名號，正代表戴季陶一生有此數變矣。在中國近代史上，有兩個人獲得「財神」的綽號：一個是梁士詒「梁財神」；一個是孔祥熙「孔財神」。說起來真是無獨有偶，他們兩個人，都先後當過財政部長。梁士詒還是清末民初中國政壇上重要人物，交通銀行和「交通系」的創始人和領導者。宋子文在當財政部長的時候，也曾有人稱呼過他「財神」，不過他在財政部長任上，總共衹有七年時間，而且中間還經過了兩次下野，七年時間，並不是一口氣蟬聯下去的。此外，更加上宋子文擔任財政部長期間，又是國府財政最艱苦階段，所以，他的「財神」綽號，也就沒有以後的孔祥熙那麼響亮。孔祥熙一任十二年的財政部長，在中國歷屆擔任這項職務者而言，他可以算是幹得最久的了，所以他這個「孔財神」的稱呼，也就因此叫得就格外響亮，中外咸知。王正廷與顧維鈞兩人，在民國外交壇坫上久據要津，非但為國人所熟知，而且蜚聲於國際；遠在一九一八年第一次世界大戰結束，次年舉行和平會議於巴黎，北京政府派遣代表團前往參加，由於席次的問題，造成王、顧二人的失和。此一民初政壇秘辛，早已成為談助。王、顧二人對國家社會各有其重大之貢獻，其勳業鴻猷可謂各有千秋，據種種傳聞，王、顧二人自巴黎和會失和後，終王之世未能恢復。說到林長民今人都不識了，但若說起他的女兒才女林徽音，那知道的人可多了。一部《人間四月天》連續劇播出後，可說是「滿城爭說林徽音」。但才女的父親也稱得上是「一代才人」，當年他身死於郭松齡之役，福建耆宿、曾任溥儀老師的陳寶琛輓以聯，就有：「喪身亂世非關命，感舊儒門惜此才」之嘆了。林長民工書法，是由晉唐人入手的，美妙絕倫；中歲參了北碑的態勢，更在雅秀之中，顯出樸茂勁遒的意味，所謂「融碑入帖」。康南海作《廣藝舟雙楫》，以評書家自命，曾和伊峻齋（立勳）說起：「你們福建書家，卻只有兩位……」伊峻齋以為他會是其中一個，那康聖人卻從容地說：「一個是鄭蘇戡（孝胥），一個是林宗孟。」而當年王世澂、黃濬所辦的《星報》，蒲殿俊、劉崇佑所辦的《晨報》，常登林長民的詩。《晨報》是研究系的喉舌，孫伏園、徐志摩先後皆曾任副刊主編。這兩家報紙的編輯校對，一見有林長民送來的詩稿，爭著搶到手，把詩謄錄一過，留起原稿，而以抄件付字房排印。原來林長民的詩稿都用特製的箋紙所寫，書法秀逸如不食人間煙火，見者愛不釋手也。

《歷史留痕》和《名人餘談》兩書的作者雖有些用筆名，一時間難以查考。而如秦嶺雲、趙世洵、朱子家（金雄白）、林熙（高伯雨）、傑克（黃天石）、劉豁公都堪稱大名家。秦嶺雲、趙世洵、金雄白都是名記者出身，文筆斐然。劉豁公是有名的劇評家，高伯雨、黃天石精於掌故，有名於世。感謝香港掌故家許禮平先生之協助，徵得高伯雨女兒高季子之同意收錄其父親的幾篇文章，以光篇幅，特此致謝！

目次

從維新派淪落為復辟派：記沈曾植

柳小石

沈曾植晚年號寐叟，是清末民初的一代大儒，受當時學人所推崇，他治學尤以西北史地最見重於世；不過他的頭腦卻非常頑固而封建。他在戊戌變法前，本是一個維新派，曾贊助康有為創立強學會，敦促康有為公車上書；可是到了辛亥革命以後，民國建立，他卻和一批滿清遺老，策劃「清室復辟」。前後不過十年，一個維新人物竟變成了落伍者，實在是一個大諷刺。

丁巳復辟居主謀地位

當辛亥革命爆發時，沈曾植從故鄉嘉興移家上海，賃屋於麥根路，所居自署「海日樓」。他因足疾，終日沉浸在古碑帖和版本中，很少外出。凡所題跋，全用遜清甲子。他往來的都是復辟派，如升允、勞乃宣、陳煥章等。張勳復辟醞釀期間，一般遺老們都在策劃奔走，沈寐叟也是其中之一，外間人只知他參預其事，卻不知他在這次復辟事件中，完全居於主謀地位，這可於沈致復辟派首腦之一劉廷琛的密函中窺見一斑。原信如下：（按：這封信是沈托胡嗣瑗和陳曾壽轉交劉廷琛的。為便於明白信中的許多隱語及人名，特於括弧內詳加註釋。）

致劉廷琛的密函原文

潛公（即劉廷琛。劉字幼雲、號潛樓）足下：愔（胡嗣瑗號愔仲）來備悉近情，題已暗點（所謂點題，即指復辟一事），距躍三百，既已如此，則明點益不可緩。蓋此事黨人已認為必有，而在疾雷不及掩耳之時，倉卒無從抗拒，稍遲緩之，則異說異計紛紛並起矣。起於點題後應之易，起於前則應之難，此不可不切陳於桓侯（張勳）者也。津門之帥（指段祺瑞），即見其端，聞諸自彼來者云，實進步黨即報所謂陰謀家者主之。此輩以研究會故，似與倪（指駐在蚌埠的安徽省長倪嗣冲）張諸人已有瓜葛，與袁系諸人有不可斷之關係正同。然袁系志在富貴、可駕馭（指袁系如阮忠樞、雷震春、張鎮芳之流貪圖利祿，易於駕馭也），此輩志得政權、難駕馭也（進步黨人湯化龍、梁啟超則志在奪取權，非利祿所能羈縻）。東海（徐世昌號東海）醉心此輩，桓侯自任軍事，或恐以政事委東海，此輩得手，則公等為所制矣。其弊：易駕馭者去，而難駕馭者留，交鬨而內蝕，敵黨乘之，亂事起矣（沈對當時國內外的情況以及復辟、反復辟各樣腳色，都有所論列）。頃聞湯（化龍）梁（啟超）曾至彭城，此時或是謠傳，異日必為實事，竊為桓侯憂之。在此時固無一概拒絕之理，然禮貌牢籠，萬不能令參帷幄。此界限不可露，卻不可不清，郇仲必許我此意也（促請張勳提防進步黨人）。事定後，須得一舊章京練習故事者，置諸左右。杭人許某（舊軍機章京許寶蘅），仁先（陳曾壽號）所稱，願公留意。汪甘卿通敏曉事，且瘁心此事多年，似亦宜電召之也。外交自以梁松生為最妥，而辜鴻銘佐之（侍丞皆可），萬一外交團有以復古為疑者，非此君不能與之講解也。此間諸梟，束手乏策，惟日翹望於西南。西南固未如所望，就如所望，兵力單弱，諭降戡亂亦易易耳。孫文則揚言不反對，唐（紹儀）、岑（春萱）皆觀望不前，李烈鈞入粵之謀，為東人（日本）干涉而止。聞寺內意，惟復辟不干涉，他必干涉（按：沈曾植說是寺內首相對復辟不干涉，其實大錯特錯；原來徐世昌曾密遣親信陸宗輿赴日，探聽日本當局對復辟的態度，日當局鑒於袁世凱帝制失敗的教訓，表示：今所謂復辟者，乃十餘齡之幼主，又有種族問題揉雜其間，不待智者，可知其致亂有餘，致治不足，未敢予以支持。沈不知有這一番經過，因此更不知支持段祺瑞的寺內，正是反對復辟的後台。他說寺內不會干涉，可能是誤聽日人佃信夫——此人曾赴徐州蠱惑張勳，說日本支持復辟——誑言所致）。即美人暗助民黨，亦將暗與干涉。南方情形萎縮，以此報家猶吠虛聲，所當明辨者也。肅泐即請

勛安　　弟植

同信封內，尚有一短箋致胡嗣瑗、陳曾壽的：「潛公一緘希面致。兩公到津所見聞，務望各一紙相示，至懇。鄙不憚此行，懼無合群之才。愔（胡嗣瑗）、仁（陳曾壽）兩兄。」

要求復辟已迫不及待

接著張勳入京，強迫黎元洪解散國會，改由李經羲組閣，復辟仍難進行。復辟份子們窮思苦索地來找「題」作。胡嗣瑗給劉廷琛信中說：「題已覓得，即于麟詩派不能家，二樵一老諸生，焉能籠罩一切。請告諸吟侶勿散。」這個題目是想指揮各省反對李經羲組閣，使復辟有所借口。明李攀龍，字于麟，指李經義。二樵姓黎，指黎元洪。可見同一「題」字，在不同的場合，卻有不同的涵義，未可一概而論。

在沈這封信中，可以看出他是有深謀遠慮的。他對當時形勢的分析，充滿樂觀，要求實現復辟的迫不及待的心情活現紙上；至於對張勳，在稱呼和口氣上也是寄以厚望的。

代張勳草擬三個文件

沈在這封信中還附有代張勳等人草擬的「請復位奏」，代溥儀草擬的「復辟登極詔」以及「第一月行政大略」三個文件。

他在「請復位奏」裏說：「竊惟國於天地必有與立；所以立者非它，則君臣大義，尊卑上下定位而已矣。有史以來，吾中華民國以五倫、五常建邦保亡，而父子、夫婦、兄弟、朋友之達道，要必藉君臣道立，而後四者得有所依而不紊，五常得有所統而可推。民彛自天，歐亞殊性，猶目眼膚色之不同，不能削趾以適履者也。」

在「登極詔」裏他又說：「惟天降作君之義，為生民物則之原。尊卑上下之相維，乃利用厚生而得所。昭然歷史，深入人心。……自今以往，政刑必根於道德，謀猷軌於典常。彙萬邦之智術範諸周孔，以保國粹於將來；建一統之規模攸曁朔南，同逊天庥於上帝。有倫有脊，不競不求……」

這兩個文件後來都沒有用上，因為後來復辟的「上諭」是出自陳曾壽的手筆，且由胡嗣瑗加以增刪，但就其結構來說，還是以沈稿為藍本。

實際可行的重要文獻

至於沈所擬的「第一月行政大略」卻是一篇重要文獻，因為其內容都實際而可行。茲錄原文如下：

草創時，暫不設內閣，置議敀大臣（四至六人不拘）於外朝，置軍機大臣於內庭（二三人、宜少不宜多）隨時詔授，不必定額（特詔）。各部長均改為尚侍，督軍省長改稱督撫藩司（其下庶僚均由司逐漸規定）以改易海內視聽。桓侯統環衛之任，定武軍選數營為侍衛軍，桓侯仍為議攻大臣、軍機大臣之首席。徵詔遺老，以電令行之，可分數次，每次數十人。復翰林院兩書房，修史館，議院封閉（恐其猶未散也）。其諸會未散者，軍警監視，不必下明詔。凡諸措施皆可以簡單諭旨行之，不必事事詳言其所以。凡今日祕書之職，實為政治樞機，必不可諉之他人。諸公不可不置身其間，握其關轄。尚侍皆虛車耳，以尊有功，以待耆舊。

右第一月行政大略，燈下書此，目眵神疲，不及詳委，公是解人，聞一知十可也。

張勳復辟後，一切措施，如機構的組織，人事的安排，幾乎全抄自沈的「行政大略」。沈則被派為學部尚書。

患難無朋友可為一慨

復辟失敗後，沈和康有為一同逃入東交民巷美森園（即美國公使館）請求政治庇護，康、沈兩人同為維新人物，現在則是逃亡的復辟派，兩人寄住美使館時，曾互相酬唱以解憂愁。沈和康的詩中有：「香火因緣定幾生，百年憂患飽同更。」之句。

沈在求庇期間曾寫給六弟沈曾林一函，有云：

……病山（按：指王乃澂）極力勸我北來，今渠南歸，竟無一字通知我，患難之際，絕不相顧，可為一慨。我不願得尚書，亦病山與陳仁先（曾壽）力阻我辭，留此活繻。今渠等歸，竟棄我老人於不顧矣。兄近體勉可支持，北方勝夏，究勝南中，然老病龍鍾，是其常態。人或笑之、或憐之，或謂如此高年，何苦來此？乾笑而已。浙局事止可請子修（指吳慶坻）接手，未了之件，兄歸後自行清理。此行挪用局款，將來兄自有辦法，現在不必提也。病山、仁先到壇，諒必相見。二君各有隱情，所言不盡可信，須善聽之。兄信中語，亦不必盡情相告也。

復辟失敗尚書作不成

沈對於病山（王乃澂）仁先（陳曾壽）的抱怨、尚書的懊惱、以及北來的苦悶，在這封家信中都坦率地流露出來。本來浙江方面曾以數萬聘金請沈修《省志》，他自任總纂，約吳慶坻（子修）、金蓉鏡（甸丞）等為分纂，已著手進行。如今列名（宗社）黨籍，成為逋客，再難繼續下去，不得不讓吳慶坻接辦此項工作。

復辟份子中如劉廷琛、胡思敬、鄭孝胥等，擁有多貲的究係少數；其餘多是「寒酸」，作過陝甘總督的升允就很窮，專賴日人供應。他們在上海有「一元會」之組織，參加者，每人每次出一元錢作酒飯費。復辟失敗後，胡思敬還計劃籌一筆錢，接濟胡嗣瑗和陳曾壽的艱窘。就寐叟說，不過中人之產，此次北上作政治活動，非比尋常，身邊要帶較多的錢，亦不得不動用「志局」的款項以應急；可是尚書沒作成，反欠下這一筆債，有苦說不出，只好乾笑。

兩個歷史的悲劇人物

張勳復辟前後，各樣道門也很活躍：在北京有錢能訓辦的同善社；在上海有濟公壇、呂祖壇多處，妖言惑眾，形秘密組織。宗社黨人也利用「壇」為會晤場所，《緣督廬日記》丁巳年二月五日記：「前日扶乩，濟顛臨壇，乙庵與古微同往問休咎，神示神龍再見。」古微是朱祖謀，乙庵即寐叟（沈曾植）。扶乩是騙人的勾當，沈是知道的，正因他深知病山（王乃徵）、仁先（陳曾壽）到壇會造謠，故告六弟不可盡信其言。

沈（曾植）給劉廷琛的信是復辟的政治綱領；給六弟曾林的信是復辟失敗後他的情況。各有其代表性。

康有為和沈在上海時常相過從，後來沈死，康在輓沈的長詩中曾歷述兩人的交誼和遇合。這兩人學問都不錯，兩人的政治歷程也有相似之處，都是從維新派淪落為復辟派，是歷史車輪下的悲劇人物。

沈的弟子胡步曾輓師詩曾極力為沈迴護，原詩云：

寧止易代袁，恐有滅國恥。

所以七十翁，海濱蹶然起。
奉新果何物？亦知無幸理。
鹿死不擇音，臣心如此耳！

記章太炎及其門下的「五個王」——馬敘倫份兼師友．湯國黎情篤伉儷

西門柳

記得抗戰後期，曾有一位詩人這樣說過：「當代我所師，新會與餘杭。」所謂「新會」乃指梁啟超；「餘杭」則指章太炎。蓋數十年前國人多習以其人之原籍呼其人，尤其在民初年間，蔚為一時風尚。

這位詩人將梁、章兩人並列，雖說是崇敬先賢；但稍知章太炎個性與思想的人，都會感到比擬不倫，如果太炎泉下有知，說不定要視為生平最大侮辱。因為章氏晚年居蘇州時，他的門人去探候他，談起近代文人時，他說：「文求其工則代不數人，人不數篇，大非易事；但求能入史斯可矣！若梁啟超輩，有一字能入史耶？」他對梁啟超的評價竟是如此的。

章太炎謝師亦曾被人謝

章太炎（炳麟）少受學於俞曲園（樾），俞是晚清一代的樸學大師，太炎從學，得益匪淺，

後更精進，蔚成一家，大有青出於藍之勢，其規模造詣，已非曲園所能限，也可以說是俞門之光。但在民族主義堅決立場下的章太炎，也曾一度寫下了所謂〈謝本師〉之作，以否認與俞氏的師生關係，那不過是一時氣憤而發，到了民初他手訂《文錄》時，已將此文刪去了。

太炎對於乃師的這種態度，若從學術立場看來，未嘗不是「吾愛吾師，更愛真理」的一種表現。然而歷史畢竟是殘酷的，太炎這一手〈謝本師〉的趣劇，不料又給他的弟子周作人抄襲了一次，那是五十多年前太炎在北洋軍閥孫傳芳幕中行「投壺」之禮的時候，作人大加反對，也寫了一篇〈謝本師〉的文章登在《語絲》上面。

確未料到自己從「謝」人而做了被人「謝」的對象，他當時的感慨如何，則非我們所知了！

在東京時門牆桃李稱盛

俞曲園傳其學於章太炎，太炎在其門弟子中，又傳其學於何人呢？換一句話說，以太炎弟子之多，究竟他認為誰是他的「王牌」呢？我們知道太炎平日是異常自負的，他曾經說：「研精學術，忝為人師，中間遭離　亂，辛苦亦已至矣。……吾死以後，中夏文化亦亡矣！」

以此推論，就有人認為他對於他的門弟子幾乎完全採取了不信任的態度。

以我們所知，太炎先生教學的生活可分為兩個階段：

第一個階段是他在東京亡命的時期，除了負責主持《民報》外，兼以教學為主；

第二個階段是他晚年寓居蘇州，設章氏國學講習會的時代。

若說到造就人才之多，自以東京時期稱盛，其時頗多知名之士向他受教。例如上文所提到的周樹人（魯迅），此外，還有錢玄同、龔未生（後來成為太炎女婿）、黃季剛、許壽裳等人。關於太炎在日本講學的情形，周樹人有一篇文章曾經紀述過，他對於太炎的印象，又似乎比較介弟好得多了。

章門弟子中曾有五個王

章門弟子之一，史學家朱逖先（名希祖，浙江人，曾任北大教授）死後，其子伯商所撰的〈哀啟〉中，曾經提及太炎晚年在蘇州暇時，曾經將門弟子五人戲封為天王、東王、西王、北王及翼王。這便是章氏心目中的幾張王牌了。汪旭初（東）的《寄菴談薈》中亦記及此事：「先生（指太炎）晚年居吳（指蘇州），余寒暑假歸，必侍側。一日戲言：余門下當錫四王。問其人為誰？曰：季剛嘗節老子語，天大地大道也大，丐余作書，是其所自也，宜為天王；汝（指汪旭初）為東王；吳承仕為北王；錢玄同為翼王。余問錢氏何以獨為翼王？先生笑曰：以其常造反耳。越半載，繼見先生忽言，以朱逖先為西王。……今先生與諸子，皆已後先殂謝。一時詼嘲。思之腹痛！」

東王汪旭初天王黃季剛

汪旭東是一個典型的蘇州人（汪氏之兄榮寶，曾任北洋政府駐日公使，所以文中說「寒暑假歸」），為人氣性和平，填起詞來，柔若無骨，有女兒氣。章氏門下五張王牌中名氣最著、骨氣最傲、可以繼承章氏者，那就要數到黃氏季剛了。

黃季剛名侃，又號病蟬，湖北蘄春人。民初東渡日本習法學，那時太炎恰好也在東京，於是輾轉請朋友介紹，上書章氏，並附上自己的著作，竟大得太炎的賞識，給他一封回信，劈頭就說：「得手書知君為天下奇才。」這一封信是黃季剛一生最得意的瓌寶，酒酣耳熱之餘，往往可以背誦如流。黃氏後來在音韻學方面的成就，據說是自顧炎武、江永、戴震、段玉裁、王念孫、章太炎以下，一人而已！黃氏與汪旭初同在中大時，學者稱為「汪黃」，黃季剛聽了心中大不高興，非叫人改稱「黃汪」不可；亦可見其倔強之態矣。

翼王錢玄同北王吳承仕

至於錢玄同，又號餅齋，他因疑古而叛離乃師，所以章氏指他常常造反也。但事實上也傳了他小學方面的絕學；可是在經學思想上，卻與章氏走了相反的方向。章先生是相信古文的，餅齋則受了崔觶齋的影響，所主的是今文。又：玄同在文人中有「二瘋子」的綽號，與太炎之被稱為「章瘋子」，亦足媲美。

五王之中，談到氣節與現代知識，又似推吳承仕為第一。吳氏為安徽歙縣人，前清舉人出身，他曾經筆錄太炎的學術演講，包括歷史、訓詁、詩文諸學，後來刻入他的著作中。九一八事變後，他受時代思潮的激盪，服膺社會主義學說，所謂以治樸學的精神去讀「反杜林論」（齊燕銘語）。進而參加領導北京學術界的救亡運動。抗戰發生，他在天津英租界被日本憲兵引渡逮捕，非刑拷打，終於不屈而死。

至於西王朱逖先，因在北大執教多年，且埋首於史學中，與外界較少接觸，故本文對朱氏事蹟，無多敘述。

章與馬敘倫關係最深切

章氏五張王牌之中，有安徽人，有江蘇人，有湖北人，只有一個浙江人；但現在浙江的學者，與章太炎關係深切的，尚不乏其人。例如馬敘倫（夷初），就是他的杭屬小同鄉，他們關係在師友之間，並且非常深切，故不論其道德行為如何，不可不附記於此。

據馬敘倫的自述，幼年曾受學於湯頤瑣及宋澄之兩氏，湯、宋都是俞曲園的大弟子，與太炎有同門之雅，馬氏應尊太炎為師叔也。馬氏與太炎發生關係，早在光緒二十八年（公元一九〇二）

間，他初到上海的時候，太炎正在上海鼓吹革命。有一次章氏在張家花園演講，馬氏也跟著許多人一起，向他致敬。章氏對後來馬氏的影響頗大。馬敘倫與黃晦聞合辦《國粹》時報，太炎替他寫了很多文章，他們過從很密，政見相合。

批評桐城派獨譽馬其昶

民國初年太炎被袁世凱羈留於北京，那時馬氏正在國立北京大學文學院教書；而章門五王之中，錢玄同、吳承仕、朱逖先都經常去探視他的。馬敘倫也常常去看他。太炎那次到北京去的時候，正是甫度蜜月未久，因應共和黨之招有事擘劃，始由上海去北京。初意小住即行，不料一入都門，就被袁世凱軟禁於前門外大化石橋之共和黨黨部。一度移居龍泉寺，後又遷往東四牌樓的錢糧胡同。當時章氏的門生故舊，對於這位老先生的自由問題，奔走營救，恐怕也以馬敘倫與錢玄同出力最多。玄同之兄名恂（就是日本文學專家錢稻孫的父親），確是太炎生平一大知己，清末章氏得入張之洞的幕府，也是錢恂代為延致的。這時錢恂正任總統府顧問，地位不甚重要，只好輾轉託人說話；但亦不得要領。

太炎在龍泉寺曾一度恢復自由，那卻是敘倫與黃晦聞向袁系的政治會議議長李經羲要求所得結果。移居到錢糧胡同不久，袁氏特務吳炳湘之流，又對章氏作起威福來，連見客的自由都被剝奪，章氏大憤。這一次還是馬敘倫找到一位桐城派古文家馬其昶來向吳炳湘疏通，才鬆了門禁。章氏與馬其昶的會見也是在此時，經敘倫介紹而訂交。馬其昶以《毛詩考》向章就教。章對馬其昶的批評較對其他桐城派文人為寬大，曾說：「並世所見，王闓運能盡雅，其次吳汝綸以下有桐城馬其昶能盡俗。」其淵源即在於此。

章太炎絕食馬敘倫苦勸

太炎見客的時候，一向是非常傲慢的，他曾經將一位西北的名將領（編者按：此人是孫岳），毫無理由的逐出客廳之外；但對馬敘倫卻很客氣的招待他，有時還誠懇的留他一齊吃飯。不過，太炎在被幽居的時候，所有飯碗和筷子、湯匙等都是銀子做的，這是他吩咐的，因為怕袁世凱在食品下毒藥，每飯必以銀子來試驗一下有毒沒有。說到吃飯，太炎是不顧什麼滋味的，吃起菜餚，照例也不過吃在他面前的兩樣。廚司每天請示他作何菜？章氏也只能想出兩種：一是蒸鷄蛋；一是蒸火腿。他待客的時候，也以這兩樣為主要名菜。

有一次，太炎憤而絕食了。各方勸說，都歸無效。最後又是敘倫出馬來安慰他。那時正是嚴冬天氣，太炎已經絕食兩天，僵臥在床。因為他平日預防袁世凱要用煤氣毒死他，所以一向是不許用火爐的。敘倫忍著寒冷向他辯說，由孔孟老莊談到佛學理學，最後才說到本題，勸他復食。從早上一直勸到晚間八時，太炎忽然想到不該叫客人同時絕食，要留馬氏吃飯，敘倫乘機提出與太炎同食，章氏終於勉強吃了一盌鷄蛋，幽居中的一代大師也就此復食了。

馬敘倫南下有詞寄太炎

馬敘倫後來終於別了太炎，南下參加倒袁的工作，這也多少出於太炎的鼓勵。敘倫後來描寫兩人分別之時，說彼此的心理非常難過，太炎那次忽然破例送他到了台階的下面，流露出一種依依不捨之情。那時敘倫在他身邊，正好像是他的「護衛」，以章先生平日之富於感情，又豈能無動於中！

為了珍重紀念那一個時期兩人的公誼私情，馬敘倫南下以後，有一闋〈高陽台〉詞寄給太炎，非常動人，詞云：

燭影搖紅，簾波捲翠，小庭斜掩黃昏。獨倚雕闌，記曾私語銷魂。楊花愛撲桃花面，儘霏霏不管人嗔！更蛾眉暗上窗紗，只是窺人。

從前不解生愁處，任灞橋初別，略搵啼痕。爭道如今，離思亂似春雲。銀箋欲寄如何寄？縱回文寫盡傷春，奈人遙又過天涯，斷了鴻鱗！

章門諸大弟子之中，馬敘倫與朱逖先、沈兼士等為同鄉，又是北大同事，交誼甚篤。此外和錢玄同等相處倒也無間。祇是曾與黃季剛一度不睦。馬氏所著《石屋餘瀋》，對於黃季剛頗有微詞。太炎晚年與馬敘倫比較疏遠了一些。其中原因，據章夫人湯國黎女士後來告訴馬氏，黃季剛從中的離間，似乎不無嫌疑。太炎居蘇州時，設國學講習會於吳王廢基錦帆路上，惜為時甚短，似乎也沒有造就出什麼偉大的人才來；而在那個時候，他的老伴馬敘倫，則已經在兩度任教育次長，一度任浙江教育廳長後，厭倦了宦海的生涯，從新回到北京大學去教書了。

章太炎晚年態度已改變

九一八事變後，全國各地都醞釀著一種反日的群眾運動。太炎是南北的人望所歸，雖然是在野之身，卻很受各方面的注意。當施肇基、顧維鈞代表政府，在當時的「國聯」中與日本人從事外交戰的時候，為了對東三省歷史地理問題不大清楚，每次都打電報向太炎請教，因而獲得寶貴的資料。那時太炎已是憂患餘生，對於人生的體驗較多，涵養日深，加以湯夫人從旁婉勸，做人的態度也改變了不少。他甚至寫信給友人說：「少年氣盛，立說好異前人，由今觀之，多穿鑿失本意，大抵十可五耳，假我數年，或可以無大過。」

他的老友曹亞伯寫了一部《民國開創史》送給他看，並要太炎題詞，他一聲不響，拿起筆來對客揮毫一番，寫的卻是「英雄割據雖已矣，文采風流今尚存」兩句詩。章氏是一代文人，本身又是與開創民國歷史有絕大關係的人，你要他題字，除了這兩句外，還有什麼可說的呢？

晚年的章太炎，正是絢燦之極，而歸於平淡。不過他雖事事退讓，以涵養為上；但是遇到國家民族存亡與文化絕續的關頭，依然不肯放棄責任。所謂烈士暮年，壯心未已。九一八以後的一個時期，親日的低調籠罩全國，章氏與馬相伯老人特聯名通電全國，以民族大義號召國人，這電文是太炎親筆所擬，其中警句有云：「欲專恃長城，則無秦皇之力，欲偷為和議，並無秦檜之才。」一時爭相傳誦，群呼痛快。

欲捧黎元洪與老袁競選

太炎在民初曾捧過黎元洪，那時黎氏是臨時副總統，太炎特由上海溯江西上，到了武漢，與黎氏作歷史性的會見。太炎一見到黎氏，恭維備至，力請他與袁項城作總統競選。不知道黎元洪正在畏懼袁項城的氣燄，在明哲保身之下，他聽了章氏放言高論，既不能掩耳疾走，只好顧左右而言他了。因此裝著一副關心章氏的樣子，娓娓地詢問他的家世；及至知道太炎斷絃未續，則反力勸早擇佳偶，以為內助。太炎給黎氏的一句話提醒了，也想到中饋久虛，終非長策，這樣才促成他和後來的夫人，當時的才女湯國黎女士正式結婚了。

章夫人填詞寄意多淒婉

太炎在蘇州辦國學講習會的時候，湯夫人一直都陪伴在他身邊，伉儷之情，老而彌篤。太炎夫婦晚年極愛蘇州，這一點與俞曲園也很相似。湯夫人更有「不為陽澄湖蟹好，此生何必住蘇州」之句，膾炙人口。

太炎既死，湯夫人哭之甚哀。最難得的是在抗戰淪陷時期，夫人還將太炎的文學講習會自蘇州遷入上海租界，艱苦的支撐殘局。後來內部經費支絀的情形給敵人知道了，於是，派人去游說，並擬送以相當數量的「津貼」，卻給夫人嚴詞拒絕了。她隨即忍痛的遣散了學生，結束了學校，以絕後患。敵偽方面對她倒也無可奈何！後來她回了蘇州，境遇聽說不大好，太炎的遺棺，一直都暫厝在錦帆路的後院中，原來計劃要遷葬於西湖，因亂而作罷。

章夫人的文學修養本來不錯，所作詩詞，均很出色，嫁給太炎後更加精進了。於對章先生的死，她猶多淒婉之思。下面是她在章先生逝世兩年後所寫的兩闋小詞，愁苦之情，令人不忍卒讀，抄錄於後，以為本文的結束：

〈浣溪沙〉

忍把沉檀換劫灰，莫停紅燭上妝臺。枉教蠟盡淚成堆，舊事已隨落水去，舊愁還似暗潮來，更無一處可低徊！

〈鷓鴣天〉

猩色屏風舊畫圖，龍鬚方錦夜深鋪。已涼天氣本來好，攬得秋魂入夢無？燈欲灺，月成弧，碧闌干外露如珠。殘蟄啼暗梧桐影，金井人還轉轆轤。

國學大師章太炎的師徒三代：從黃季剛說到劉博平

馥屏

餘姚章太炎氏，桃李遍天下，在我國學術界有國學大師之稱，如錢玄同、朱宗萊、沈兼士、黃季剛等皆為其得意門生；但大多以所究文學著稱，其間尤以黃季剛對文字學研究功夫最深。筆者在高中時代聽過北大出身講文字學老師朱佛定的課，他極力推崇黃季剛，認為近代研究文字學最有成就的人，應以黃氏為首；並說黃氏在文字學方面的造詣，實在超過他的老師章太炎。

對文字學有精闢研究

文字學，古稱小學，顏師古曾說：「小學，謂文字學也。」而由小學改稱文字學，則又始於章太炎氏，他說：《文字學必涵形音義三者，名之為小學，便於指示耳，若以實當之論稱之，宜名之為語言文字學。」此論一出，章氏之門弟子所出著作悉稱文字學，如錢玄同著有《文字學音篇》，朱宗萊著有《文字學形義篇》，沈兼士著有《文字形義學》，劉博平著有《文字學表解》。學術界中人士稱章氏為國學大師，而對黃季剛則有稱之為小學大師者，實即稱述黃氏對文字學有獨到精闢之研究也。

黃季剛薦劉任教武大

章太炎、黃季剛、劉博平師徒三代，我只見過黃、劉，尤其是劉博平先生，我親炙最多。黃季剛是湖北蘄春人，而劉博平則是湖北廣濟的望族，劉氏單名賾，乃廣濟最有名的劉元坑人，在咸同年間，該村莊出過父子翰林，即劉燡（悔復）和劉嘉如父子。劉燡是博平的祖父，劉嘉如是博平的三伯父。民國初年博平考進北大，讀的是中國文學系，黃季剛那時正以盛年（黃在北大任教授時好像只有廿八歲）主講文字學，劉博平與黃最初的淵源是從北大始，其實劉黃兩人只相差幾歲年齡，但師徒情誼深厚，黃氏一向視博平為及門的大弟子，而博平也尊黃氏如父師。一九二八年王世杰氏首任武漢大學校長，本擬聘請在南京中央大學執教的黃季剛到武大講文字學，可是專函去後，黃季剛的覆信說：「章太炎之學，傳之於季剛，季剛之學，傳之於博平，如聘季剛不如轉聘博平。」剛好王世杰和劉博平是早期武昌師大附中時代的同班同學，也深知博平確為飽學之士，既經黃季剛力薦，樂得立即把劉博平從上海暨南大學聘回武大担任中國文學系主任。他這個系主任，從一九二八年當起，直到一九四六年武大由四川樂山重行搬回武昌珞珈山止，前後一共整整當了十八年的系主任，復員後經堅請力辭，始行擺脫。以我常在博平家走動所見，他對圈點文字學書籍，用功最勤，幾乎經常帶著老花眼鏡，用硃紅墨筆圈點線裝書，一天到晚不停，對於寫字也是勤練不輟。他家掛有章太炎先生和悔復先生兩幅對聯，有一次我問他：「章先生和悔復先生的字是那一個好？」他很快的答說：「當然還是章先生的寫得好。」悔復先生是他的祖父，他就字論字，一點也不含糊。

章黃劉三代一脈相傳

一九三〇年間，劉博平出了一本《文字學表解》的著作，由商務印書館出版，這本書中前面三篇序文，即章、黃、劉師徒三代的說明：

章太炎的序文一開頭就說：「廣濟劉生，事黃侃季剛，於余為再傳弟子。……」

黃氏的序文，對博平文字學的造詣，推許備至，認為青出於藍而勝於藍；而字裏行間，尤洋溢著濃郁的師徒關切的情誼。

劉博平的自序，其中有一句這麼說：「本師（按指黃季剛）承餘姚章氏之餘業。」

從這三篇序文的秩序和內容看，章、黃、劉一脈相傳師徒三代的淵源和關係，至為明顯。雖則他們說起來是師徒三代，但年齡的差距都不遠，劉博平和黃季剛，只相差幾歲；黃和章太炎，也只差幾歲年齡。儘管歲數懸殊不大，但對師道尊嚴，卻看得最重；他們師徒之間，最重禮數，逢年過節，或久別乍見，依例都要躬行叩拜之禮；行禮和受禮者，都視為行所當然。由這一點，可以看出他們對研究學術和學問，都是服膺「達者為先」的信條和真理。

認胡適之為大逆不道

大凡沉緬於故紙堆中的學人，由於心性的抑鬱和對外界接觸稀少，因而養成一種孤傲怪癖的個性，這一類型的人物，若非恃才傲物，便是玩世不恭，黃季剛一生的性格，便近於後者。他憤世嫉俗，對看不順眼的事情，便出之以嬉笑怒罵。黃氏罵人是出了名的，他酷嗜古文體例，因此視提倡白話文的胡適之，認為大逆不道，經常痛斥胡氏之非。一九三四年胡氏應中大校長羅家倫的邀請，曾在中大禮堂作過一次學術演講，講題是「孔子，聖之時者也。」胡氏這篇演講，引經據典，參以時代的觀點和看法，講得十分精采，筆者是在場一千多聽眾之一，當時那種熱烈鼓掌喝采之聲，猶存記憶！可是黃季剛聽說胡博士來中大演講，便跑到中大校門，跳腳大罵胡氏，並且罵得粗魯不雅，胡氏對之竟無可奈何！

早在一九二五、六年間，黃氏在武昌各大學講課，就表現許多怪脾氣，最顯著的是他上課要憑他的高興，他講得興起，可以一連講數小時不下課；要是他不高興，便什麼都不理，即使學校當局和學生反應不佳，他也毫不為意。他講國學方面的課程為《文心雕龍》，確有天才，一方面是由於他滿腹經綸，淵博如瀚海；另方面更由於他口辭敏捷，所以講得來滔滔不絕。他講課從來不用什麼大綱和講稿，信口道來，儘是精妙好文。

有一次武昌師大的學生反對他，並且定期集會，邀請黃老師要到場答覆；其實學生們的用心，是打算用群眾的聲勢給他一種難堪的報復而已。這種場合，一般人是不敢去的，但黃季剛按時大搖大擺而來，本是洶洶嘈雜的聲勢，但見黃季剛居然單刀赴會，而且還保持那份鎮靜，使得會場空氣，反而肅靜無譁，等到黃老師登台，逞其雄辯天才，放言無礙，結果學生群眾個個啞口無言，黃老師講完，學生也就紛紛作鳥獸散，這故事當時曾傳遍各大學間，也傳遍了教育界。

黃季剛這種天不怕地不怕的性格，一直我行我素，直到遇上石蘅青（瑛），才算撞了一次大板，吃了一次癟。

碰到石瑛秀才遇著兵

石瑛是湖北有名的怪人，不過石氏的怪，嚴格講起來，只能說他對事的認真。石瑛是在國內中過舉人後才到英留學，學的又是建築工程，他本身就是一位飽學宿儒，而且學貫中西，對於時下頹風世俗，矯枉不免過正，當師範大學改稱武昌大學時（即武漢大學的前身），石氏即出任改制後的首任校長。石氏的作風，最講求踏實、認真、廉潔；對於疏懶、浮誇和狂狷的頹風末俗，深惡痛絕。他平時不僅嚴格督促學生的課業，也同樣雷厲風行的考查老師的勤惰。他發起脾氣來，不惜動粗，石氏這種粗線條作風，使得玩世不恭和疏狂慣了的黃季剛也招架不住。黃曾自我解嘲說：「碰著石蘅青，就像秀才遇了兵，有理說不清！」其實只是為了一個現實的問題，石氏是高頭大馬，孔武有力；黃李剛是一副瘦弱和矮小的身軀，真的鬧翻了動起粗來，黃氏是經不起石氏飽以老拳的，所以黃常說：「好漢不吃眼前虧。」

石氏平時常跑教授休息室，便於處理問題，實際上是暗中查看學科教授的勤惰。石氏不僅對學生課業查得嚴格，即對教授的負責認真，亦絕不馬虎。有一次，石氏以嚴肅的態度，規勸黃說：「季剛，你讀了一肚子好書，為什麼不好好用以濟世呢？還發什麼狂呢？」石氏是用十足的陽新土話說出，但黃氏是聽得明白的，但還不起價錢，只有唯唯稱是。有人曾問黃季剛：「為何轉了性？」黃氏毫不隱諱的說：「打不過人家，有什麼辦法呢？」可見黃表面狂傲，實際心理觀點則非常明白。

劉對老師孝順過兒子

一九三〇年秋天，黃季剛動了遊興，到過一次武昌，下榻於劉博平家中，博平到武大任教後，在武昌黃土坡附近築了一棟小平房住宅，黃氏這次作客月餘，師徒如父子，劉博平那份對老師的敬重，招待得無微不至，時間這麼長，他們談學問上的事，往往一談就是一兩小時而無倦色，黃氏最細心的地方，是對劉博平所圈點的書籍，都加以檢查，然後加以評定，劉博平若遭遇疑難的問題，黃無不予以解答。黃氏是不甘寂寞的，每餐非佳餚不飽，每天茶烟不停，而且都要上等貨色，碰到高興時，還得到附近逛逛名勝風景，劉博平也一定奉陪；只要是黃所喜歡的，無不曲意承歡。劉博平的太太在黃氏作客期間，每天忙得團團轉，事後曾向筆者訴苦說：「伺侯黃老師是一件苦差事，只要不合他的口味，他就瞪眼。」她並認為劉對黃老師的恭敬周到，即使一個最孝順的兒子對他的老子，也不過如此。但劉博平尊敬老師完全著重在學問上的請益。他說：中年人學問已經定了型，談不上什麼進步，但常常遭遇許多疑難問題，黃老師能夠在身邊這麼長的時間，給我解決了多少疑難不決的懸案，糾正了多少原則上的問題。

談起文字學滔滔不絕

猶憶一九三三年舊曆元宵節前後，筆者初次到南京，曾照著劉博平先生所告的方向，找到中大院牆西面一所舊式洋房樓下，親自拜訪了一次黃季剛老師。我是從後門進去的，黃氏正坐在客廳長條棹的後面，在長條棹的四周，坐有四個幼童，原來黃氏正在督促諸孫的日課。他這時一手茶，一手烟，鼻樑上架著一副深度老光眼鏡，頭髮稀疏成灰白色，臉色蒼白。他是不大招呼人的，等筆者說明是劉博平叫我來的，他馬上除下眼鏡，起身同我握手，態度非常親切，很細心的問起劉博平的近狀，關切之情，溢於言表。他吸香烟是一根接著一根不停的，純粹從健康著眼看，黃老師顯然是患了貧血症和缺少運動，而且還營養不良，當然身體不好；再加上香烟日夕燻烤，瘦弱之軀，自要每況愈下！不過我想不到他一年之後就會死去。

稍坐一會，他對諸孫吩咐一番，就拉筆者到旁邊客椅上坐下，於是和筆者縱談起來。他談鋒一起，真是議論風生，他從劉博平那本《文字學表解》說到劉氏圈點書籍的眉批，慢慢又說到文字學的本題上來。他精神抖擻，口沫橫飛，對文字學下了這麼一個定義：「凡以形體書於紙上，而代表一音一義之符號，可以組合成句成章，而表達吾人之情意者，皆稱為文字；至研究文字之形音義及其相互間之關係，乃至歷來之變遷，則為文字學……。」

黃老師又不勝感慨的這樣說：「像中國方言如此複雜，省與省間不同，縣與縣間亦復有異，要想統一中國方言，那是談何容易；但中國文字非常優美，從六書中就可看出中國文字的美，我們長年累月浸潤其間，就是為這種文字美而陶醉，但樂亦在其中矣！因此要整理中國文字，成為統一的文化，是讀線裝書的人當仁不讓的工作和責任；否則，讀聖賢書，所學何事？」

黃氏在最後才畫龍點睛的點到他研究文字學的用心和深意。

惟學者最怕精神虐待

黃季剛是一九三四年謝世的，死時只五十多一點，他的老師章太炎為文哭之甚哀，原文在當時京滬報紙刊登過，內容已經記不很清楚了。章太炎是抗戰前兩年逝世，比黃氏遲死一年，當時《中央日報》社長程滄波曾在社論中，寫了一篇悼章太炎先生的文章，這篇文章完全從章氏學術上分析他的成就和造詣。至於劉博平，筆者一九四九年投荒南來前，曾化裝到武大看過他一面，那時他已經六十好幾了，現在早過了八十。他當時精神非常苦悶，記得我那次是和長沙湖南大學校長皮宗石，還有一位法學家劉炳麟一道看他，三人相對唏噓不已。他們異口同聲的說：「人類間什麼罪都好受，惟獨精神虐待和精神威脅不好受，共產黨對待一班學人，表面上敬重錄用不誤，實際上用精神虐待，把我們像玩猴般玩弄而已！」

照大陸近幾年艱苦的狀況推測，劉博平可能也不在人世，章、黃、劉師徒三代，以黃季剛去世最早，去世年齡最輕。章太炎死時有六十多，而以劉博平最後死，又活過七十或八十，也就是死時年齡最高的一個。這師徒三代雖到現在已成過眼雲烟，但在中國學術界卻掀起過相當大的巨浪，也有其不可磨滅的貢獻！

記湘潭奇士沈鏝若生平

花寫影

最聰明的人，有時不一定記憶力最強！此種人，在中外歷史上，可以舉不勝舉。如王介甫（安石），竟往往忘記洗面浣衣；如章太炎（炳麟），往往出門後，即找不到自己的家門；如愛因斯坦，因坐公共汽車，弄錯了找數，而與賣票員爭執，被其譏為不會計數；如愛廸生，向稅局付款，竟忘了本身姓名，經熟識者替他說出，才知道自己是湯姆・愛廸生。

反之，記憶力最強的人，則多屬最聰明之士！筆者前曾舉嚴嵩之子嚴東樓（世蕃）為例，其聰明而兼強記，可算空前。美國老羅斯福總統，對任何人只要見過一次，再十年、二十年，一見面，即能叫出其人名字；英國歷史學家麥考雷爵士，對任何一書，讀一遍即能背誦，其所寫歷史鉅著，從來用不著參考書；波蘭數學家芬克爾斯坦博士，熟記：「六二四七〇六八四五九八六一九三二六一八四二」。一個如此亢長數目，只需四又四份之三秒，在他人，連看清楚都來不及！此皆非常強記，而又絕頂聰明之輩也。

湘中三百年來有兩奇士

曾與劉劍生氏，論及時人之兼具此類條件者，不期然共推湘潭沈潤生氏（鏝若）！認為真足縱橫一代，睥睨千秋。湘中三百年來，有兩奇士：一為車篚上氏（鼎晉），清初輯《全唐詩》時，因乃父鶴田（萬育）關係，伊得厠身其間，獨能全部背誦，不遺一字，舉世為之驚異！一為陳樹蓍氏，因乃父北溟（鵬年）之蔭，與乃兄樹芝，供職刑部甚久，會刑部火，所有檔案例書，付之一炬，堂官募部僚能背鈔之者，與以重賞，而樹蓍獨能背錄泰半，一無舛誤，舉世亦為震驚！篚上籍寶慶，著有《天竹山房集》，余幼時獲讀之。樹蓍著述不及見，僅獲讀其父所著《道榮堂集》。最巧合者，沈氏（鏝若）與陳同里。有謂湘潭地脈，獨許效靈，故能迭產奇士，以木匠成名為國畫家之白石老人（齊璜），亦即其一；而黨魁顯宦之流，尚不入此數也。

沈氏自幼即以神童著稱

沈氏自幼，即以神童著稱，因資質超越，造詣精湛，不逾弱冠，已成為傳奇一類人物；於是，譽之者，揚之於天，嫉之者，抑之於淵。初以少不更事之白袷少年，抱橫絕之才，天挺之慧，前席虛於大室，後車載上名山，皎皎者污，嶢嶢者折！讀破萬卷，遍遺「干祿新書」！爭取千秋，不明厚黑原理！與其謂為人謈，不如謂為自暴！劍生母太夫人，為沈鍰堂姊，甥舅對談，一無所隱！據稱：「沈氏十歲以前，僅讀小學兩年，即以神童，馳名鄉里，受同縣楊皙子（度）激賞與鼓勵，赴長沙，寓船山學舍，時毛澤東輩，亦寓該處。沈除每日赴圖書館自修外，以與張東蓀通訊討論柏格森哲學問題，始驚其學養之深，與年事之稚，蓋是時，沈僅十二三歲也！遂由張聳恿其赴北京，而受知於梁任公與蔣百里。於是沈氏之名，轟動全國矣！」

十六歲充教授盧前贈詞

沈居北京期間，除每日讀書外，復乘暇著：《審美心理學》、《系統進化哲學》、及《群學大綱》三書，均各約二十餘萬言。乃由梁、蔣二氏，推介於北京美術專門學校，任教《審美心理學》，時年僅十六歲而已。

憶抗戰勝利還都，沈與素有詞壇霸主雅號之盧冀野（前）氏，遇於南京秦淮河上，盧常以十九歲獲充教授為榮，因詢沈氏任教年歲？沈笑應曰：「十六歲！」盧曰：「然則還比我早三歲呢！」遂呼一美麗女侍，為設紙筆，手寫新詞一闋為贈：

年前曾共巴山雨！燈船今向秦淮聚。把酒酹秦淮，人間少霸才！　知君猶處士，揮掌徒文字。窗外又瀟瀟，停杯話六朝。

「知君猶處士」云者，因沈雖受當局特達之知，而實未授官，僅僅「欲將文字回天地」而已。

赴法留學研究天文物理

再說沈在北京任教不久，得北洋政府交通部長朱啟鈐，及湖南軍人之資助，赴法留學。在法前後五年，以研究天文學、物理學為主，復旁及其他學說，以天資高絕，靡不貫通！民廿一年（一九三二）返國，承當局之邀，謁見於武漢，進以〈史線政治論〉、〈國線教育論〉、及〈長江中心論〉諸說，即受禮遇於當局，乃令其赴北京，組織：「中國新文化協會」，並即在北京，創辦《每日論壇報》，日出八大紙，每一紙均有沈氏之專論，足見其才氣之盛、精力之強，非普通人所能及！當局以其足副所望，並囑物色人才，隨時介用外，又招其至陸軍大學及廬山訓練團講學，此為沈氏黃金時代之開端。記其在中央訓練團所擬講題為「思維術」，語極精警。台下聽眾，殊為聳動，故沈氏特紀以詩；惟已略現振矜之色。句云：

奉命陳詞有所為！練兵精義重思維！
三軍彷彿頻私語，台上少年伊是誰？

因述此詩，又憶民二十一年（一九三二），沈氏第一次謁見當局時，曾得極度贊許，並目之為不世出之才，湘楚靈秀，鍾於一身云云。沈乃退而成詩以紀：

兩日忽忽聲尚聞，心心默會況云云。
洞庭衡嶽千餘里，一派清光盡在君。

憶與沈氏同邑之李漁叔氏，以童年成排律百韻，應徵於趙爾巽。趙驚為奇才，贈以聯曰：「人如春夏氣方盛，山到東南秀獨鍾！」當局之對沈氏，正同一意望，何潭州之多才也！

生活放縱受各派系攻擊

此後數年，沈氏以書生本色，不修邊幅，有時生活方面，難免不稍有放縱，於是遂備受各派系之攻訐，往往渲染鋪張，故意刊諸京滬各報，俾能瞥入當局之眼，而小報告之彙呈，有如雪片。當局對之，漸見疏遠。氏乃慼而成一絕句，半怨半悔，句云：

謗書一束置君前，立業無如立德先。
墮到深淵誰解救，固然成敗半由緣。

迄抗戰軍興，政府第一步退至武漢，此時沈氏，頗為潦倒，乃發表所著《中國之唯一出路》一書，則已毀譽參半，不能十分引起各方面之注意矣！沈氏只有一個知己，即梁漱溟氏。曾稱此書具有卓絕之見地，非一般賣膏藥者所可望其項背，且詳細摘錄於其日記中云。

楊杰譽沈為偉大思想家

綜觀沈氏學術思想，可謂自成一家，倘能窮研深造，更可闡發前人所未窺之一切奧妙！如哲學方面，沈氏已有自創之「至型論」；思想方面，則有自創之「第二邏輯」等，均屬極重要之創說，使讀其書者，為之驚訝無已！

尤足令人歎異者，氏以文人，從未涉獵及於武學一門，乃當抗戰初期，又著成《新戰學原理》一書，該書又名：《抗戰必勝之新戰略》。都三十餘萬言。縱橫上下，抉隱彰微，在軍學理論上，可稱獨創一格；詆之者，目之為狂放，而譽之者，以為較專攻呆板教程之談兵家，反為切合環境而虎虎有生氣。當時著名之戰略家楊耿光氏（杰），則譽沈氏為自孔子以來，中國最偉大之思想家，謂《新戰學原理》一書，為軍人之所必讀！尤其所論：「孤城戰略」，楊更大為贊許。

沈於失意後，曾有詩寄慨曰：

新略無端付澗溪，席前花落鳥空啼。
將軍語罷捫心問，是否淮南犬與雞。

蓋楊耿光氏，亦頗失意，而喜評他人長短，往往發為牢騷刻薄之論，以取快一時，味此詩語意，似有引楊為同調，而共約不作淮南雞犬也。

寫至此，又憶及民三十六七年（一九四七、四八）間，戡亂戰事正極緊張之際，有淮南王後人，徒以丟槍桿、挾包皮之故，由老粗變成清供，又由清供而超擢為某一主力軍軍長，其抵軍門到任也，其師長於參謁之後，退而自嘆曰：「吾輩作俘虜有把握矣！」另一某師長則為詩十首解嘲，全詩已不能記，僅憶其警句曰：「昨夜軍中齊拍手！劉家小犬變麒麟。」後來果如某師長之自嘆，而成俘虜！

著作頗多可惜流傳甚少

凡接近沈氏而又稍知沈氏者，均謂沈氏除繪畫一門外，對大學其他課程，無論文學、哲學、乃至自然科學、或社會科學，俱可任教，蓋氏於學術研討，既約且博，以蔚成一項精微透闢之理論與思想，能使從游之輩，耳目為之一新，而深深受其感召！氏於語言，尤具天才！諸如德、法、俄、日等國語言文字，沈能稍習即通，於艱深枯燥之印度梵文，亦能暢曉。有幼時同硯之某君常曰：

「古所稱一目十行，或過目成誦，吾聞其語，未見其人，今始於潤生見之！」可證其強記與聰明，兼而有之。其著述甚多，但個性疏懶，印編成書後，僅贈少數知好閱讀，隨後又往往將其毀棄，恥以「等身著作」四字為誇詡也。

冠蓋滿京華，斯人獨憔悴

抗戰期間，沈氏寓重慶南岸老君洞，因失意之故，頗有「冠蓋滿京華，斯人獨憔悴」之感，乃為感懷詩二絕云：

〈渝州抒感二首〉：

其一：

春到渝州不算濃，始驚風力有偏同。
馬聲細雨江濤外，樹綠層城霧色中。

其二：

嶺際寒烟趨塞上，花前青鳥泣關東。
輪蹄踏破河山碎，卻剩閒身掃落紅。

憶當時另一失意軍人而兼政客之陳真如氏（銘樞），讀「卻剩閒身掃落紅」等句，又亟引為同調。適筆者赴渝述職，晤陳氏於重慶南岸之黃角椏嚴家，陳出示所為：「據池蛙世界，隔水夢生涯」一詩，謂可與沈詩相比，而同為不朽之作！不朽與否，留待後人公論可也。沈氏此一時期之心緒，惡劣異常，故又有〈懷金陵〉二詩之作。為錄如次：

〈懷金陵二首〉：

其一：

龍虎新京古意賒，六朝如畫見瑜瑕。
當年鐵鎖捍江國，此日台城半佛家。

其二：

桃葉渡前猶有樹，烏衣巷口了無花。
繁華幾代知何極，悄向垂楊逐暮鴉。

此二詩頗有人事蕭條，弔古市以自傷之感，然猶望有再能借重於當局之一日也！

暢遊川西名勝以詩遣愁

及知此望難償，乃離渝赴蓉（成都），遍遊川西一帶名勝，以遣牢愁，其所為〈成渝道中〉詩，有「間關不見蕭何影，回道神州入夕陽」句，用酇侯追淮陰侯（蕭何追韓信）故事，尚有「三宿而後出晝」之意。其繫念於重來者深矣！而惜乎流水無情也。

沈氏抵蓉，小住郊外，興居多暇，餘事為詩，有數詩猶足述者。

如〈**謁杜工部祠二首**〉：

其一：

草堂祠畔悵斜曛，古道荒郊傍野墳。
一代衣冠何所剩，樹中深處聚鴉群。

其二：

戍卒無端置禁中，卻從祠後緬遺風。
勸君莫動興亡感，宋杜蕭條異代同。

原注：「祠前駐軍，從祠後入謁，故云。」

又〈**望江樓弔薛濤**〉一首：

贏得千秋望必高，正如錦水自滔滔。
望江樓上愁看井，王建何人此薛濤。

又〈**郊居**〉一首：

大野無垠綠色鋪，為探花訊入迷途。
楚狂語罷還多事，指點前山是舞雩。

讀沈氏：「宋杜蕭條異代同」句，筆者亦具無窮感喟！寒齋存有瀏陽譚復生（嗣同）書贈唐伯平（才常）一聯，句為「邴原薄宦非求祿；宋玉微詞欲著書。」如遇沈氏，當以奉貽，能稱恰到好處也。又讀「王建何人此薛濤」句，則知一腐帝不及一名娼之能傳遠，已成千古定論。憶張香濤氏（之洞），亦有謁〈杜工部祠〉一律，其意境與沈詩恰合。為錄如後：

〈**謁杜工部祠**〉：

少乞殘杯道已孤，老官檢校亦窮途。

榮名敢望李供奉，晚遇難齊高達夫。
憑仗詩篇垂宇宙，發揮忠愛在江湖。
堂堂僕射三持節，那識流傳借腐儒。

此詩末二句，蓋指嚴鄭公（武），有詩三章，被少陵錄存集中，以附刻杜集而傳，而僕射、節度使，乃至帝王，所謂「侯伯知何算」者，時移世易，即與草木同朽，然則沈氏，又何必觖望於遇與不遇！

失意感遣未免怨而帶怒

當沈氏受知於當局後，當局正力謀所以統一全國，已逐漸將告完成之際，沈氏固熱情愛國之士，而又感恩知己，乃有特為豪邁雄渾之二絕句以紀：

其一：

鍾山放目古應慚，此日風雲盡入涵。
孫策以還人物盡，六朝天下只江南。

其二：

變點成功史線搖，周郎諸葛應無驕。

獨憐才蓋三分國，一代勛華一代銷。

沈氏於國事前途，何等興奮？何等期望？所謂「變點成功史線搖」云者，蓋以中國數千年來，朝代嬗遞，此落彼起，陳陳相因，絕少能動搖歷史觀點，以獨成一創局者，固不能不寄望於此時之當局，故又有：「縱橫歐亞無窮路，行到荊州始見韓」之句，用作「謳歌」之頌。乃不數年，一經失意，便興靈修浩蕩之怨！遂有〈感遣〉諸詩之作，則未免怨而帶怒矣！茲錄其較莊者一首如次：

〈感遣〉：

隆中試作出山雲，先向幽燕畫一雯。

彷彿夢中黃帝笑，彼前此後史三分。

書生失意時，往往大言責人。讀「彷彿夢中黃帝笑」句，則沈氏黃粱一枕，亦宜醒矣！昔周士鍵（仲建）將軍，以壯年被讒解除兵柄，有〈戲題邯鄲盧生廟〉一絕曰：

三十曾提十萬兵，同袍隊裏最年輕。

而今更比先生早，未到封侯已夢醒。

沈氏如讀此詩，其或爽然自失，而遽然以悟乎？

書生意氣政客語不投機

相傳沈氏之受謗毀，固為邊幅不修，而其拒某方之拉攏，遭某方之排擠，則實為主因。能受有力者之拉攏，遑論邊幅不修，無關宏旨；即殺人越貨，亦可包容。據沈語吾友某君曰：「一夕，芷町邀飲酒家樓，以××系如何為試探，吾不計利害而斥之曰：『此政客官僚集團也！』芷町大為不歡而散。又一夕，某上將軍置酒相招，語不投分，卒然而詰吾曰：『君自詡天文地理，無所不知，敢問天上星辰，竟有多少？』吾拂袖而起，且斥之曰：『汝不能管我，去管你的一省罷！』更大為不歡而散。」

依沈所述，則賈生年少自高，蘇子瞻所以有不能自用其才之歎。而沈氏自遣詩，亦有「後世雖然惜賈生，賈生原亦薄功名」之語，以為解嘲。

至所謂「不修邊幅」云者，指其在揚州召妓一豪舉也。謗者謂其一擲十萬金，且騰播其說於報章。當局為之震怒，面加斥員。據沈自稱：「維揚佳麗，艷稱千古。吾亦年少好奇，乃特訪此綠楊城廓，以番餅數千，壘集桌次，命館僮飛符召妓，妍媸一體，凡繞桌一過者，即犒以數餅，如坐閱兵台上作檢閱然！盡興而歸，安有十萬擲之理？」按沈氏此說，頗近情理。即其自訟所謂：「秣陵一夕傳謠急，道擲揚州十萬錢」者是也。

述抗戰中寓重慶一趣事

沈氏行徑，往往有匪夷所思者，據其自述一趣事曰：

抗戰中，初寓重慶，某次經「內江」市，解長袍掛於酒樓椅上，有祛篋賊（即扒手）揣其衣袋之必有物，乃亦以所御長袍並掛其側，空空妙手，一霎眼，其技已售，沈袋中物，已移家喬遷入已袋矣！沈覺，以其技巧可喜，乃亦佯為向袋取物，如法泡製，又向祛篋賊袋中，展其身手，來一還璧歸趙，以為賊已受紿！不意彼此離樓時，各取長袍加身之際，沈袋已成真空，賊則下樓回首，望其微笑而別。沈不惟不究，且高其藝！

沈氏佚聞多艷遇亦常有

沈氏佚聞頗多，艷遇常有，其弔成都名妓「花老四」詩四十首，纏綿悱惻，傳誦於好事者之口。據沈於自序中稱：「彼姝為予遊蓉城時初眷妓也，貌美而俠，輕財重義，時予欲創文化事業而拙於貲，彼姝願竭力焉，予未之許，彼姝尋病夭」云。茲摘節數首如次。

〈弔彼姝〉：

其一：

何須酒靨笑中生，只此儀容萬客驚。

猶幸證身菩薩體，不教魂影落蓉城。

其二：

一落烟花祇解顰，飛紅舞絮各沉淪。

幾何富貴燈前客，不為豪強屈此身。

其三：

歌聲婉轉入雲霄，曲裏微言寓意遙。

學會陶潛歸去語，但輸貧賤不輸腰。

其四：

訴來幽谷水潺潺，莫道香君辭令嫻。

只此鶯聲雜豪意，已教朝士盡無顏。

其五：

女中伯樂古今無，半醉猶為盡一壺。
我有幽情向君訴，不同杜牧落江湖。

其六：

昔日旌旄建故宸，臨歧誰為指迷津。
信陵門下三千客，祇有如姬是外人！

右數詩，已盡哀感頑艷之能事，如第四首：「只此鶯聲雜豪意，已教朝士盡無顏」之句，便知在借他人杯酒，以澆自己塊壘。又第六首：「信陵門下三千客，只有如姬是外人」句，則自比如姬，而鄙視此毫不中用之三千士矣！

其借以見志之作，則為咏〈白桃花〉一律云：

縞妝未許此心賒，怕落紅塵又染瑕。
蛺蝶浪情兼荇菜，東風薄倖到桑麻。
不嗔王母輕移樹，只恐劉郎濫折花。

堪笑詩人顛倒甚，慣將名教數兒家。

末句一結，先生之風，山高水長矣！有謂沈氏不能詩者，吾謂沈氏固自不以詩鳴，然比於「平平仄仄仄平平，押了縱兮又押橫」之詩家，則沈氏為得。國府遷台，沈留大陸，聞曾任某大學天文學教授云。惟迭經三反五反，以至文革，不知尚能留得殘命否？不勝繫念之至！又承劍生先生，供我材料，謹此致謝！

南洋菸草公司簡照南創業史

劉谿公

華僑大闊少・菸廠小工人

在我們中國，提起簡照南這個人來，也許有些人不大知道，但如說到「南洋兄弟菸草公司」，恐怕三尺童子，也沒有不知道的！

其實這一名聞國際的菸草公司之組成，完全出於簡先生一人之力！假使世間沒有簡先生其人，就不會有這公司的誕生，有簡先生其人，而他沒有英明的決斷，毅然揚棄做少老闆的優裕生活，投入異國菸廠中充當勞工至七年之久，就不會學就製菸技能，歸來設廠製菸，一方面振興工商業繁榮市面，一方面為祖國增加生產挽回利權了。

換句話說，南洋兄弟菸草公司，乃是最可欽佩的華僑先進簡照南先生，基於愛國的熱忱，審時度勢，下了最大的決心，有計畫、有步驟，破釜沈舟的，英勇邁進，百折不回，來完成這一偉大事業的。

我的朋友王一亭先生說：「番禺簡照南先生，是個有思想、有眼光、有無比的勇氣與力量，不辭勞苦，不惜犧牲，富於愛國精神的工商業偉人。」他這話非常恰當，即使再加一些讚美的辭句，簡先生也是可以當之無愧的。

據我所知簡先生是生於南洋蘇門答臘的華僑富商子弟，他的父親，是個忠於職業的誠懇商人，他以半生辛苦，換來一份足夠溫飽的家資，又巴巴的經營一個橡膠廠，和一座精製粵菜的酒樓，獲利特豐，遂成巨富，生活的優裕，是當然的。

老夫婦生有子女五人，照南先生居長，次名玉階，三、四為女性，五名英甫，他（她）們同樣的生就一副聰明的頭腦，一個方形的闊額，同樣在安樂的環境中逐漸成長，照南先生卻是其中最好的一個。

他自幼不貪游戲，卻喜考察各級社會的生活狀況，對農工界之製造食物與器皿供人食用，認為是神聖的！偶然見到新奇的事物，必要尋根究底，不厭其詳！他把讀報列為必修的日課，寧可少吃一頓飯，決不肯放棄讀報！結果，他從報上獲致了許多進益。例如：「我國是個生產落後的國家，日用所需，大半仰給於人，每年外溢的金錢，數達若干萬萬，這一龐大漏卮，若不堵塞，中國勢將不國」的消息，就是從報紙上發現的。

在他獲得這一驚人消息後，立刻做了一個重要的決定，他要尋出利源外溢的癥結所在，獻出本身所有的力量，不顧一切的為國家堵塞漏卮。

經過一番嚴密的考察，他認為長不及指的香烟，是社會上最普遍的銷耗品，除了少數吸雪茄者外，差不多百分之百，都是吸香烟的，南洋如此，祖國亦然，每包香烟的代價，由三五分以至一二角不等，若就一人一時的銷費計算，確是微不足道，若就全國四萬萬幾千萬人之半數常年的銷耗計算，就無疑的是個驚人的數字，這頑意兒要是本國的出品，倒也不去管他，但可惜全由他國運來，我國根本就沒有製烟機構，尤其沒有製烟的技工，要想設廠自造，挽回利權，就非學得製烟的技巧不可！

同時他又想到，他們這種新興的工藝，也許不輕於傳授外人，否則年有增加的中國留學生，為什麼沒有學製烟的呢？

他既認清了此點，便決計親身前往，相機行事，任它如何秘密，也非設法學會它不可！

他向來是想到做的，於是假借留學的名義，請得父母同意，帶著相當的旅費，逕赴英倫。

為了要與某人於菸廠的工人接觸，特地住在該廠附近的小旅館中，把原有的華美服裝收起來，換上一身廉價的衣服，於該菸廠放工時預先等在那裡，發見工人群裡有著若干的華籍工人，便以入鄉問俗的姿態引與攀談，因因邀往「酒吧」去小飲。

寄身異國的僑胞，偶然獲見鄉人，當然也樂於親近，因之，他們相互的，很快的，已經建立相當的友誼！由於他們的介紹，簡先生始得加入該廠，做「機器間」的管爐工人。

他在未入廠前，滿以為入廠之後，只要不辭艱苦的虔心學習，關於製菸的一切技巧，必可全部學成。

經過一番實地的考察，才知理想與事實完全不符。

原來廠是一個概括的名稱，它包括著若干的部門，除他服務的「機器間」外，還有「揀菸間」、「切菸間」、「烘菸間」、「捲菸間」、「錫包間」等等，每一部門的工人，僅習於本部應做的工作，換言之，也就是製造上一部的技能，對於其他全部門的一切，根本就不知道！要想完全學得，就非把所有部門逐一參加不可，這在事實上已經很困難了，至若屬於女工的部門（如揀菸間、錫包間）那就根本沒有參加的可能。

這事兒若在他人，早已知難而，然而簡先生並不，他認為一個事業的成功，總不免遭到若干的阻礙，祇可運用科學的頭腦，設法去克服它、消滅它，決不可為它嚇退，以致功敗垂成！他就照著這一硬性的計劃，不斷的努力奮鬥，終於獲致甜美的成果。

矢志終不移．製菸成絕技

在他工作的「機器間」裡的機器，體積相當的龐大，像一個畸形怪獸伏在地上，附著在它身上的闊長皮帶，恰像是羈勒它的繮繩，它伏在那裡了無聲息，一經爐中升火，管機的在它身上一撫摸，它那巨大的臂膀，便會有規律的揮舞起來，同時發出沉重的吼聲，若干附屬於它的小機器亦即隨之而活動。

生火的爐子，也是機身之一部，它像巨鯨的口腔，吞食煤塊不著跡象。

管爐工人，也就是燒火工人，他要不斷的把那一鏟一鏟的煤塊送到它口裏去，他們照例要裸著上身赤著腳，僅著一件工裝褲遮身，直至工畢離廠，方始穿上常人的衣服，因為爐間裡，不分冬夏，同樣是酷熱的！講究衛生的歐美工人，大都不屑為此，這樣就變成了華工專利的工作，而當時的簡照南先生，也就是幹這個的。

他很勤慎的幹了兩年，才被調管機器，在這期間，他受到了寶貴的訓練，不但善於管理，連修理也學會了。

但要調往另一部門去，卻是可望而不可求的，而我們的簡先生真有辦法，他竟不惜工本，運用種種方法，贏得高級管理員的信任與同情；很順利的被調到「烘菸間」去。

烘菸是用電氣的，因之，牆上裝著許多的電鈕、電表、溫度計，一格一格的烘菸室裡，用木框子盛著菸絲或菸捲，重重疊疊的排列著，在那高溫度的密室中，菸絲被蒸發出一種強烈的氣味——即是「尼古丁」氣味——久於此間工作者多不介意，初來的人，是有些難於忍受的。

簡先生始而莫明其妙，詢諸資深工人，方知淡芭菰裡，原有「尼古丁」質的青草氣，以故新收的菸葉不能製菸，必須貯藏倉庫中一年以上，把這種毒質、劣味，大量削弱，方可製成菸絲，送到「烘菸間」裡去一再烘焙，同時加上香料與蜜糖，以此吸在口裡，清香撲鼻，能起興奮的作用。

他在這「烘菸間」裡，作了一個不短的時期，便又很順利的被調到「切菸間」去。

「切菸間」是把「揀菸間」的女工揀去莖梗的菸葉運來，倒在大喇叭形機口裡，運用轉動如飛的機刀，把菸切成均勻的菸絲，同時並由機器，把香料糖精融合的液汁噴在菸葉上面，因之菸絲切好，加香加糖的手續也完成了。

這種工作，是「切菸間」每一個工人都熟練的，但他們僅知其然而不知其所以然，例如香料糖精和的液汁，該用若干的香與糖，和以若干的水，這當然有一定的分量，不容妄加增減，這事工人們根本就不了然，簡先生卻於某次聖誕節，很巧妙的，利用一份貴重的禮品，在某技師處探知。

過了一個時期，他又要求管理員，把他調到「捲菸間」去。

「捲菸間」的機器是神秘的，它像一頭柔馴的黑狗，頭上頂著白色餅形菸紙圈伏在那裡，靜待工人把菸絲傾在它底口裡，它便很巧妙的揮動靈活的手臂，驅使紙圈把菸絲捲成長條的菸枝，同時在紙頭的啣接處塗上膠水，使它黏合起來，像一條小瀑布，很迅疾的射出，經過轉動不息的刀片跟前，立被分成一節一節的菸枝，跌落狹長而活動的皮帶槽內；被它揹帶過去，槽的邊口，另有一個工人在那裏大量接收，至此製菸的手續，大部已告成。（每一捲菸機，每天可以出菸三千枝到五千枝，出菸多寡，以開的快慢為斷，假使有機百部，每天便可出菸三十萬枝到五十萬枝。）不過有些菸枝，還要再經一次烘乾的手續，始可送到「錫包間」去。

「錫包間」，一名「包菸間」，也是用女工的，屋子相當的寬大，裡面排滿著長的木桌和條櫈，桌上堆著許多印就的各式各樣十枝裝二十枝裝的菸賣（有較包硬盒兩種），和錫紙、漿糊等物。

她們每人手上有個扁銅匣，這是包菸唯一的工具，她們包起菸來，都像飛一般快，先把錫紙塞到扁匣裏，順手就在右邊盛著菸的木槽內很準確的抓出十枝或二十技香菸來；向扁匣裡一放，再用指頭向匣內右沿一放，抹小上一點漿糊，再從匣中取出，便是一包包得整整齊齊的香菸。

至於罐頭香菸，則是將一種製就的鑌鐵罐內部周圍及罐底，各加一層切就的厚紙，再取菸枝，用玻璃紙裝著裝進去，蓋上一張圓形的厚紙，然後送往「機器間」封口，再行運回加蓋，貼上商標。

關於上述的一切，他均以大無畏之精神，身歷其境，辛苦學成，自然屬於女工的部門，他是無法加入的，但他經常利用工餘的時間，去向一個熟織的資深女工殷殷訪問，因之他所知道的，也並不比女工們差點什麼。

南洋組公司．失敗後成功

他既得到所需的技巧，立即束裝就道，遄返南洋，進行籌備的工作，首先是向他父母說：「我要向二老道歉，我在倫敦這七年，託名留學，實際是在某大菸公司的製造廠做工！因為我對祖國的生產落後，日用所需，幾於全部是舶品，造成經濟上一大漏卮，感到非常的痛心，同時我又知道香菸的銷耗，是漏卮上重要的一環，所以我急欲探求製菸的技巧，以便建立一個菸公司（包括製菸廠在內），提倡國貨，挽回利權，經過七年的努力學習，已經得到所需的技術，希望阿爸給我三十萬元的資金，讓我與二五兩弟，合力經營這一於國於家兩有裨益的新興事業。……」

「這確是個很好的新興事業！」他父親很注意的想了一下說：「不過基金的數字相當龐大，幾於要把我們所有的現金全部付出，不能不鄭重考慮一下。」

「我還擬了有『組織規程』，『經營計劃』，『辦事細則』，請阿爸鑑定一下。」照南先生意識到老人已有允意，特地提出辦法來。

「對的對的。」他老翁說：「凡事好謀而成，要舉辦一種事業，一定要有嚴密的通盤計劃才行！這個等我細細的看了再說，如果可能的話，公司名稱，就叫南洋兄弟菸草公司吧。」

這一空前的偉大事業，就在他們父子再度協商下正式決定，於是照南先生成了一個極忙的忙人！他所急需辦理的事項：一、致函英倫機器廠定購機器。二、致函前在倫敦結識的華籍技工，請他們到南洋來相助為理。三、選定適當地址，建築公司工廠及倉庫。四、在自建的倉庫未完成前，先行租借一倉庫貯藏菸葉，因為菸是需要貯藏一年後才能用的。五、派人分向國內各產菸區去收買菸葉，同時去函向美國洽購菸葉，因為國產菸葉的顏色黃中帶黑，菸味特濃，美國菸葉則色黃味淡，故須攙合應用，藉以調節菸味，大底高等香菸所用的美葉多於國葉，次等香菸則反之，因之愈是上等菸，愈是色黃味淡，愈是次等菸，愈是色黑味濃。

不久，各處收買及向美國定購的菸葉先後運來，前此函聘的華籍技工亦已到達，他便招待他們住在自己宅子裏，請他們分別督工貯藏菸葉，督造公司工廠及倉庫。

約在一年之後建築物先後完成，貯藏的菸葉既已適用，機器亦已運到，於是正式成立公司（製菸廠倉庫包括在內）錄用大批的員工，開始製菸發售。

這時照南先生，又添了一種特殊工作，即是把各種香菸（包括本廠出品與外商出品）不斷的吸食，藉以辨別其質味，以便改善製品！這無疑的對健康頗有妨害！但他為了公司的前途，不能不這樣做，這也足見其忠於職業，不惜犧牲，後此卒以肝癌症去世，這個總不能說與他之大量吸菸無關。

更有一事出他的意外，即原定的三十萬資金，在那時確是一個相當的鉅額，但因建築及購機器菸葉等，竟耗去百分之八十強，始業後，加上大批員工之薪給，遂致週轉不敷分派，於是閉歇了一個時期然後闔家商議，更增資金二十萬元，同時招收股本，改組為股份有限公司。

由於出品的精美，所製之菸，如「白金龍」、「紅金龍」、「大喜」、「雙喜」、「大聯珠」、「小聯珠」，乃至仿照土耳其菸所製之「美女牌」、「白熊牌」等；同樣的不脛而走，一日千里，營業之佳，當時是無比的。

於是擴展營業至香港一帶，於該地亦設公司及工廠倉庫，同時延攬設計的人才，如前收葬黃花崗七十二烈士之本黨先進畫家兼文學家潘達微、及王秋湄、許奏雲、甘璧生、梁相樹諸名流，均在羅致之列，這也足見其虛心。

最後設總公司於上海，而將港公司交與英甫主持，分公司遍及全國各地，幾於有井水處，都有南洋公司之存在。

商戰如戰場．廣告作先鋒

過去他把全副的精神集中於製菸上，故其出品，足可與歐美抗衡，後見所有技工，對於製於之技巧已極熟練，不再需要他督率指導，遂轉移其目光於廣告。

他認為廣告是商業上宣傳的利器，任是若何優秀的物品，而一般人未知其優點，便不一定去購取，要想人們普遍的樂於購取，便有待於廣告之宣傳，他這看法，當然是正確的。

某天他與名律師馮炳南先生（係該公司之法律顧問）談及，並請代為物色長於廣告的人才。

「專事廣告的人，我們中國還沒有，我的朋友劉某，是個長於寫作的報人，常把一件很平凡的事，寫得有聲有色的耐人尋味，我想請他來設計廣告，必能勝任愉快。」馮先生很直爽的這樣說。

「那就請老兄代為致意，請他明天到敝寓午餐，面談一切。」簡先生一面說著，一面就寫請帖交馮炳南先生。

明日正午，我便與炳南先生，按時前往新開路「南國」（即簡先生新建的別墅），在簡先生竭誠招待下，吃了一頓精美的午餐，餐後並作二三小時之長談，這在平時不多說話的照南先生，可說是例外的。

「我想請老兄幫忙。」簡先生面向我說：「擔任本公司廣告主任，大概馮先生已說過了，這是一樁費腦筋的事，一定要有學問，有思想，富於進取精神，像老兄這樣的人，才能把握時機，運用種種的方式從事宣傳，為公司推廣營業，為國家挽回利權！……各種廣告的文字請老兄自由處理，但有一個原則，就是不要忘記，我們創立本公司的主旨，在於提倡國貨，增加生產，抵制舶品，杜絕漏卮！所以我們並不想勸人吸菸，而是勸吸菸的人採取國貨，以免利源外溢！在廣告上不妨說：『不吸菸最可敬，如吸香菸，請用國貨。』……老兄是個博聞強記的通人，對人世間的一切知道的當然極多，但你並不是植物學家，對於菸草的歷史也許不太熟習，我不妨作一簡明的報道，以備參考。菸是一年生草，從前人們都稱它為談巴菰，英文叫Tobacco，日文叫タハヨ，總而言之是菸草。菸是一種野生的植物，產於呂宋島中，本來是與人們不發生關係的，某一天在偶然的機會下，被某一位呂宋人發見，他是沿襲原始人故智，去作燒山游戲的，偶然燒到一叢闊葉植物上，發出一種濃厚的煙來，並有一種辛辣而香的氣味鑽入鼻孔，令人感到興奮愉快，他想：『這味兒倒還不錯，我何不帶些回去，慢慢的燒著聞呢？』由此把菸葉燒了聞香，便成了他必修的日課！但這樣很麻煩，於是異想天開，試著把它撕碎了放在口裏咀嚼，現在我國邊疆的苗人，還有這樣做的。後來他又發明，把整片的菸葉捲成一長條用火燃吸；一枝在手，吐霧吞雲，他有些飄飄然了，雖然這是未經加香加糖焙製的原葉，但菸的本身，原有油質糖質、尼古丁、枸櫞酸、林檎酸等質，故吸起來也自有它的滋味，這種原始吸菸法，截至現在為止，四川人依然在採用著。這位呂宋人，自從發明吸菸之法後，開始傳之家人，漸次及於鄰里，更進而普及全島，最後舉世風從，而製菸的方式，亦由手工捲菸，進為機製的雪茄菸、紙菸、板菸，其在中國，則改為水菸、旱菸、鼻菸。時在明朝中葉，呂宋還是大明的屬國，君臣們不時朝貢，菸草便是那時候帶到中國來的。種植菸草的各地多有，而以福建關東種植的為最著名，過去祇供製造水旱菸鼻菸之用，至用以製造香菸，則自本公司始。……」

我們用成語．洋人找麻煩

我就根據他這提示，編製許多簡單明瞭引人注意的廣告，授意於繪畫員，繪圖製版，發登各報，例如白金龍的廣告，畫著一個昂首高呼的雄鷄，口裡唱出「購國貨」三個字來，鷄的對面是白金龍香菸的牌子，上橫頭大書「雄鷄一鳴天下白」七字，這確是夠幽默的。又聯珠牌的廣告，上繪三數友人吸菸品茗狀，隙處大書云：「大聯珠香菸，牌子最老，價錢最可靠，貨色最高，滋味最好」。又在聯珠牌子上綴八字云：「香菸之王，國貨之光」。中國牌的廣告，畫一個農人擔水灌田，口裡唱著山歌說：「肥水不落外人田，中國人請吸中國菸。」左方是中國牌香菸的牌子，這廣告做得相當的觸目，其能引起人們的注意自在意中。

以上是我製造廣告的概況，除刻登於各報刊外，並於各街市中某些房子上，任製「墻頭廣告」，輪船碼頭及火車經過之處，遍製「木牌廣告」！又創製「小說廣告」，刊的內容不一定與菸有關，但必哀感頑豐，突梯滑稽，令閱者愛不忍釋！並將那裡面的人與事，擇要的加以繪畫，引人注意，篇末預留地位，安插香菸的牌子。這樣集少成多，彙集為單行本，命名《南洋圖畫小說集》，分贈一般吸菸之顧客！每值新春，更製「美女」月份牌，作為新年的贈品。又製五彩「人物小畫片」，所繪皆《三國志》、《紅樓夢》、《西游記》中所載之人物（反面印有簡單的說明），分裝於各種香菸菸盒中，孩子們最喜搜集，以能集得全份者為榮，並有人願出很高的代價購之。諸如此類的廣告，對於香菸的銷場，無疑的有著很大的幫助！不過是代價亦頗可觀（每年約費十餘萬元）但簡先生認為必要之資本，只許增加，絕無減縮之意！這也足見其眼光遠大，迥不猶人。而他對我的待遇也很特別！全公司並無兼職之人，有之則惟下走。原來我既擔任工務局參事，又為「先施」、「永安」等公司顧問，同時又為《申》、《新》、《時》、《商》、《時事》、《民國》、《新申》、《中華》、《神州》等報之特約選述！雖不必每日到公，有事必須出席！對於各報，月必發表三五篇文稿！其繁忙的程度，這是誰都想像得到的。因之，我於事先即與簡先生說明，我很願意為公司幫忙，但我原有的各處職務，決不能就此辭退，且對於廣告，隨時需要與各方商洽，以是我的進出，必須自由，絕不能受辦事時間之束縛！不知先生能不能許我這樣？簡先生很誠懇的答應道：「可以可以，絕對的可以！」事情既這樣的決定了，我就兼任「南洋菸草公司」的廣告主任！首先是各種廣告，過去概由某一廣告社代為辦理，自我接手之後，就不再煩它代勞！因為我與各報，都有相當的友誼，由我直接送登的廣告，當然比別人要便宜些，至於經手的佣金，更在豁免之列，這樣就給公司省下了不少的錢！精明強幹的簡先生，當然洞若觀火。為此他就很直爽的向我說：「你真是本公司一根堅強的支柱！今後廣告的事，請老兄全權主持，不必徵求愚兄弟（指他與玉階）同意！至於廣告的費用，一並請老兄酌量支配，就多用三數萬也無問題。」他老先生既有此坦白表示，我就挖空心思做起各種廣告來，標新立異，層出不窮，那一時期的「南洋」廣告，可以說是無敵的。

然而事情來了，因為我那「中國牌香煙」廣告，上有「肥水不落外人田」字句竟引起某一外商煙草公司不滿，準備請律師告我排外，當即有人向他們說：「肥水不落外人田，而是中國舊有成語，並非某人揑造，況他止於勸中國人購吸中國煙，並未叫中國人莫吸吸外國煙，你又怎能說他排外呢？」洋先生認為他這話說的很對，只得作無罷論。原來我國的香煙市場，向來是該公司一字操蹤的，自從有了南洋公司，它的營業，便起了急遽變化，原因是它們所有的各級香煙，南洋無一不備，儘管牌子不同，品質是一樣的，但它的是舶來品，南洋則是國貨！愛國之心，人皆有之，它又安得不受重大的影響，為此憤無可洩，才有告我排外的意圖，但不幸，這計劃未能實現，於是異想天開，願出五千萬元的重價收買「南洋公司」，託某君代為徵求簡先生同意。

「這很意外！」簡先生故作驚訝之狀說：「本公司自從成立以來，營業日盛，聲帶日隆，因之只有擴充的計劃，絕無出售的理由！而該公司竟以此徵求我的同意，我將怎樣的答覆它呢？」

某君被揚了一鼻子灰，怏怏然道歉而去，由此也可看出當時的「南洋公司」，是被外人如何的重視。

捐鉅款興學・慟知己云亡

但我還要附帶的報導幾點！即簡照南先生，是有學識、有思想、有雄心，也有毅力，並且有正義感的愛國男兒！他一貫以提倡國貨，挽回外溢利權為己任；除了傾家蕩產，創立「南洋公司」，藉使某外商公司，受到嚴重影響外。並分其財力，協助辦有成績之學校，以其為國家造就人才！如聞李登輝先生（上海「復旦大學」校長）言及「該校之教室宿舍不敷分配，儀器、圖書亦苦不足！」他便毫不猶豫的立即捐款十萬元，以備該校之用，那時的十萬元，等於現在的臺幣不知多少倍！上海有的是富商，又誰肯像他這樣捐資興學呢！（按復旦特將一會議室，定名為「照公堂」，就是紀念簡先生的。）他如「市北公學」（係唐伯耆與潘公展所創辦）等，亦皆捐助二三萬不等；又自在西華德路，辦一「南洋小學」，我的子女，都曾在那裡讀書！又視公司（包括工廠倉庫）所有職工如家人，關切無微不至！遇有婚喪疾病等事項，他必酌贈數百元至數千元以資應用；這些都是其他的公司工廠所沒有的！

但是不幸，這位不辭艱苦，奮鬥成功的實業偉人，在大陸尚未淪陷之前，竟以肝癌病溘然長逝。繼任的總經理簡玉階，是個身在人寰，心懷佛國的居士，終日的手搯佛珠，口誦經咒，似乎這就是他拔宅飛昇的寶筏，也是發展公司業務的要義？經常和他接觸的，多半是冒牌居士。我以知己云亡，羞與噲伍而辭去，此後的南洋公司就與我沒有關係了。

談交通系「掌門人」葉恭綽

水一亨

在北洋政府中，交通系為極佔分量的政治集團，胚胎於清代末年，孕育壯大於民國以後，而與北洋政府相終始，故其歷史性亦屬相當悠久。由於全國鐵路交通的管理，交通銀行與有關金融事業的控制，以及外債內債的舉借與籌募，大部份時期均落在該系之手，故其財雄勢大，捭闔縱橫，在洪憲前後和安福國會前後尤見活躍。迄國民革命軍北伐成功，南京定鼎，該系始見沉寂，聲息杳然，偶有迴光反照，亦如曇花一現，終於沒落而已。

交通系以梁士詒（燕孫）為中心，朱啟鈐、周自齊、葉恭綽等為領袖，龍建章、任鳳苞、關冕鈞、權量、陸夢熊、汪有齡、陳懋鼎、沈雲沛、梁鴻志等為衛星。建章姓「龍」，恭綽表字「譽虎」，同為該系中堅幹部，因此又膺「龍虎二將」之號。及梁士詒、朱啟鈐以帝制罪魁，被緝出亡，葉恭綽利用曹汝霖、陸宗輿出面以維持交通系固有勢力，曹、陸亦利用交通系自樹一種新地盤，於是有所謂「新交通系」的出現。實則恭綽窟宅其中，歷時已久，名分新舊，仍然是個靈魂，而於原交通系則由此處於掌門人的地位，以訖於最後政局的大變化。以此，葉恭綽的一生事業，與梁士詒及交通系皆不可分。

一生命運始於〈鐵路賦〉

葉恭綽，番禺人，光緒七年，生於北京米市胡同寓邸。十八歲，應番禺童子試，試題為〈鐵路賦〉，學使長沙張文達公百熙，極賞其才氣，拔置第一名入府學。文達得此佳士，老懷快慰，謁師之日，於恭綽獎勉有加，愛惜甚摯。文達夫人且就其帽沿，親手簪小金花一對，以增榮寵。是年同案者有關賡麟、關慶祥、胡衍鴻、陳融、詹憲慈、唐恩溥等，均為當時俊秀，其後多有卓越的成就，胡衍鴻尤為傑出，巍然為創造民國元勛之一，即胡漢民是也。恭綽以「鐵路賦」膺案首之選，恰為後來他由交通界發展的預兆，亦屬雋談。二十歲，恭綽肄業京師大學堂，入仕學館，管學大臣又恰為文達，師生可謂有緣。其後去湖北，充任教職。

光緒三十二年，張文達調任郵傳部首任尚書，左侍郎為唐紹儀，右侍郎為胡燏棻。是年十一月，恭綽到京，由文達提攜，以秀才底子調入郵部，派在文案總務股辦事，旋任幫主稿，實為異數。這是他踏入交通部門的開始。

其前一年，梁士詒已任鐵路總文案，隸屬商部。及郵部成立，唐紹儀兼任京漢、滬寧、道清、正太、汴洛五路督辦，乃調士詒為助。不久，文達因病出缺，林紹年督署郵部，以借款築路，對外交涉重要，奏請於部內設立五路提調處，派梁士詒充提調；又派葉恭綽到處辦事，仍兼路政司幫稿。是為梁葉兩人結識的開始，亦為其後合作無間的契機。

受陳璧知遇一歲五遷

同年三月，岑春煊任郵傳部尚書，旋外調兩廣總督，以陳璧繼之。陳尚書亟賞恭綽之才，命司章奏，疊予不次之遷；七月，恭綽以主事候補；八月，補七品小京官；九月，署主事，充承政廳機要科長；十月，充路政司官辦（鐵路）科長，仍兼機要科專司章奏。十一月，陳尚書奏請裁撤提調處，改設「郵傳部鐵路總局」，專管借款及各路行政，派梁士詒充局長，葉恭綽任「總科長」。「總科長」的職權，等於提調。陳尚書恐恭綽資淺遭忌，而又愛才若渴，倚畀甚殷，故特立此名目，以相位置，免為他人側目。於此，可見恭綽發軔之始，以受陳尚書的恩遇為最重。

又同年十一月，陳尚書採納梁士詒的建議，奏請設立交通銀行，官商合辦，藉以綰合輪、路、郵、電四政存放款項，奉旨依議。因股款關係？奏派李經楚為總理，周克昌為協理，而以梁士詒為幫理。由此內而路政，外而金融，梁士詒皆能逢源左右，已隱然構成交通系的胚胎。

光緒三十四年，恭綽先補路政司主事，繼擢路政司員外郎，又超擢為路政司郎中，旋轉承政廳僉事，後兼總局總科長。一歲五遷，事不多見。

十二月，御史謝遠涵奏參郵傳部尚書陳璧多款，詞連梁士詒。恭綽的一歲五遷，亦列於參款之內。據知內幕者言，此為政治鬥爭，目的為打擊當權的袁世凱，參陳即所以孤袁之勢。而陳璧為人，過於廉鯁，開罪多方，親貴亦以去之為快。清廷派大學士孫家鼐、那桐查辦，會袁氏罷，情勢鬆弛，故其結局除陳璧於宣統元年革職外，其餘多能保全，梁士詒、葉恭綽、關賡麟、龍建章等均告無罪。

盛宣懷「七煞除五路」

宣統二年，唐紹儀繼徐世昌後，任郵部尚書，僅越數月，因病乞休，繼之而來者為盛宣懷，梁葉兩人，始遇尅星，同遭挫折。先是，在盛長部以前，已有給事中及各道御史七人奏參梁士詒把持路政，任用私人，虛糜公欵。及盛長部，因梁士詒以前曾助唐紹儀，取代其鐵路總公司督辦，結怨已深，復因政治背景不同，更非去之不可，於是發蹤指示，參揭益厲。後由盛宣懷專摺奏請，撤銷了梁士詒的鐵路總局局長差使，及交通銀行幫理兼差。專摺中有「款項悉歸其動撥，路員聽命於一人」之語，事屬實情，不為誣枉。葉恭綽自亦難安於位，幸由部派往歐洲遊學，免於撤職處分，但因病迄未成行。此為中國鐵路史上第一個五路大參案，時人稱為「七煞除五路」，此一名目，頗具巧思，亦見人心稱快。

不料清室之亡，即以盛宣懷所主張的「鐵路國有」政策為導火線，從而促成武昌革命；袁世凱重掌政權；梁、葉等彈冠再起。光緒廿九年，士詒因唐紹儀之介，曾入袁世凱幕，編纂《北洋兵書》，參預大計，極蒙賞識，保奏中、有「心精力果，學識兼優」等考語，彼此淵源，由來已久。

故在此時，袁即在其組織的內閣中，保舉梁士詒為郵傳部副大臣，旋署郵傳部大臣。拔茅連茹，葉恭綽自亦跟進，而盛宣懷則革職永不敘用矣。官場如戲場，信然信然。平心而論，盛宣懷的「鐵路國有」政策，顯屬正確，未可非議。

交通系由孕育而壯大

民國成立，袁世凱就總統職，任梁士詒為公府祕書長，恭綽亦在祕書廳任事。曹汝霖著《一生之回憶》中，對於其時恭綽的描寫，頗有俏皮語，曹云：「余與譽虎，本不相識，民初項城設祕書廳，始見一人身矮而小，狀類侏儒，不與人招呼，忽進忽出，狀似很忙，詢知為鼎鼎大名的葉恭綽，為梁士詒的紅人，遂不敢小覷他。」

交通部門，原屬利藪，他倆捲土重來，當然不會放棄。民元五月，梁士詒已恢復其在交通銀行的權力，取得總理之職。恭綽回交通部任路政司，旋任次長，一度兼郵政總局局長。自唐紹儀組閣起，直至取銷國務院止，交部部長，先後為唐紹儀（兼）、施肇基、朱啟鈐、周自齊等，與士詒原為沆瀣一氣之人，恭綽在部，自能便宜行事，隱握實權。當時字林西報有論評一則，略云：「今日中國所恃以存在者，固為袁總統，而將來所恃以存在者，實為梁秘書長。」「總統府中，重大財政事項，袁總統恒倚為左右手，譬如行軍者，袁大總統為其前路先鋒，梁士詒乃為其後路糧台。彼又得最好接濟之交通部，富源無窮。」「近來各種借欵，雖名義上為某某簽押，而內幕皆有梁士詒其人在；且往往他人磋商不成，而梁士詒一經手即完全成功。」

此一論評，強調梁士詒的重要佳，固屬無以復加。實則葉恭綽的重要性亦隱含在內，因富源無窮的交通部，則歷年均由恭綽為之看家也。至此，交通系已由孕育成形而進於發揚壯大。

梁氏年譜的兩段記載

民三年五月，梁士詒退出公府，改任稅務處督辦。據梁氏年譜云：「袁氏雄猜多欲……對先生久懷疑忌，故其左右日造作謠諑以動袁，至謂先生三頭六臂。癸丑以後，某公子已具野心，知先生不與同流，則日思所以脅迫之計……謂先生心懷叵測，勾結軍人，欲為總統……」以明士詒退出公府，實因反對帝制之故。其中「某公子」指袁克定，「野心」為帝制，「不與同流」為士詒不贊成帝制。

同年五月，袁氏廢止國務院官制，設政事堂於總統府，特任徐世昌為國務卿。交通總長易為梁敦彥，並添設一次長，以麥信堅任之。梁氏年譜解釋此事為帝制運動幹部的決策，專向鐵路上吹毛求疵，為其後用以迫梁的交通大參案布置。

民四年六月，三次長參案與交通大參案同時發生。梁氏年譜稱：「段祺瑞、梁士詒、熊希齡三人對於帝制並不贊同……於是有為之策者，主脅陸軍次長徐樹錚以迫段；脅交通次長葉恭綽以迫梁；脅財政次長張弧以迫熊；蓋其時張固接近熊也。於是分頭辦理。結果，段祺瑞辭職，以王士珍代之，陸軍次長徐樹錚，財政次長兼鹽務署張弧免職，交通次長停職候傳，時謂之三次長參案。」

皖派發動五路大參案

至於交通大參案，則涉及津浦、京漢、京綏、滬寧、正太等路。而各該路局局長，則皆為交通系的重要分子。對清末五路大參案而言，此案可稱為第二次五路大參案。由都肅政史莊蘊寬領參，肅政史王瑚等查辦，列有十大罪狀。一時查辦之使，絡繹於途，審判之卷，堆疊於庭，鐵路全體職員，為之震動。但雷大雨小，歷時五月，僅黜津浦路局局長趙慶華一人，而交通次長葉恭綽竟奉明令復職。

此中內幕，有人指出為袁黨文人中有所謂皖派、粵派，經常因權位之爭引起內訌，皖派首領是楊士琦，粵派首領是梁士詒。民四年六月，在皖派的主使下，肅政廳發動了五路大參案，牽涉的範圍很廣，這是對粵派的一個重大打擊，也是對交通系的一個重大打擊。目的所在，一是袁氏要給粵派一個教訓，使他們不敢有恃而驕。一是迫令他們發揮籌款的更大力量，使帝制活動得以順利進行。及梁士詒發起「請願聯合會」，並以全力籌劃帝制經費，以實際行動對袁表現忠心，這個參案乃以虎頭蛇尾了事。其後政事堂成立大典籌備處，梁士詒、葉恭綽同為處員，成為擁護帝制的核心人物，而交通系亦即復其聲光。

當大參案進行中，北京某報載有打油詩數章，茲錄其二首，與上文合看，線索益見明瞭。詩云：

粵匪淮梟擺戰場，兩家旗鼓正相當；
便宜最是醒華報，銷路新添幾百張。
五路財神會賺錢，雷公先捉趙玄壇；
雖然黑虎威風大，也被靈官著一鞭。

詩中之「粵匪」指梁士詒、葉恭綽、關賡麟、關冕鈞，粵黨也。「淮梟」指楊士琦、周學熙、龔心湛，皖黨也。「靈官」指王瑚，為查辦此案肅政史，「黑虎」指葉恭綽，「趙玄壇」指趙慶華。「五路財神」、「玄壇黑虎」，用來恰到好處。

梁氏屈服加入籌安會

曹汝霖著《一生之回憶》中，亦有關於此案的記載，其中略見舛誤，卻屬揭盅見底之談。曹云：「其時項城擬派余以親善專使名義，赴日本訪問，為國會反對，未獲成行。……設若使日成行，必更將無中生有，為我大造其謠言也。後肅政史忽提出兩大參案，一是對熊秉三（希齡），一是對梁燕孫（士詒）。據傳說，因熊梁二人，對帝制運動，貌為贊成，退有違言，……項城以熊恃有研究系作後援，梁更有交通系……遂由肅政史提出彈劾案，對熊則以任內有貪污嫌疑……等情。對梁則指鐵路購料，濫用私人，把持路政，特別會計，皆為便利私圖等情（此等處微誤，因參案並未直接彈劾熊梁本人）。先令財政次長張弧、交通次長葉恭綽停職，聽候查辦。以張氏親熊，葉親熊，葉為梁黨，蓋間接對熊梁二人示以威脅，一時雷厲風行，大有政海掀起風波之勢。熊即出京，梁則屈服。梁恐事情擴大，難於收拾，託由楊杏城向項城疏通，願自告奮勇，交通系要人加入籌安會，贊助帝制運動，一場風暴，遂頓時雨過天青。……帝制運動中，於此添了一支有力的生力軍了。」准此以觀，以恭綽一向所處地位，自為生力軍中一員虎將，其在當時，固亦為從龍之猛士也。

雲南起義，各省響應，袁世凱撤銷帝制，旋以羞憤暴斃，由副總統黎元洪繼任總統。關於帝制禍首問題，梁士詒名列「七凶」，自為明令通緝中之一人，由津南下，盾往香港。葉恭綽則因明令有「其餘一律寬免」一語，幸而漏網，但經此巨變，交通系終於沉寂一時。

曹汝霖自承受人利用

過了一年，張勛復辟，卻給交通系帶來機緣。事因葉恭綽參加段祺瑞組成的討逆軍，擔任交通處長，及事既平，夤緣重回交通部，再任次長。其時交通總長為曹汝霖，他在所著《一生之回憶》中有云：

「黃陂（黎元洪）辭職下野之時，曾發表段祺瑞為國務總理，……此次組閣名單已在天津擬定，……余長交通。……我看了名單即對合肥說，以已就交通銀行總理，恐不能兼顧為辭，……豈知譽虎、振采（任鳳苞，交行協理）聞訊來訪，詢問何以辭長交通？余告以恐不能兼顧。譽虎即說，有振采為助，君可放心，兼攝何妨？……倘總理物色不到相當之人，再找公，公幸勿再辭！越日合肥果又找我說交通一席……我想譽虎他們，必已通過線索，只得應允。……後有知友告我，君真好人，易受人利用，君知交通部與交通銀行，都是交通系的大本營麼？部比行更重，此次他們首領（梁士詒）被議，譽虎自知資望不夠，又恐他人來長部，破壞他們的基礎，知君易與，故陽為擁戴，實則為他們看守大本營而已。我想此亦不為無因，……次長自非譽虎不屬……」

這段話，有可信，有不可信。不可信者：曹汝霖不是怕吃肥肉的人，對於「富源無窮」的交通部，那有不願接受之理？即使謙辭，作態而已。可信者：為他「知友」的說話，恭綽勸道以利用為動機，則確為一針見血之談。可是話又說回來了，曹汝霖也非易與之人，怎肯甘為傀儡，觀於其後與陸宗輿、曾毓雋、丁士源諸人（曾、丁與安福系關係甚深），成立新交通系，奉徐世昌為暗中領袖，並與以孫潤宇、江天鐸為中心之「討論會系」相聯絡，則知其固亦別有懷抱者也。然而葉恭綽畢竟是交通部的老土地，交通系的人馬又遍佈於部內部外，他決不會在汝霖手下討生活的，權利之爭，勢所難免，於是彼此之間，時相齮齕。

交通部分電路航郵四司，葉恭綽以一次長，到任之後，便先派定路政電政兩司，留下航郵兩司由曹委派，平分秋色，還算是客氣的。路局方面，葉恭綽幾於一把抓了，僅留業務清淡的京綏路局由曹委派，恭綽且於該路行政，不時挑剔。稍後，汝霖派京漢路工程師劉夢飛，升任京奉路局副局長，人選是夠格的，無可非議。不料北京新聞記者，就像千里眼順風耳一般，部令尚未發表，消息已見報端，並加調侃，謂夢飛為汝霖的「令坦」，升職由於裙帶而來。坐是，汝霖只得將事擱置，免遭物議。事後查實，這是恭綽搞的把戲，因京奉路為主要鐵路，其中人事購料等等，恭綽不願外人插足，但又不能阻止總長不派人，於是勾結記者，從側面破壞，使胎死腹中，而鞏固其已得的權利。當初恭綽以為本身未必有回部希望，故慫恿汝霖出而代為看家，及本身既已回部，則反視汝霖為一障礙，駸駸然有奪權之意矣。

葉恭綽公事玩弄花樣

民國七年，梁士詒的通緝令撤銷，由日本返津，以奔走南北和平的招牌，為徐世昌的幕後人物。曹汝霖則因段祺瑞再度組閣，以交通總長兼攝財政總長。財交兩部，本屬毗連，汝霖在兩部間闢一新門，以便來往。每日他於午後四鐘到交部辦公時，恭綽已將閱過公文百餘件，堆置他的案頭。他因時間緊促，僅能核閱蓋有「要」字木戳的重要文件，其他蓋「例」字木戳者，則視為例行公事，匆匆過目，批一「閱」字了事。兩個木戳，均由恭綽主管，公事分檔，亦由恭綽主辦。恭綽知其如此，乃乘間玩弄花樣，將一件有關展長浙閩築路向日本借款的重要公事，蓋上「例」字木戳，於汝霖不經意下蒙混過去。汝霖猶自懵然，反而是日人西原，為了佣金問題，向他談起，謂合同即將簽訂，詢問電報曾否看到？汝霖才著慌了，回部調卷，查究實情，恭綽初猶狡辯，謂公事總長批過的，並無紕繆。及汝霖指出他將要公故作具文看待，僅蓋「例」字戳，又將電報藏匿，顯見不實不盡，他才啞口無言。該項借款亦即因此停止。

漏秘密又放一枝冷箭

是年夏間，北京舉行新國會選舉，安福系獲得大多數，當選議員三百三十餘人，次之為交通系，當選一百二十人。先是皖系王揖唐、曾毓雋等組織安福俱樂部，作為競選的政團。揖唐勸士詒合作，許以未來的參議院議長。士詒野心本熾，又以為南北和平果能由他推動成功，聲望必益崇隆。揖唐所言，正合其意，因此他將掌握的政治資本——交通系，作為安福系的與黨，聯成一氣，果然取得了參議院議長之席。但遇利害關頭，如與本系利益不符，則士詒又自行其所是，與安福系分道揚鑣。

及徐世昌由安福國會選為總統，曹汝霖、葉恭綽仍在錢能訓內閣，蟬聯交通總次長。在選舉總統中，徐世昌因收買議員，非錢不辦，由曹汝霖向日本借款二千萬，作為經費，以高徐順濟兩路借款築路權為擔保品。此事對外嚴守秘密，恭綽則始終與聞，密電往來，亦由其經手，從未表示反對。不料將近訂約時，北京八家報紙同時予以揭破，一時輿論大譁。事後擠對，部中參預其事者僅有三人，曹汝霖本身不會洩漏；譯電秘書是曹多年心腹，亦不會洩漏；這枝冷箭，顯然又是恭綽暗放無疑。

張志潭戰勝了葉恭綽

民國八年，發生五四運動。曹汝霖、章宗祥、陸宗輿以賣國賊被辱被毆，同時垮台。向賴這批掮客進行日本借款的北洋政府，自苦不易維持，極感拮据，交通系於是取而代之。故在皖直戰爭後，民國九年的靳雲鵬內閣中，交通系成為核心，周自齊以攜帶美國商人臨時借款五百萬元取得財政總長，葉恭綽以從交通事業中調撥政費取得交通總長。溯自清末郵傳部起，恭綽以微員起家，浮沉貳卿，歷有年所，而今躋身宗伯，似應感到滿足。然而他為交通系起草的藍圖，遠大而又美麗，並不止此。滿肚密圈，準備以「財政倒閣」手段，迫走靳雲鵬，捧出梁士詒為國務總理，使交通系成為中樞當權派，才算實現他的鴻圖大略。

其時北京以及全國，湧現出一片「窮」的浪潮，軍費積欠達八九個月，各地常因欠餉引起兵變。各省軍閥則因催款無著，截留國稅，就地搜刮。北京城內，各部組織「索薪團」，滿眼都是「災官」；大專八校幾至絃歌絕響，學生起而進行「讀書運動」。靳內閣因國內的不統一，已無法騙取外國借款，恭綽則抓緊時機，下井落石，一面與徐世昌及奉系暗送秋波，一面把持交通事業與銀行事業，拒絕予以救濟。隔岸觀火，坐待靳雲鵬的「退讓賢路」。

那知強中尚有高手，靳內閣的內務總長張志潭卻是一個「智多星」。他向雲鵬建議，邀請曹錕、張作霖進京，幫助改組內閣，驅逐交通系分子下台。靳雲鵬與張作霖原是兒女親家，張志潭則屬於直系的政客，有此淵源，曹張對於這個忙是不能袖手的，果皆應邀，在天津舉行會議，改組內閣，以李士偉任財政總長，張志潭調任交通總長，周自齊、葉恭綽同被排斥出閣。葉恭綽倒閣未成，反而自己被鬥垮了，時人謂這齣戲是靳雲鵬戰勝了梁士詒，張志潭戰勝了葉恭綽。

三路圍攻靳閣終垮台

此時已是民國十年，靳內閣雖在直奉兩系保持均勢下賴以不墜，然而兩姑之間難為婦，偶失平衡，暗潮便起。雲鵬在財政和權力的分配上頗有親奉疏直的傾向，因此直系大不稱心；反之，奉系對於以直系政客張志潭為核心的內閣亦有所不滿，尤其是任命吳佩孚為兩湖巡閱使，使奉靳間的關係更形惡化。另一方面，徐世昌與交通系本有淵源，此時在用人上又恰與靳雲鵬發生衝突。如許破綻，當然逃不過葉恭綽的窺伺，於是捲土重來，再一次發動「倒閣運動」。

由於前車之鑒，恭綽體驗到無論倒閣組閣，軍閥的大腳必須牢牢捧好，乃潛往瀋陽，密向張作霖獻策，教唆他如欲有效地控制政府，必先控制中央財政，而收買交通銀行股票，則為控制中央財政的第一步。該行早已轉到他們手上，儘能隨時報效云云。他的策劃，正合張作霖「問鼎中原」的意向，而其陪賭侍席，脅肩搖尾，則又博得張作霖的歡心，鬍帥因而馳往天津，邀請曹錕等舉行「巨頭」會議，解決當前一切問題。曹錕因吳佩孚勸阻，托病不來，鬍帥乃轉往北京，與徐世昌會面，大罵直系推薦的高凌蔚不配當財政總長，張志潭不配當交通總長，內閣必須改組，才能有所作為。這些話是徐世昌暗暗同意的，聽來大覺過癮，可是吹到靳雲鵬的耳裡則大感震驚，認清了本身已陷於總統、奉系和交通系圍攻之中，形勢大變，戀棧已不可能，因是內閣宣布總辭職，離京去津。

短命內閣枉費了心機

北京政府旋根據張作霖的推薦，發表梁士詒為內閣總理，葉恭綽重長交通，又拉攏新交通系，以張弧為財政總長。其間發展，多如恭綽藍圖之所預定，一生快意，應無逾於此時。不料士詒登台僅歷十天，吳佩孚突來一通聲討的檄文，揭露他直接接受日本公使關於借款贖路（膠濟路）的要求，「勾援結黨，賣圖媚外，甘為李完用、張邦昌而不恤。」士詒雖很吃驚，卻念辛苦一生，熬成資格，抵受風波，好容易仰邀翳帥栽培，才能掌執樞機，平章軍國，怎能因酸秀才一罵而退，故仍笑罵自他，好官自為，以示「宰相肚裡好撐船」的風度。又不料吳佩孚不罵則已，罵則如連珠砲的放個不停，而各省軍閥亦多仰承吳的鼻息，嗚鼓環攻。其間罵電，以吳佩孚的新式「驅鱷魚文」，與張克瑤（山東混成旅旅長）套用〈討武則天檄〉製成的〈討梁士詒檄〉，最為出色，同屬天下妙文。

然而梁士詒厚顏抵耐，仍無去意，直至吳佩孚聯合六省軍閥電請總統徐世昌乾綱獨斷，並以「獨立」為要挾的強硬的表示，而他的後台老闆張作霖又不作切實的支持，始知大事已去，乃接受徐世昌的諷示，請假去津。不久，直奉戰事發生，直系大勝，奉軍退出關外，徐世昌迎合吳佩孚的旨意，下令通緝梁士詒、葉恭綽、張弧三人，指為這場戰爭的罪魁禍首。但在通緝令中，葉恭綽卻被列為一名，想來他在前此所作的陰謀詭計，已為人所共曉，責任攸歸，應由他「獨占鰲頭」吧。按恭綽先後出任交通總長，至此併計，歷時不過十個月。梁士詒的國務總理，則更短命，不過三十天，費盡機心，拋殘精力，落得這樣下場，亦可哀矣。

此後恭綽猶沾三角同盟的餘光，在南方任財政部長，又在北方任交通總長，則皆不足齒數，因前者僅為大元帥府的財政部長；而後者則為執政府的交通總長，執政府者，於法無據，只是一個局面較大的「維持會」而已。

不甘寂寞終投靠紅朝

北伐以後，梁士詒又被國府通緝，交通系則從此匿跡銷聲。迨至民二十年底，國府蔣主席辭職，選任孫科為行政院院長，葉恭綽始乘間得任鐵道部長，但未及一月，孫科辭職；恭綽隨之而去。以後政壇之上，不再見他的影子，寂處者歷二十年。

按恭綽自清末服官於交通部門起，其間犖犖大端，如關於京漢路的贖回，奉新路的改築，吉長路借款合同的改訂，京張、津浦、正太、道清、汴洛、廣九等路的籌辦，各省商辦鐵路的收回，鐵路會計制度的統一，黃河鐵橋的重修，京綏路工程的興辦，交通教育及鐵路同人教育的創建，直接間接，均有他的規劃與貢獻，未可抹煞。

為什麼國府對於這位交通老手，竟棄之如遺，老是擯而不用呢？根據傳聞，謂為丁文江、翁文灝等阻遏所致。事因恭綽正長交通之際，政府鬧窮，丁翁兩人主持的地質調查所，經費積欠甚久，幾致解體，一再呈請撥款，以資維持。當時閣議中，有人以學術機關，非同一般衙門，所需款項，又不甚巨，不容置之不理，主張由交通部酌量撥給，俾能渡過難關。詎恭綽堅持該所不屬交通範圍，深閉固拒，辭氣甚傲，丁翁因此銜之，積怨莫解。及政局大變，丁翁以教授參與政務，當局在先入為主下，恭綽遂無起用之望矣。在事實上，則原因有更大於此者，恭綽讀者雖多，且通佛學，但胸次並不恢宏。從政多年，習於權謀術數，猶沾沾自喜，以為得法，待人則又失於精刻，開罪甚廣。凡此諸端，既不自反，又不甘寂寞，昂頭天外，徒致憤於當道之不相容，由是怨望日深，恚怒思逞，其最後投靠紅朝一幕，便於此時隱伏其根了。

葉恭綽退出政壇後，息影滬濱。民廿六年，於日抗戰序幕揭開，乃遷香港，一度與鄭洪年、杜月笙合營鹽運。民廿八年，恭綽因體弱多病，需人侍奉，另納側室鍾氏，在滬則尚留有一妾，其名善持。鍾氏東莞人，頗賢淑，日軍佔領香港時，恭綽遭禁閉，患難之中，多藉其力。善持則於恭綽走後，以毛公鼎為題，構詞誣陷，指為盜賣國寶，掀起大波，一時情勢嚴重，恭綽雖幸脫身，而威脅所及，大感困厄矣。

悼愛姬：恭綽傷情

恭綽原有寵姬張氏淨持，民五在北京病故，葬於西山四平台，旋闢為小園，名幻住園。淨持明慧過常人，中道化去，恭綽有生死之感，傷情不已，悼念之作頗多，皆情至之語，如〈淨持歿百日感賦〉：

剩挈千悲向此辰，夢中空問去來因。
皈依君竟歸何處？淪落吾猶有此身。
暫閱風花人已世，枯餘珠淚海終塵。
不堪多難登臨日，愁向西天禮化神。

〈**丁巳冬日葬淨持西山之麓，夜宿靈光寺，宵長不寐漫紀**〉：

偏是華年算死生，燈前曾賺淚縱橫。
誰知煎迫成今日，剩我拖泥帶水行。
何限愁懷戢一棺，舍身容易懺情難。

金經一卷同歸土，所冀心能替汝安。
風塵何日覓幽棲，偕隱前盟忍重提。
好向此間來伴汝，松窗斜接小墳西。
盡挈悲歡付刦灰，遺懷空企鶴歸來。
無情冷月從圓缺，乞與流輝照夜臺。

懷怨望：淨持求去

淨持既歿，恭綽情無所寄，秋月春花，倍傷懷抱，乃收其異姓妹為妾，命名善持。善持始尚柔順，相處甚安。然恭綽本非由愛而納，只視為某種替身，日用之費，約束又頗嚴。善持久漸不耐，頗露怨望，恭綽屢斥之，恚恨遂深，憤然求去。事聞於僉壬之徒，乘間構煽，嗾向恭綽索巨資，數至五十萬元。恭綽怒不置理，會戰事發生，便孑身南下，置善持於滬寓，僅給生活費若干，意即遣之，但名分仍在，糾紛並未解決，恰如悼亡詩之所謂「剩我拖泥帶水行」也。其時善持已為無賴脅持，所圖既不獲逞，乃投訴日本憲兵司令三浦，誣指葉恭綽盜賣「滿洲國」國寶毛公鼎，於是恭綽留滬家屬，均被逮捕入獄。

按毛公鼎為三代吉金第一，其在古文化的價值，遠過於散氏盤，出土以後，輾轉為端陶齋（方，午橋）所收藏。民十前後，恭綽與馮公度、任小珊、鄭洪年三人，共組四合社，釀資十萬元，向端陶齋夫人購得，名義為四合社所共有，寶器則公推恭綽保存。其後某年，恭綽大壽，馮等三人奉鼎為壽，乃歸恭綽所獨有。恭綽曾造一鐵箱，置鼎其中，藏護周密。迨恭綽避地來港，鼎亦攜往，故日軍逮其家屬為質，迫脅恭綽，將鼎獻出，但事實已不可能。恭綽曾託杜月笙等多人，電滬疏通，迄無寸效。後經唐蟒等奔走營救，其禍始解。善持與恭綽關係，從此乃絕。

毛公鼎：失而復得

抗戰之始，張文達公第二子叔平，奉最高當局命，潛駐上海，專責與日方反東條系統分子聯絡，藉以促成日本反侵略運動。文達生前，與日本朝野有交，事雖隔代，人緣尚在。最高當局，苦心籌策，因派叔平還滬，善加運用，冀能造成一種力量，於日本軍閥有所抑制，故其工作為獨立性，與中統軍統截然無干。叔平抵滬後，困求冥索，以東京文部省對於文達的舊誼與歷史，尚能重視；而於反戰亦表同情，始獲若干方便，較可自由行動，不受一般拘檢。迄日軍進佔東南亞區域，叔平據其友陳伯陶（詠仁，靖江人，上海奧國洋行華經理）相告，謂毛公鼎又已在滬出現，約往辨認。叔平知鼎已南移，初不之信，及一往觀，則赫然果為真物，轉增疑異。此時恭綽已由日軍釋放，從港返滬，叔平走詢其故，才知此鼎在港紛亂時，突然失去，恭綽於禁錮與播越中，倉皇震疊，保命為重，對此不敢究詰，亦無從究詰。最後，此一寶器，由伯陶以四百兩黃金購歸，交叔平掘地保藏，勝利後呈獻政府，今在台灣。此中經過，曲折甚多，因與本文無涉，諸皆從略。後此毛公鼎與恭綽的關係，雖已脫清，但毛公鼎對於恭綽之為累，餘波尚未盡息。

遭冷遇：一怒靠攏

抗戰勝利前後，恭綽稅居於滬市西區一間小洋樓中，欹枕高臥，託病息游。間亦出門，則首籠風兜，傴僂以行，衰頹若不勝衣，實則沉機觀變，中腸如沸，名勢之念，迄未去懷。迨紅潮南浸，京滬板蕩，恭綽乃挈眷來港，投寓於堅道親戚家。朋儔往訪，猶以鷦鷯自況，不同腐臭為言，而道路傳聞，則直指為作態，狐狸露尾，拭目可待。

果不其然，民卅九年春夏間，香港左報突以恭綽應邀北上製為大字標題，展開宣傳，表示統戰工作的重大勝利，道路傳聞，至是證實。後消息透露，恭綽靠攏，一半由於章士釗、金家鳳等的誘導，一半則出於其本身的熱中，並以褊狹的心理，以為二十年來國民黨對他的冷藏凍結，總算吐了一口惡氣。隨行者有鄭洪年。洪年事恭綽，與恭綽事梁士詒，先後一轍。恭綽與梁士詒為世誼，又深佩其敢作敢為，故事之唯謹。鄭洪年則服膺恭綽識見之高、提攜之雅，事無大小，倚為依歸，故雖臨深履薄，亦步亦趨，唯恐或後。不料這回卻非靳雲鵬內閣時代可比了，那時他的官星高照，撈到了一個交通次長，此時局面全非，老命亦將斷送。不久，洪年即在上病故。

將公審：情勢危絕

恭綽此行，挈眷與俱。行李中最重要的部份，為所存交通檔案計劃副本，自郵傳部創立以至其離職間的資料，無不齊備。其意以為新朝建設，典籍是式，此項貢獻，必邀青睞。那知時代不同，去取有異，尤其馬列主義觀點下另有一套，恭綽所寶者，中共曾不重視。劇秦美新，以悅莽意，不意所得僅為空頭「政協」一名，與文史館副館長一職，失望甚深。月糧所入，初尚可供一飽，後則漸減，頻呼庚癸。中經高層幾度出而指責誣陷，幾瀕於殘虐，得章士釗從中斡旋，始能倖免。

消息相傳，恭綽遭共幹指責誣陷，實由自取。事因北平廣州會館，置業甚廣，擁有房產千百間，居者皆粵人，其中且有祖孫父子住居逾百年的家庭，納費甚少，儼如半業主，一向相安無事。恭綽抵平後，忽倡新議，與粵東同鄉會談，主張將房產售去，以所得捐獻政府。這是一個破壞千百個家庭的惡毒主意，住戶大譁，眾怒不謀而合，因在共幹之前，媒孽其短，誣指其曾盜賣國寶毛公鼎，藉以洩憤。共幹不察其偽，先入為主，竟主公審，情勢危絕。當時使無士釗出而疏解，辱僇所加，殆難設想。不意向以短小精幹見稱的葉恭綽，老而瞶瞶，一至於此。

「文革」以來，恭綽雖免於清算鬥爭，而衰病侵尋，資用乏絕，室人交謫，處境益困。章士釗於今年春初，曾為其寓書於在港親友，代籌數千元，以賙其阨。後由幾位斯文一脈的交親，各分鶴俸，匯往一千數百元，交由士釗代為區理。為防其姬人不善操持，斟酌所需，每月分給若干，而不全付。事越數月，噩耗傳來，則恭綽於八月間已辭世矣。

擅文辭：家學淵源

恭綽先世為餘姚籍，高祖游幕入粵，始家於廣東。祖父蘭臺先生（衍蘭，號南雪），咸豐壬子舉人，丙辰進士，翰林庶吉士，戶部江西司主事，貴州司員外郎，雲南司郎中，軍機服處章京，外放改官知府。工詞，譚獻推為南宋正宗，有《秋夢盦詞》傳世。少師陳蘭甫（澧），以金石書畫文藝倡導後進，盛伯希、周薈生、于晦若、梁星海、易實甫、文道希、康長素等，均為忘年交。父雲坡先生（佩瑲，號仲鸞），光緒戊子順天鄉試中式舉人，以河工保同知，升知府，候補分發江西，累莞榷政。恭綽淵源家學，積厚流光，擅古文辭，精書法，詩詞境界造詣尤深，印有《廣篋中詞》、《遐庵詞贅》、《遐庵詩乙稿》、《遐庵談藝集》等書。他嘗指出：文辭中意境，貴高尚開朗，雄奇邁往，恢廓不限方隅，濟物而非自了。若志趣囿於淺陋，或為習慣所拘牽，只知有聲色貨利富貴壽考，或斤斤於世俗之毀譽恩怨、親疏厚薄，即有佳篇，亦為碎錦，斷章中取一言數語而已。其論甚篤，顛撲不破，無如見於文者，往往為與我周旋之我，見於行事者，往往為隨時俯仰之我，明珠舍利，隨轉異色。古往今來，巨奸為憂國語，名利客作冰雪文，飾非文過，比比皆是。以言恭綽，則其言可聽，其行未必可觀也。

結局：曳尾泥塗

又恭綽中年，已長齋學佛。民九，與熊秉三、梁任公創議籌刻佛教全藏未成。後與歐陽竟無、沈子培、陳伯嚴、熊秉三、蔡孑民等創辦內學院於南京，刻經典凡數百冊，並與陳真如等籌闢院址，即法相大學。民十五，又與施肇基、王一亭、黃涵之、李雲書、關絅之等在滬組織佛教淨業社。其於歷代釋典，收藏頗富，近人及日本方面的佛學著述，搜羅亦廣，著有《歷代藏經考略》。獨惜積障難除，遇事不能解脫，所得止於文字語言思解，於心地了無受用，如上文所錄〈悼亡詩〉，雖見性情，粘縛則如故也。

民廿九年，恭綽在港，曾主辦「廣東文物展覽會」，繼往開來，士林歸望。使能賡揚所志，文物為重，懍秦火之重燃，懼斯文之將喪，商量舊學，培植新知，安硯席於海隅，踵河汾之盛業，則其於文化的貢獻，試問何等光大。奈何不甘寂寞，曳尾泥塗，步吳梅村、錢牧齋輩之後塵，稽首紅朝，淪為臣妾。一代人才，如斯結局，是誠可為悲弔者也。

記唐紹儀之死

潛園

唐少川（紹儀）氏，以遜清郵傳部尚書，首膺民國開國第一任國務總理，其位望之隆，僅次於中山先生及袁世凱，為當時第三號人物。不意出膺艱鉅未久，即與袁世凱發生歧見與職權上的爭執，唐氏飽受西方民主法治教育，又係書生本色富有正義感的人，遇上袁世凱老奸巨猾、跋扈驕橫的作風，這一府院之爭，唐自非袁之敵手，終於一氣之下，憤而掛冠，從此脫身政壇，影息上海，與民國政治絕緣了。

論理，像唐氏脫離現實政治已久的人，應該是任何政潮都波及不到他的；然而唐氏畢竟以垂暮之年，而遭人暗殺。是政治風波呢？抑私人恩怨呢？其兇手又是誰？數十年來，始終聚訟紛紜，莫衷一是。本來這些事過境遷的舊賬，原不值得再談，但為使讀者瞭解其中內幕，以及真正兇手為誰？其人其事，似仍有一述的價值。

軍統實行・壯士斷腕

當抗日軍興，上海淪陷前後的一段時期，唐紹儀始終隱居上海老靶子路。以唐氏以往的地位人望，自不免成為日本軍閥利用作傀儡的目標，寓居這個是非之地，原是極為不智的。其間曾經若干友人勸他隨政府西遷，或去美國做些國民外交工作；但他始終游移，兩條路都遲遲未行。而這時日軍駐在京滬的特務機關，更經常有人去拜訪他，帷燈匣劍，魅影幢幢。

中央方面，為了堅持全國一致、抗戰到底的國策，對於這些鬼鬼祟祟的活動，不得不加以注意；尤其日本特務主持人土肥原，在一次道經上海時，就曾專誠拜候唐氏，這些消息，被「軍統」潛伏的人員知道了，自然據實上聞。據一位幕內朋友說：軍統根據這一消息，終於作出了一個「壯士斷腕」的決定。

謝氏兄弟・開古玩店

這一任務的執行，終於落到「軍統」上海行動隊長林之江身上。林氏為浙江江山人，軍校五期畢業，與戴雨農（笠）為同學同鄉。他於奉到任務後，為了安排人員與唐氏接近，曾經煞費周折。原因是這時上海已經淪陷，日軍與憲兵防衛得很嚴，既不敢驚動了他們，即隨身攜帶的武器，也隨時會遭到檢查，偶一不慎，不獨任務無法完成，反而打草驚蛇，使整個潛伏的地下組織，也有牽連遭遇到破壞的危險。為策萬全，必須有人能與唐氏經常接近，否則，無法下手。

林之江多方物色下，終於在他的部屬中發現了一個最適合不過的人物，那人便是謝××。原來謝氏為軍校出身，而且係廣東人，謝有胞兄某，在上海經營一間古玩店，林探悉唐氏平生愛好古玩，為了投其所好，易於接近，乃命謝氏兄弟以同鄉之雅，經常送些古玩字畫與唐氏鑑賞。唐氏素性所好，又見謝氏昆仲為同鄉，自然毫不懷疑其他。自是之後，謝氏兄弟遂經常出入於唐公館之門，上上下下都攪得稔熟極了。

有一次，謝氏兄弟打聽到唐氏女公子行將出閣的消息，便特地物色了幾件香閨中陳設的古玩送去；唐氏鑑賞一番後，覺得都不合意。最後一次，謝氏兄弟特坐著一輛小轎車，帶了一個高大的方瓷瓶進去，誰知這一古瓷瓶便送了唐氏一條老命。

古瓷瓶內．暗藏利斧

當謝氏兄弟攜著古瓷瓶來到老靶子路唐公館時，唐家老僕人見是主人的同鄉，又是常客，絲毫不虞有他，隨即開門迎入客廳中。接著唐氏也慢步走了出來，賓主坐下，老僕照例奉著茶烟敬客後，隨即退了出去，順手將客廳門輕輕掩上。客人未走，不經呼喚，是不隨便進入客廳的，這是清季以來，北京官場和公館中的慣例，因為主人與來客有時談著機密事或心腹話，一則恐防洩露，一則恐致慢客也。這個家人，是隨侍唐氏在京多年的老僕，對於這些規矩禮節，自然已成為習慣了。

謝氏兄弟見僕人退出，客廳中只有主客三人，認為時機不可失，便開口道：「紹老！今天我們費了很大的周折，才物色到這個古瓶來，這是明朝代宗年間景泰藍瓷瓶，距今已四百多年了，古香古色，既高雅，又名貴，做著令媛出閣的嫁奩，真是最好不過的，請你老法眼鑑賞一下！……」

說著，他們二人便一面將那布套拉開，一面遮遮掩掩的將藏在瓶裏的一柄小斧取出，袖在手中。唐氏此時全神貫注在古瓶上，並未留意他們取出些甚麼東西；事實上，即使唐看見了而起疑心，他們只要說是古董小玩意兒，也會很容易的掩飾過去了。因為，這種利斧，是特製的，為了便於藏放，斧身和柄都不長大，看起來，便和兒童玩的小玩意兒差不多；但斧鋒卻是一片極薄極堅的特製玻璃，鑲嵌在斧口上，鋒利無比。

正當唐氏聚精會神低頭賞鑑古瓶之際，謝弟悄悄的袖出那把利斧，冷不防從唐的後腦猛力劈下，咔嚓一聲，唐已倒身在沙發旁了。兇手二人見任務完成，隨即選出，並且裝出賓主雙方告辭送客的模樣，故意揚聲說道：「紹老，再見，請留步，不敢當！」

一面說著，一面將客廳門掩上，從容出門而去。這時老僕人聽見客人要走，還跑出大門替他關照汽車，眼望著兇手邊談邊笑的登上汽車，飛馳疾駛而去。

及至老僕人回到客廳，看見主人倒在沙發旁血泊中，斧還嵌在頭上，血還在汩汩地流著，才知出了天大禍事，駭得手足無措的驚叫起來，再追趕兇手時，早已杳如黃鶴不知去向了。

索取獎金．不得要領

一代巨人，晚年竟遭此慘劇，消息傳出後，中央亦為之震悼，特致電慰唁唐氏家屬，並發給治喪費三千元，辦理身後諸事。

事成之後，謝××兄弟便向林之江索取獎金五萬元（一說十萬元），林以局方未行發下為辭。謝被乃兄嬲之不已，乃憤而走重慶，逕向局本部要求，局方又以林之江未將詳細經過事實報到，無法核辦，事經一再要求，亦未獲得要領，謝氏於憤恨激動之下，忍不住口出怨言，到處訴苦，一方面在求發洩怨忿，一方面望獲得同情。終於這事被軍統當局知道了，乃命人將謝氏秘密囚禁於重慶郊區一座樓上，據說謝患有嚴重的神經病。謝氏遭此意外，獎金既未領得，身又失去自由，在怨忿交織下，不久竟跳樓自殺了。

特工總部．演捉放劇

自唐案發生後，林之江三個字，在上海竟神威赫赫的無人不知、無人不怕了，只要是落過水或良心內疚的人，一提起林之江，便會談虎色變。同時局本部方面，對林之江就特別倚重了。當李士群代周佛海負責著實際責任，主持「汪偽政府」的行動總機構，設發號施令的「特工總部」於上海憶定盤路十號，後再遷至極司斐爾路七十六號（即眾所周知的七十六號），與「軍統」派駛上海的秘密工作人員，展開腥風血雨的互殺，在「軍統」擒賊擒王的決策下，對於制裁李士群的任務，又落在林氏身上了。

時民國二十八年（一九三九）四月，一夕，大雨滂沱之後，雨過天青，滬西一帶正在水淹中，林之江以為此時李士群必無戒備，遂隻身而往，涉著水徘徊於十號前後門者久之。正當他注視探望之際，突遇李士群的重要助手楊傑，正從後面走來，行至十號附近，見有一人躡手躡腳在前探望，仔細一看，其身形背影恰似林之江。楊亦為軍人，曾一度與林共事，素悉林所負的密秘任務，心知林之此來，必有企圖，乃一聲不響，悄悄暗躡林後，出其不意，一把抱住林之江。林回頭一看，見是楊傑，心知此時已落在對方手上，無法脫身了，便硬著頭皮說：「這算什麼？今天算我晦氣，栽在你手裡，聽你怎樣好了。」

楊冷笑著也不多說，將林擒到十號總部內，李士群得知了，立即跑來，熱情洋溢地雙手擁抱著林道：「林大哥！我想你好久了，今晚得見多高興！」

林憤憤的道：「我不吃你這一套，今天落在你手裏，要殺便殺，何必假惺惺作態？」

李忙解釋著道：「今晚故舊相逢，不談這個玩意兒。……」

林截著道：「你有種，將我放走！……」

李將手一揚道：「一句話，請你就走！」

林之江毫不遲疑，揚長而去。

林竟投靠．汪偽政府

楊傑於無意中生擒林之江，立下一件大功，心中正自高興，今見李士群竟如此輕易就放走林之江，真是莫明其妙，萬分不高興的質問著李士群道：「你這樣攪是什麼道理？」

李答道：「你放心好了，不出三天，他就會來這裏報到了。」

楊聽了這話那裏肯信，但人已放走了，只索姑妄言之，姑妄聽之罷了。

到了次日，果不出李士群所料，林之江竟親自投到十號總部見李了。李一見林來，即拍著他的肩膊說：「老兄，你夠朋友。今後我們同甘苦、共休戚，一塊兒幹罷！」

其後，林之江竟担任著七十六號的「行動總隊」總隊長，與「軍統」留駐上海地下人員，展開激烈的鬥爭，使到「軍統」在上海地區遭受嚴重的打擊。連當日生擒他的楊傑，也隸屬他部下了。

自林投入七十六號後，「軍統」方面上海行動總隊長，即由江灣行動隊長曾克家繼任。日本投降，林潛逃來港，倖免於法網，至民國四十一年（一九五二）因病死於香港。

望重中外一斧難逃的唐紹儀

韋榮熙

當清末民初之際，在我國政壇上只要提起唐紹儀三個字，真是誰個不知、無人不曉。唐氏在遜清末葉，即以外交能手著稱壇坫，因受袁世凱特達之知，早歲以關道轉入外務，而巡撫奉天、而郵傳部尚書。迨辛亥起義民國肇建，南北議和時，唐為北方議和的全權代表，又是中華民國的第一位責任內閣總理。

殊不料入民國後，唐雖榮任首任閣揆，竟與袁世凱意見相左，無法合作，一氣摜掉紗帽，隱居上海，從此即不再與聞政事。

紅粉知己

唐氏蟄居上海作寓公後，十里洋場，歌舞昇平，無官一身輕，殊亦自得其樂。時上海有一間著名的中西女塾，孫夫人宋慶齡、蔣夫人宋美齡以及不少名媛淑女，多出身該校。那時與唐氏有同鄉之雅的吳潃孫先生（時為上海英商沙遜洋行之華經理）之女公子吳小姐，亦為該女塾之高材生。該校同學於課餘之暇，每喜談天說地，漸及於品評月旦當代傑出人物誰最出色。有指稱孫中山、黃克強者；亦有指稱袁世凱、梁啟超者；惟吳小姐獨盛稱唐紹儀為個中魁首。彼此各阿所好，互不相下，有時竟爭論至面紅耳赤尚不肯罷休。因為爭論之次數一多，塾中同學遂以吳小姐對唐紹儀情有獨鍾一語相嘲謔，這也不過是同學之間說說笑笑罷了。又誰知言者無心，聽者有意，那時又恰值唐氏斷絃多時，正思覓得適當對象，再續鸞膠。若干與唐氏接近之友好，既風聞中西女塾之論戰，亦皆以此為話柄，每向唐氏打趣，有人竟向唐說：「紹老！潃孫的女公子對你崇拜萬分，許為當代最出色人物，可謂紅粉知己，紹老鰥居既久，何不求之呢？」

剃鬚求偶

其實，唐氏亦早耳吳小姐秀慧之名，未始無心，只以彼此年齡懸殊，無法啟齒。何況唐吳兩家原係同鄉至好，怎能如此唐突人家的掌上明珠？因唐氏的年歲較吳小姐之令尊潃孫先生猶大過幾年也。唐對此事，固有生得太早之憾，而唐之左右親近，察顏觀色，已窺知唐的一片內在苦衷，何況唐當時尚是第一等闊人，自不愁無人自告奮勇，借箸代籌，玉成美事。果然有熱心人不惜俟機向雙方不斷慫恿，冀其能促成此一頭親事。潃孫先生平日對唐氏最為尊崇，對此舉則無可無不可，最後必須徵求吳小姐之意見，誰料吳小姐落落大方，果未拒絕，但卻提出了三項條件：

（一）唐氏須將鬍鬚剃去；

（二）婚後不得納妾與胡行；

（三）有掌管財政之權。

大家聞得吳小姐的三條件後，咸認為第二、三兩條，為應有之義，因為納妾足以破壞家庭，何況唐氏一生豪爽，習於揮霍，有了賢內助，自應掌理財政，始能中節。惟第一條之剃光鬍鬚，比較困難。因唐氏迭膺顯宦，蓄鬍多年，一旦失去，恐有礙威儀。大家正在顧慮中，殊不料唐氏獲悉條件後，居然毫不躊躇，立予全部慨然接受，而且先將鬍鬚剃得精光，以示誠意。情勢發展至此，自然無話可說，唐吳終於結成神仙眷屬，傳為佳話。吳小姐于歸後，主持中饋，治家有方，親朋無不盛稱賢淑。而唐對夫人亦備極尊敬，情感彌篤。

猶憶唐氏最初剃鬚之時，筆者亦正于役上海，某夕歐陽榮之（歐陽駒之尊人）告筆者曰：「昨晚與紹老談至中夜，他的兩撇鬍鬚還好好在唇上，今午往晤，就突然不見了，我心裡倒很覺得有些異樣，而紹老談笑自如，反而毫不在意哩！」

帶錢做官

又：在上海閘北，有一「淨土菴」，菴距老靶子路唐公館不遠，主持此菴者為慧海和尚，當時曾有人說慧海是我國海軍耆宿薩鎮冰的大兒子，筆者曾以此親問慧海，彼不承認亦不否認，始終尚是一個謎！但慧海和尚每向人自承為「披了袈裟事更多」之流，他曾坦白的說過：「出家實比在家好，我當過洋買辦，年入不過萬金，出家做和尚後，收入且倍此數」等語。慧海通翰墨，能操流利英語，精絲竹，且能自拉自唱，不愧為一摩登和尚。菴內庖廚亦至講究，但普通人不易嚐到。慧海時邀唐氏至菴內消遣，每至不特以精饌相款待，有時更箋招其弟子王芸芳到來陪飲助興（王為上海天蟾舞台之京劇名伶），唐氏手筆素大，自亦時予賞賜，往還既頻，耗費頗鉅。當時唐氏之丈人峯吳潞老曾對筆者說：「他的興趣真好，情願常常把錢塞向老鼠窟窿裡。」說畢，相與大笑。筆者的舊同事唐芷蘅兄亦嘗向筆者談及唐氏，芷蘅說：「人家做官，是從外面拿錢回家，只有老四（按：芷蘅與唐為兄弟行，紹老行四，故稱）是由家裡拿錢出去。在光緒末年他出使了一次美國和做了一任奉天巡撫，便用去祖嘗百多萬元！」芷蘅又說：「他出使美國經過日本時，一次自雇馬車（是時日本尚無汽車）外出購物，返抵旅邸時，竟賞給馬車伕五百日元小費，嚇得車伕不敢接受，以為這位客人在發神經，嗣經日本警局到查，始知為大清國的唐專使哩！」唐氏生於富厚之家，既入宦途又是一帆風順，此種大手筆，實亦環境所使然，直至與吳小姐結褵後，作風始稍改變。

另一趣事

唐氏個性固如此，但他在我國外交事務上所表現的才能，實非常人所可及。他雖歷官顯要，仍富於平民作風（此與花錢無關），每次居官任滿回到故鄉中山縣唐家灣小休時，居常短衣短褐與鄉間父老同起同坐，共話桑麻，並無半點官架子。暑天且時往郊外水塘沐浴，純為一派老農生活。談到水塘沐浴，筆者又要順筆記述他的另一件趣事：當宣統元年唐氏卸卻了奉天巡撫之任回籍後，至宣統二年夏間，清廷又起用他為郵傳部尚書。廷旨發到廣東總督衙門，著轉知唐氏早日晉京赴任。督府便派一差官專程赴唐家灣轉達廷諭，並向他道賀。不料這位差官行抵唐家灣村外，看見水塘邊有一老百姓赤裸著上身正在洗浴，便高聲喝問道：「喂！唐公館往那裡走？」老百姓卻站在水塘裡反問道：「那間唐公館？本村姓唐的多著哩！」差官道：「新任郵傳部尚書唐紹儀老爺的公館。」那老百姓又道：「唐尚書公館我不知道，如果你要找唐紹儀，我就是他。」差官聽罷，不覺嚇一大跳，起初尚半信半疑，只得等他揩乾身上水漬，穿上衣褂，把他引到唐氏家裡去，差官才相信尚書大人真是從水裡跳出來的！

唐赴京後，就任郵傳部尚書，彼時大清皇朝已四面楚歌，搖搖欲墮，他履任不及一月，便又自請掛冠，離京時，並將清制的袍服衣冠都在北京市場拍賣一空，立即趲程回籍，表示與清室親貴斷絕往來。直至翌年辛亥，武昌起義，清廷再度拉出袁世凱出山，袁又再四力邀唐氏北上襄贊，始重作出岫之雲。此中經過事蹟，早為世人所共見共聞，茲不贅述。

縣長難為

唐氏一生忘不了家鄉，過去已不知若干次曾勸筆者應回家鄉為桑梓服務，而筆者飄泊四方，並未做到。到了後來，唐氏自己倒終得如願以償，以堂堂總理之尊，果然做了一任中山縣長。

自北伐告成，民十六年奠都南京，國府為紀念孫總理，於民國十八年將香山縣改名中山，更為尊崇總理家鄉起見，並將縣的地位提高，直隸於行政院，縣長一職，亦改為特任。唐氏以開國元勛，又是總理同鄉故舊，特任縣長，實捨唐氏莫屬。唐於就任中山縣長時，為之興奮莫名，以為從此可以為桑梓服務也。祇惜縣長是個親民之官，大而至於管、教、養、衛，小而至於民間瑣事都得要管，而唐氏卻是個習慣於大刀闊斧的人，怎能耐煩躬親處理這小小縣事，何況那時他從上海帶回中山縣任事的一些班底，又多數對於中山縣情相當隔膜，甚至那時寧粵雙方分明已存有意見，他們也不去理會。大家都以為縣長是中央特任，縣府又是歸行政院直轄，無形中有些事不肯對粵省府賣賬，誤會越來越多，遂漸漸形成了省縣之間的脫節。於是，省府如對縣府有所要求，他們就拿出中央招牌作擋箭牌；若中央對縣府有所要求，他們反拿出省府作擋箭牌，如此一來，自然面面都不討好。當時在中央方面，尚有孫科，吳鐵城等人為唐氏疏解支持；而粵省方面則情形愈弄愈壞。至民十九年終於演出粵省軍事當局與縣府互爭地方收入糾紛，由中山駐軍梁公福團，率兵團困縣署，逐走縣長一幕。中央聞訊，竟亦無如之何！

得罪老汪

唐氏受這次打擊後，即與粵方當局絕緣，仍返上海蟄居，直至民廿年秋寧粵公開分裂，粵方建府，為增強內外聲勢起見，由孫科等一再敦促唐氏回粵合作，唐與粵方始再續前緣。

迨九一八事變發生，寧粵雙方以外侮日亟，遂在上海開和平統一會議，完成協議後，蔣先生宣佈下野。國民黨在南京舉行四全大會二中全會，依據上海和會決議案的修正中央政制案，即須改組國民政府，國府主席被選人的資格，亦只限於「耆年碩德」者，而那時在國民黨內具有此被推選資格的，不過林森、于右任及唐氏三幾位老頭而已。于右任當時還是陪襯，其實只是林、唐兩老的競爭，而眾望實多屬於唐紹儀，尤以粵方孫科一派的中委對唐支持最力。但其中另一部份中委卻顧慮唐氏個性太強，恐不如林森的和靄易與，更因汪精衛一派的中委阻力最大，所以唐那次終不敵林森而告鎩羽。至於汪精衛之反對唐氏，起因本來是為了一件小事，那是：當民十四年汪精衛有一次經過上海，特往老靶子路去拜訪唐氏。汪進去後，在客廳裡呆坐了好幾分鐘，還未見唐氏下樓，汪一氣之下，竟不辭而行，走到大門口時，還朝著唐的家人罵了幾聲「老官僚習氣」，悻悻而去。從此之後，汪只要聽到有人稱頌唐氏，總是報以「老官僚、要不得」等語。不料這點小過節，到了民廿一年竟影響了國府主席的寶座。因為那次唐若獲得汪派支持，林森先生不可能垂拱而治十餘年哩！

是非之地

觀於唐在中山縣長任內的被逐，和推選國府主席的失敗，實皆出於人事所致，是無可否認的，所以和唐氏接近的友人中便有人說：「紹老如果肯對人溫和一點，或肯向有力者稍加連絡，或不致一敗再敗的啊！」言下似不勝其惋惜之意。但筆者的看法則不同，我認為唐氏對人接物並非不溫和，尤無官僚習氣，不過他久負海內外重望的人，平日一切起居動定，在無形中總會具有一點威儀，所謂「君子不重則不威」，於是在春風之中，有時就會帶點秋肅，這是在所難免的，也就為此而別起了若干不必要誤會，是亦無可如何之事。雖然如此，但當他閑居上海時，不管南北雙方要人，甚至西方國家的政治家、外交家、實業家、學者、記者等，只要經過上海，多數都欲一瞻他的風采而親往晤候。而他回到原籍的中山唐家灣時，有些外國人也是不辭跋涉，而下鄉訪問。

不料後來（時在民廿六年抗戰前夕）日將土肥原於過滬時，也跑去拜訪他，因此竟又招來相當嚴重的一場誤會，以為日本人要想利用他那塊招牌。若以他過去的地位與立場而言，在抗戰開始以後，原不宜居留於容易招惹是非的上海，猶憶「八一三」淞滬戰爭掀起後，筆者有一天曾特地跑到他公館去勸他，請他馬上設法離開上海，或回南京廣州共赴國難，或赴美國暫住向友邦人士與僑胞作抗戰之宣傳，以他過去與美前總統胡佛的深厚交情，若論宣傳實比任何人為有力，但當時唐氏對我說：「我早就想去美國，無奈旅費太鉅，一時無法張羅。」我答說：「紹老這筆旅費，中央應該出的，不妨馬上向孫哲生說說看？」唐聽了，祇點點首，默然不作表示，似有難言之隱。筆者見唐氏對行止游移不定，亦不便過於相強，遂向他告辭，他送我出客廳時卻說：「我一時怕不能行動，只好在上海看看再說。」我就這樣走了，誰料到他就因為這麼一因循，竟會遭暗殺呢！

一斧畢命

唐氏究竟因何故而遭暗殺？至今仍是一個謎！但知兇手為兩人：一姓陳；一姓唐。姓唐的還是他的同宗。為了唐氏自隱居上海後，平時對於中外訪客，向採不拒不迎態度，門戶很隨便，生人也可能闖進去的。那次兇手更趁著他的女公子快將出閣的機會，先致送些賀禮，接著又拿些古玩去請他鑒定。出事的那一天下午，兇手二人乘坐汽車並帶著一個大磁瓶到了老靶子路唐公館，公館內用人不多，侍候客廳的還是時隨唐氏多年的一個老家人、向例僕人奉了茶烟後，便將客廳門掩上，非經呼喚，是不進去的。於是兇手進入客廳後，廳門照例關掩，那時兇手便請唐鑒賞古瓶，乘他不意，立袖出利斧，向他額頭上猛力劈下，一擊而中。兇手見目的已達，便裝作主人送客出門樣子，從客廳走出時，還大聲頻說：「留步留步，不敢當。」並順手將廳門掩回，家人聽到客人要走，便跑出大門關照汽車，兇手則邊笑邊談，看不出一點異狀。出門登車後，揚長飛馳而去。及家人回到客廳，意見唐氏仍坐在沙發椅上，頭上還嵌著一柄斧頭，面上血跡斑斑，才知已被暗殺，嚇得大叫起來。此時兇手早已鴻飛冥冥了。事後巡捕房人員來查勘時，還在那古瓶內檢出一實彈手槍，當是兇手怕當時用斧不得手，或被察覺，預作進一步準備的用途耳！

紹老一生除政治、外交見解與人觀點有不同外，待人接物，和靄可親，更無與人有仇怨之可言，晚年遭此意外，是任何人都夢想不到的。噩耗傳出後，識與不識，同深悼惜，中央亦致電唁慰其家屬，並發治喪費三千元。

趙竹君趙叔雍父子傳奇故事

過雨青

病魔鬥藥事何如？萬苦千辛備一菇！
夜擁重衾猶觳觫，晨看疏雨待朝蘇。
危時擲命尋常事，垂老珍生是至愚。
大好頭顱吾付汝，此中頗有未完書。

這是趙叔雍先生最後的一首詩。其女公子文漪女士註云：「先父病篤時曾欲捐眼睛頭顱贈醫院，時家人無在側者，為朋輩所阻。此為當時口占友人代書之絕筆詩，足見先父偉大之人格與豁達之天性。」筆者讀來，具有同惑，然其所抱沈痛亦可於此中體味得之。至於「未完書」云云，所指諒為其蓄意想寫的詞學源流等書而言。

楊杏佛遇害投入汪政權

叔雍名尊嶽，又號珍重閣，江蘇武進人，上海南洋公學出身，為名詞人況夔笙先生的高足，任職於《申報》館多年，初為駐京（北京）記者，後調任總管理處秘書。

他於政治向乏興趣，抗戰以前，僅於孫科出長行政院時，以葉恭綽任鐵道部長之故，一度担任該部參事，為時極短。抗戰後，他的態度忽起變化，先後參加「維新政府」與，「汪政權」，似是官癮陡發，判若兩人，論者提之。然而知人甚難，論世，不易。談到此節，我們不能忘懷民廿二年其姊丈楊杏佛在滬遇害一事。為叢驅雀，此或為其伏因。而梁（鴻志）、汪（精衛）主領風騷，文酒詩筒，早結為吟友。此時他以不忿之心，誤託知己，貿然袍笏登場，致貽終生之玷，其事雖無可恕，其情容當別論，則其態度陡變，似又與一般有所不同了。

這十六年來，叔雍寄跡香港，執鞭餬口，初於香港文商專科學校任教，原可粗安。繼以去國不遠，塵埃溷人，乃走星洲，接受馬來亞大學之聘，為文科教授。今年起，為教職超齡規例所限，改主《星洲日報》筆政。老去頹唐，客中寂寞，猶須嘔心與粉筆毛錐為緣。何以解憂，唯有杜康，因得黃疸病，延醫已遲，以致終於不起，時在上月三日。

去年，他在割治十二指腸炎時，其女子文漪飛星省視，適齊如山先生在台病故，他曾寫了一首輓詩，以示文漪，題曰：「得如山大隱之耗，旬日始奉遺書，益增涕淚，題詩誌輓。」詩云：

驗封滴滴墨痕新，雪涕天涯已古人。
著作平生戡偽體，多能一藝重斯文。
舊遊深巷投門客，細字潛聲去國身，
知更誰能倡絕學，不堪滄海幾揚塵。

以斯文骨肉之情，寫朋舊凋零之感，既傷逝者，行亦自念，其愴痛可知。今年他在臥病中，其女公子又飛星省視，則因病情變化過速，父女間竟不能作最後一晤。故於此詩之尾，其女公子又註云：「先父與齊如山先生交誼深篤。去年十月，漪去星洲，先父指案上齊先生來書曰，此信得於齊先生棄世後十日，言訖悲不自勝。齊先生享大年而受子女奉養，勝於家父垂老投荒未獲甘旨之奉者多矣。」其言悽斷，大有木欲養而風不寧之憾。這是什麼風呢？直把多少人吹得子散妻離、人亡家破。

是詞學名家、梅黨健將

叔雍生平，朱省齋先生寫得最好。他說：「珍重閣（為）詞學名家，梅黨健將，宦游南北，三十餘載，上自光宣遺老，下迄當代鉅公，無不親炙交游，文酒往還，因能熟悉掌故，言之有物……

文筆綺麗，一時無兩，深為讀者所讚嘆云。」

為了充實朱先生所說的「詞學名家」，特將叔雍遺著，摘錄數闋。

〈念奴嬌〉（湖上有卜築之謀屬顧鶴益圖之題此解為息壤）

卜居何日？指幼輿一壑，倪迂尺幅。難得有情天寸碧，大好湖山相屬。老柳垂隄，高梧夾道，畫菴愚公谷。水雲深處，卧遊如此清福！　還記暫泊遊踪，單衣雙槳，雲淨天如玉。鶯燕近人知地勝，常伴花陰行宿。料得明年，梨桃有館，想望酬心目。松風一枕，夢回時聽飛瀑。

（其女公子文漪註云：此闋係先君少時作。時先祖置地於西湖濱，擬築別墅，已畫圖則而未果築。不料數十年後垂老投荒，心目未酬，遠葬異域。每讀此首，感嘆何似！）

〈浣溪沙〉

蝶戀蜂僝雨不勝，窗窺戶罥幾逡巡，游絲縷縷太關情。昨日尋盟盟碧海，他年有夢夢傾城，相思樹下數殘鐙。

鵑血斑斑點玉簪，帕羅封淚賸哀吟，縱無風雨亦春深。萬劫沾泥終不悔，千秋密誓待重尋，昨宵圓月照街心。

又〈南洲試筆戊戌臈日〉詩云：

平生輕作客，愛老悵無家。
十載更千劫，重溟泛一槎。
故園書帶草，別館玉梅花。
歷歷懸心目，停雲未易遮。

為了充實朱先生所說的「熟悉掌故，言之有物」，茲又舉一例。

多年前，本港某報副刊載有賽金花情書不知出誰手筆的疑案。他投函該報云：「日昨貴刊載有賽金花情書，編者以不知出於誰手為言。按是書蓋一代詞宗況蕙風先生所作，亦即撰楹帖以贈金花懸諸繡闥者也。蕙風先生長於文學，尤工詞，所著《蕙風詩話》五卷、詞二卷，夙為同輩所欽倒，後學所師承，朱彊邨、鄭叔同兩公亦敬而事之。詞名一盛，其論文駢文金石之學，乃為所掩，實則端方之陶齋藏石記藏畫記，多半出先生手，與李葆恂同輯成書者也。遜國以後，窮臥海濱，百無聊賴，每與朱彊邨、冒鶴亭相往還。鶴亭昵金花，暇則趨顧，朱況亦同行，傳觴刻燭，以為韻事，其楹帖即況撰朱書者。既而鶴亭長甌榷，去之永嘉，況尚至金花處；適值金花有所需，語蕙風曰，不知冒大人尚復見憶否？蕙風謂：鶴亭多情人，寧復相負，特遠去不相知耳。金花曰：妾且函冒大人，惜不能書，為之奈何？於是蕙風曰，其余當任之，明日便當携來，金花歛袵以謝。翌日，遂撰書示之金花，金花不解文，諾諾稱是，即付之驛人，兼旬果得鶴亭餽兩百金。蕙風再往，即稱謝不置，設酒饌款之，蕙風素不飲，微醺而已。茲事且逾三十年，金花蕙風墓樹垂拱，獨鶴亭翁尚健在（筆者註：鶴亭翁現已故世），客上海，治詞學，考古物，年登大耋，神明不衰。倘讀斯篇，當有不勝迴首之感。蘇子瞻贈張三影詩：詩人老去鶯鶯在，公子歸來燕燕忙。張時八十，當與鶴亭翁同其悵惘耶！僕接席清芬，深悉此事，願為一言作毛箋與鄭註，以傳當日之雅故也。」

至謂其為「梅黨健將」，則當年他為梅蘭芳寫起居注，以珍重閣筆名載於《申報》，按日一篇，歷久不斷，確為梅大爺不侵不叛之臣。據說近年他在星洲，不時還寫梨園掌故，事如春夢，諒又是一番心境了。

從錢莊學徒到總督文案

叔雍為名父之子，他的尊人即為趙竹君先生。

竹君，名鳳昌，從市井出身做到張文襄（之洞）的文案，因而參預庚子拳禍中東南自保公約的大機密；又以海上寓公促成民國的建立，當時隆裕太后的退位詔書即脫稿於其所居的惜陰堂。抱負不凡，膽識復巨，自屬非常之才，更富傳奇之性。

劉厚先生所著的《張謇傳記》中，曾提到他的履歷，茲錄如後：「趙鳳昌這個人很是奇怪……幼年失學，在某錢莊做學徒，常常到一個姓朱的家裡送銀錢。那時他年紀不到二十歲，又極機警，因為家貧之故，私自挪用了錢莊之款，被經理停職。他就向那姓朱的訴苦。姓朱的很有錢，就向他說：『看你人很聰明，你最好還是讀書，可望上進。』鳳昌說：『我讀不起書了，還是請你薦一件事情吧！你家店舖很多，我只想你薦我到舖子裡當一個小伙計。』姓朱的說：『你不是當伙計的人，你既不願讀書，我索性多送你幾個錢，你去捐一個小官，到省候補，一定可以出頭。』於是姓朱的不由分說，替他捐一個縣丞，並送了他旅費，分發到廣州。混了幾年，後來張之洞做兩廣總督，就很賞識他，讓他做總督衙門文案，參預一切機密。後又隨之洞到湖廣總督任內，格外親信，……不免引用同鄉很多。有一年，大理寺卿徐致祥奏參張之洞一摺，牽涉到趙鳳昌的名字。清廷交劉坤一查辦，劉坤一查辦摺內，說得張之洞樣樣都好，不過為顧全京官奏參的人面子起見，說趙鳳昌不免有攬權招搖情節，將趙鳳昌革職，永不敘用。張之洞覺得很不過意，就向盛宣懷討了一個武昌電報局掛名差使給予鳳昌作為生活之費，而派他住在上海，辦理通訊運輸諸務。」

按之鳳昌分發廣州後，先在布政使姚覲元處任記室，後入粵督曾國荃幕府。及張之洞代曾調鄂，鳳昌便蟬聯下來，朝夕相處，誠信日孚，遂深為之洞所倚畀，因此當時流傳這麼一副對聯：

兩湖總督張之洞，
一品夫人趙竹君。

就此可知，他因得主過專，以致遭忌倍重，受譴黜職，自為應有的結局了。他住上海，之洞既仍委其承辦通訊運輸諸務，故兩湖所派武備學生如蔣作賓、何成濬等赴日留學陸軍，均由他照料行旅。但又因此被目為之洞派駐上海的坐探，勾通關節，以廣耳目，這也許是有可能的。

東南自保公約幾個要角

庚子拳匪之亂，西太后宣戰上諭，通電各省時，鳳昌已是革職人員。其如何參預東南自保公約的機密，劉厚生先生亦有說明。

他說：「（當時）在上海有一位李鴻章部下老辦洋務的盛宣懷……與外人接觸很多，尤其是英國人。……忽然得到北京政府宣戰上諭，當然覺得手足無措，連忙與他幕府何嗣焜商量。嗣焜說：『這事關係重大，你的權力無法施展，只有把李鴻章、劉坤一、張之洞三個人拉在一起方有辦法。但是，他們三個人平素的意見很不一致……拉在一起很不容易。……你住上海，有著很好的地位，現在北京已處於無政府的狀態中，而各國公使又被困在北京，不能自由通訊。假如你運用能力，把李、劉、張拉到一起之後，上海可能作為外交之中心。』宣懷聽了，很以為然，就談到怎樣把三人拉攏的方法，嗣焜便舉出兩個人來，一個是張謇，一個是趙鳳昌。他說：『可請張謇說服劉坤一，趙鳳昌說服張之洞。』

「……宣懷極端贊成……談話完畢後，由嗣焜以急電至南通，促張謇速來上海……張謇次日到滬，由嗣焜邀集張謇、趙鳳昌與宣懷會談。宣懷即取出李鴻章來電報告大意說：『那拉氏電報是亂命，不能有效。』電中並囑宣懷設法探詢劉坤一、張之洞意旨，希望能一致行動云云。」

這一次會談中尚未談到具體辦法。其後經張謇等多次商酌，始定東南自保公約的方案。《張謇自撰年譜》庚子年記事中一節云：「與眉孫（何嗣焜）、愛蒼（沈瑜慶）、蟄先（湯壽潛）、伯嚴（陳三立）、施理卿（炳燮）議，合劉、張二督保衛東南。余詣劉陳說後，其幕客有沮者，劉猶豫，復引余問：『兩宮將幸西北，西北與東南孰重？』余曰：『無西北不足以存東南，為其名不足以存也；無東南，不足以存西北，為其實不足以存也。』劉蹶然曰：『吾決矣。』告某客曰：『頭是姓劉物。』即定議。電鄂約張，張應。」

此為張謇從創議到說服劉坤一的經過，那麼趙鳳昌對於張之洞是如何活動的呢？我們又可從劉著《張謇傳記》中得到一個梗概。他是這樣寫的：「鳳昌與武昌總督衙門可直接發出不費一錢的一等密電。自從義和團事件發生後，每天與武昌往來的電報很多，大都是鳳昌報告外人對於此事件的消息與國際的情勢。有一天……（何嗣焜）告訴鳳昌說，宣懷與之洞每天都通電。但是李、張合作及保衛東南之事，不便由宣懷建議，實際上，宣懷亦不便出面，要請從中設法云云。鳳昌一諾無辭，過了兩天鳳昌答訪嗣焜，言已得之洞自己覆電，電文大恉言：『即派辜鴻銘到上海辦理此事，請兄幫鴻銘的忙……』等語。鳳昌把電報原文給何嗣焜看了之後，就把眉頭一皺，向嗣焜說：『老師不派別人來，單單派這位辜先生，真要麻煩死我了！』

使人頭痛的辜鴻銘先生

「……果不其然，這位辜先生到上海之後，見面必先罵外國人如何不應該欺侮中國人，再罵教堂，罵教士，再罵什麼變法的事；可是他也沒有稱贊義和團好，他只說，這是外國人壓迫出來的。他第一次見了英國總領事，與他談了一個鐘。聽他說得滔滔不絕，這位英國人耐心實在好，等他說完之後，再約他第二天談話，他又說出一套議論，等到他說完，又是一個鐘頭了。英國總領事再也耐不得了，就說：『我與辜先生兩次見面，沒有談到正文，你說英國如何不好，英國教士如何不好，中國教民如何不好，這都是過去之事。我們現在所商量的是善後之事，希望下一次見面時，你先生把張總督的意見，多多見示。』這位辜鴻銘方才說：「只要你承認我的說話有理，我們下次見面，就可以彼此商量善後的辦法了。』

「其實真正的辦法，在劉坤一方面早已由張謇與之商定；在張之洞一方面亦已由趙鳳昌與之商妥。之洞當初頗遲握不決，遂由張謇、沈瑜慶等公請沈曾植到武昌向之洞面陳。並經鳳昌電稱：『李鴻章、劉坤一在原則上已完全同意，而英國的上海總領事亦由盛宣懷幾次接洽，只希望武昌方面出而主持云云。』之洞得到此電後，知道既有李、劉合作，諒來有危險，但他出自清流，自命不凡……所以要派辜鴻銘來，先見英總領事，表示我張之洞是主動……決不是俯就英國人的。這種情形，盛宣懷老於官場，善於揣摩；而英國老獪，專講事實，只要不損害大英帝國的利益，在口頭上讓人佔些上風，更無所謂。於是這保衛東南之約居然成立。」

按庚子拳匪之亂，八國聯軍進佔京津，兩宮蒙塵，就中法、德兩國軍隊猶不罷休，法軍到保定後續向正定、獲鹿而行，德軍亦進抵張家口；彼此揚言，均以攻擊太原為其目標，意在攫取山西煤田。華北情形，益見震盪。其在東南方面，英國勢力最大，早將長江流域劃為勢力範圍，並欲囊括沿海各省商務。此時駐滬英國總領事已由其政府授權，關於保護英籍僑商教士的行動，可以全權處理。其將借此為名，將軍艦駛入長江，派兵登陸，佔領各地，固為勢所必至。使非東南互保公約及時訂立，否定那拉氏對外宣戰的上諭，以自脫於漩渦；又明白擔承保護外僑的責任，於約中規定英國不再派兵，以杜絕其藉口；則全國糜爛，將為不能避免之事。

發難於黨人收功於策士

如前所說，趙鳳昌以賓東相得之雅，拉攏張之洞，加盟公約，使東南得以偏安，雖未能如張謇之創議、進言，獨當艱鉅，而合尖之功，固亦賴比一簣。其間尚有不可忽略者，即盛宣懷以老辦洋務的經驗，揣摩迎合，取得英領對於東南互保公約的同意，似亦不容以其向為巧宦而加以抹煞。

自是而後，那拉氏似已回過頭來，有意推行新政，實則空言延宕，控制益嚴，親貴用事，賄賂公行，民怨倍深，外患愈亟。一般士大夫階級始瞭然於統治者之不可救藥，縱使實現君主立憲政體，亦於大局無補，從而打破名教之防，同情於革命救國的理論。鳳昌在思想上的轉變當亦如是。

劉厚生先生在所著「張謇傳記」中，談到辛亥革命經過，曾目趙鳳昌為中華民國的產婆，其詞雖諛，其事則實。我們必須明瞭，當時義旗高舉，誠發難於黨人，而神器轉移，實收功於策士。南陽路上（上海舊公共租界），「惜陰堂」中，鳳昌以主人身分，延納賢豪，參議密勿，確能以其澹泊之懷，勉盡幹旋之任。

十七省代表集議惜陰堂

是年八月十九日（公元一九一一年十月十日）武昌新軍起義之夕，鳳昌適在市樓宴客。座中有一商人剛接漢口來電，約略提到此事。他是有心人，稍待片刻，便告罪離席，先行引退，轉往電報局，以密電致漢口電報局長友人朱文學詢問詳情。其意以為事果屬實，上海據長江下游，人力物力，匯合於此，又繫萬國觀瞻，如能發動聲援，其效用是一定的。

次晨，鳳昌接覆，知新軍確已發動，鄂督瑞澂且已宵遁，因覆電朱氏轉促張謇返滬，因其時張氏適去漢口之故。隨往商會，晤董事蘇寶森（寧波人），告以革命既起，上海漢口兩地商務，息息相關。如今之計，商會急宜召開各業會議，請滬地官商人民持以鎮靜，並電達兩江總督張人駿固境自保，萬勿輕預上游之事。又上海有英法租界，萬一牽涉，貽害更大，應再由商會約同西商開會，詳說民情，使能達之領事，上聞公使。此在鳳昌之意，是因深知蘇寶森、虞洽卿等志大才疏，故僅先以安堵地方為詞，骨子裡則為布達民情，冀能阻止江督發兵援鄂，外國袒護清廷，使武漢方面不致過受壓迫，得一坐大的機會。及晚，蘇、虞回報，謂中外均無異見，外人既疾首於庚子之役，又知清廷不足有為，其將嚴守中立，承認民軍為交戰團體，大有可能。

鳳昌復以發動一地商人，剪除清廷羽翼，效用尚不夠大。如別籌方策，鼓動各省，以期眾志成城，自莫如利用各省諮議局與旅滬人士之公私交往，可使力量易於集中，因展轉分約各省籍友好，無論其為贊許共和與否，均來惜陰堂共商國是。此中奔走最力者有沈恩孚、孟森、劉垣、褚輔成、冷遹、雷奮等人。其時張謇已由漢口返滬，以江蘇省諮議局長的地位，函電四出。人望所歸，各省自益聞聲相應。於是先後抵滬者有十餘省之多，即在惜陰堂中相與計議。此後以十七省代表之力，奠定南京臨時參議院的鎡基，建立共和政體，進而設置臨時政府，推舉孫文為臨時總統，推源溯本，固不妨謂此為其胚胎。

共和非改姓易幟非降臣

爾後鳳昌益以一手一足之烈，日事部署。黃興、汪兆銘、章炳麟、宋教仁、章士釗、于右任等均先後至。而山西景耀月、直隸張繼、山東丁世繹、雲南張耀曾等，亦於過滬之便，訴說當地情事。又莊蘊寬適借惜陰堂以供下榻，間邀其舊部鈕永建、王孝縝、趙正平等來談。一堂之中，人才濟濟。徵問廣泛，關節益通。是時黨人陳其美率部進攻製造局，不勝被俘，事態危亟。會製造局會辦滬人李鍾珏為鳳昌至交，卒因士紳之力，得脫於厄。上海光復，陳為滬軍都督，李為上海民政長，知革命計議多在惜陰堂，亦來與會。湯壽潛時長浙江鐵路局，來往滬杭。鳳昌將他堅留下來，參預機要，因而介識浙江光復黨人陶成章。

鳳昌與時彥排日商討當前局勢，鑒於清廷起用袁世凱為內閣總理，北軍南下，其勢甚銳，民軍實力無幾，各地新軍亦難策效，非謀各地響應，不易圖功。於是又促各省代表分別導致當地紳商，集合群力迫使長吏易幟。江蘇巡撫程德全之宣告獨立，稱江蘇都督，即由於此。然外省疆吏，猶或惑於君臣名分的謬說，首尾兩端，當由郵傳部侍郎上海南洋公學校長唐文治撰〈共和國體論〉，引證經義，謂共和非改姓，易幟非降臣，以資解喻。其時孫中山已忽促歸國，深知軍事難於倖勝，但又不能不作豪語以資策勵。反之。袁世凱則明知南征可獲大捷，但又虞其所蓄異圖未必便能達成，各懷鬼胎，陷於僵局。也許是天命有在吧，正當危疑震撼之中，忽現和談一線之望。

唐紹儀伍廷芳代表談和

先是袁部趙秉鈞知其椽屬洪述祖與鳳昌原有戚誼，又知鳳昌陰策革命，因囑洪以私函來窺意旨。鳳昌接信後即將原函轉示孫、黃兩人，以覘意向。孫、黃披閱一過，認為今日之事，但求推翻清廷，建立共和政體，如果不戰而勝，足補民軍之拙，談和未嘗不可。最要緊的，只是談和的人，須夠分量，才能擔當大事而已。鳳昌既悉其恉，因以唐紹儀為言。謂其能通治體，有權識，既為袁的親信，亦為本人的友好，倘得唐來，事必易與。孫、黃雖不識唐，以信任鳳昌之故，即加贊許。

鳳昌乃密託唐的同鄉同學上海電報局長唐元湛先通款曲，請為國家效力。唐固機警，而袁亦知計售，當令馮國璋頓兵不前，少解武漢之圍，一面委任唐紹儀為議和代表，即定武漢為開會地點。孫黃以軍事區域，不宜談和，非來上海集議，即作罷論，去電反對。袁卒屈允，唐因由漢口水道來滬，假寓於英商卜內門經理李德立家。

當唐抵滬時，李在輪埠接船，鳳昌未往。唐倚舷巡視，不見鳳昌蹤跡，當夕即去惜陰堂深談，預定以建立共和政體為唯一原則，來日所議，僅為斡旋此局的步驟。次日，鳳昌約孫、黃同來惜陰堂與唐相見。孫、唐為同鄉，一見即以鄉音接談。唐且逕稱中山，表示親熱。於黃則以其為湖南人，未敢失禮，稱為克強先生，此後不三五日便作一次晤會，彼此頗能相見以誠。其間不便直率傾吐的話，則由鳳昌轉達。因此唐在名分上雖為清廷代表，於議席上不能不有所爭持，實則陰主共和，已成定局，故孫、黃於唐自始即不以敵方代表相待。

黎元洪初以事發於武昌，應由鄂主和議，嗣見孫、黃反對，必須在滬開會，而民黨眾論不一，遂亦放棄其所主張。唐初抵滬時，孫、黃尚未派定代表，又以唐為清廷顯宦，政學前輩，須覓聲望相埒者與之抗手，一時頗難選擇。屢經物色，始獲粵籍曾任駐美欽差的伍廷芳。其實伍氏向來不問革命事，亦不與黨人通聲氣，出任代表，是由陳其美力請而來。事後伍曾告訴鳳昌，一日陳其美逕向伍寓，投刺造訪，請其出任南方議和代表。伍不識陳，再三婉卻，陳竟跪地懇求。伍感其誠，始允就任。及假英租界市政廳開會，伍忽念及代表尚無證書，於法不合，當由鳳昌代為轉促繕發，次日持赴會場，始能集議。伍嘗就李鴻章幕府，又曾在北洋為官，與唐原是熟識的。

中山讓賢老袁得遂大欲

和議既開，進展甚緩，此因言戰言和，袁氏已熟籌其舉足重輕，為使篡國陰謀，輾轉曲達，於是有意挑剔，遇事阻撓，致除雙方停戰限期以外，迄無成就。終則猜擬唐氏，傾向南方，免其代表職務，親負和議全責，而於暗示之中，以取得總說大位為其翊贊共和的交換條件。維時山、陝相繼光復，南方聲勢日宏，所苦實力未充，餉械仍絀，為了遷就現實，百不得已，計唯先樹政體，再圖其他，因由中山宣言讓賢，並向參議院推薦選舉袁世凱為臨時大總統，以饜其欲。一面於參議院所制約法中，規定責任內閣制，總理及閣員須經該院投票同意。此外又明訂移都南京，袁須南下就職，其作用為假手憲法的束縛，以阻遏其當選後的野心。袁氏初時不肯應允，嗣經時彥在惜陰堂辯論調處，以唐紹儀加入國民黨為內閣總理作為緩衝，才算解決了表面上的癥結。於是袁氏以逼宮的姿態，嗾使北洋軍人紛電奉請遜位，又以危詞要挾隆裕太后及攝政王。清廷知大勢已去，乃允交出統治權而接受優待條件。

劉厚生先生的《張謇傳記》中有云：「據我所知，在雙方討論袁世凱接任臨時總統之第一任內閣時，同盟會堅持內閣總理必須提出同盟會會員。總理通過之後，再由總理提出閣員全體名單，請參議員投票。在討論此問題時，趙鳳昌亦列席旁聽。鳳昌是官僚出身，最能揣摩各人心理……便開口說：『我是以地主的資格列席旁聽的人，不應有什麼主張。但現在對內閣問題，我有一個意見，可以貢獻備諸君參攷。我認為新總統的第一任內閣，是新舊總統交替的一個橋樑，所以這國務總理必須是孫文、袁世凱兩位新舊總統公同信任的人物。我以為只有少川先生最為適當，只要孫、黃兩先生不反對，我很想勸少川先生加入同盟會為會員，這就是雙方兼顧的辦法。』鳳昌這話剛說完，孫文、黃興同時拍掌，表示歡迎紹儀入黨，同時即決定請紹儀為國務總理，此問題就這樣圓滿解決了。」

張狀元代擬「遜位詔書」

至此，建國工作，多已逐步開展，剩下來的最大事件，即為等待清廷頒發遜位詔書。遲之許久，迄未可得，以致有人懷擬事或中變。一日，鳳昌忽有所悟，向張謇說：「明詔未頒，也許北京沒有一位大手筆吧，公本狀頭，名齊燕許，何不試擬一下。」張初笑謝，以為不可。終則著筆，就鳳昌案頭八行橫箋，不具首尾，書數百字。其原稿云：「朕欽奉隆裕皇太后懿：前因民軍起事，各省響應，九夏沸騰，生靈塗炭，特命袁世凱遣員與民軍代表討論大局，議開國會，公決政體。兩月以來，尚無確當辦法。南北暌隔，彼此相持，商輟於途，士露於野，徒以國體一日不決，故民生一日不安。今全國人民心理，多傾向共和，南中各省，既倡議於前，北方諸將，亦主張於後。人心所嚮，天命可知。予亦何忍因一姓之尊榮譽，拂萬民之好惡。是用外觀大勢，內審輿情，特率皇帝將統治權公諸全國，定為共和立憲國體。近慰海內厭亂望治之心，遠協古聖天下為公之義。袁世凱前經資政院選舉為總理大臣，當茲新舊代謝之際，宜有南北統一之方。即由袁世凱與民軍協商統一辦法。總期人民安堵，海內又安，仍合滿漢蒙回藏五族完全領土，為一大中華民國。予與皇帝得以退處寬閑，優遊歲月，長受國民之優禮，親見郅治之告成。」

文甚樸雅，當即亟電北京。不出所料，北方前擬數詔，均不中禮。袁氏得之大事稱許，一字不易，但於「即由袁世凱」下增加「以全權組織臨時共和政府」句。又以原稿結尾，語氣似不完整，增加「豈不懿歟」一句虛語，俾能顯其雍容，神理具足。而分際輕重，則又恰到好處。詔下之日，陳其美適去惜陰堂，逐句朗誦。似乎他也懂得，讀到「商輟於途，士露於野」，「人心所嚮，天命可知」等句，居然搖頭幌腦，嘆息了好幾次。

綜上以觀，同盟會黨人經歷數十年的艱苦，出生入死，締造共和，厥功固屬偉大。然而以百餘日的工夫，傾覆滿洲三百年的天下，顯見地方人士，效力亦不亞於黨人。所幸孫、黃兩領袖，識大體、納雅言，與地方人士協力相濟，因以致果。當中山初與鳳昌晤面時，談到民生凋敝，如何改善問題。孫語甚豪，謂應先免全國田賦。鳳昌立加阻止，語以：「果如所言，軍政費將從何出？君今所處，萬方矚目，發言似須慎重。」又吳敬恆一日與張謇談及刑法問題，忽撲地叩首，謂匪盜迫於飢寒，始陷法網，應勿論死。張大錯愕，幾至無語置答。後來談到優待清室經費，中山鑒於清廷覆亡，僅爭旦夕，大喜過望，又作豪語，遽說：「每年即給千萬亦無不可。」鳳昌又加阻止，語以「此事應由國會表決，非一二人所能作主。」凡此，可見當時黨人多未習於治道，所不可及者，為其坦率豁朗，開誠服善，故終成其大功。

鳳昌逝世於辛亥革命二十七年之後，劉厚生先生撰文以祭，內有數語：「南陽路北，有樓三楹，先生所居，顏曰惜陰。惜陰齋舍，滿坐賓朋，呱呱民國，於茲誕生。」蓋紀實也。

名士風流趙叔雍

朱子家

詞人珍重閣主趙叔雍，於本年七月三日捐館星洲，余於其逝世後之七日，始得聞其噩耗。至同月二十三日三虞之期，其家人在港設奠於跑馬地正覺蓮社，始得躬往一弔。余謬附於其交游之末，其間共游宴、同患難者，前後垂四十年，雖未敢謂有惺惺相惜之情，而實有其臭味相投之處。此日空對遺影，棖觸萬端，窗外正風雨狂作，天墨如晦，乃益覺景像凄其！

叔雍於去歲曾一度渡假來港，杯酒言歡，又屢共晨夕。自謂「寄跡南荒，索居苦寂，徒以飢驅，臨老作嫁，出歲亟欲為歸港之計，將終老是鄉矣！」言下且為之慨然也。蓋叔雍時方任教於馬來亞大學，格於規例，將告退休，而仍戚戚於未來枝棲之道。其長女公子文漪，孝養有素，而叔雍殊不甘於坐食。當其逝世前一月，猶承貽書道念，並媵一詩，緬懷當年，不無感慨。不意未一月，而宿疾復作，遽歸道山，香江小聚，永隔人天，故舊凋零，誠不知涕淚之何從也。

余於叔雍之喪，固為舊友悲，亦覺海外宿儒，又弱一個，如叔雍之淵博，試問當代尚有幾人？故於其逝世之頃，即欲為文以悼之，而自維雅不擅諛墓之作，至擱筆者屢。過雨青先生曾在本刊記其賢喬梓遺事，而獨於叔雍生平，著墨無多。茲以本刊覓得其遺著多篇，將次第刊出，自恃故交，不辭貂續，為文先介於讀者，亦稍以誌我黃罏腹痛之情也。

可當一代詞宗而無愧

世俗為一個逝者寫悼念的文字，不問為行述、為哀啟、為墓誌，甚至為傳記，必也刻意諛頌，諱其小節，筆下乃都成為千古完人，尤其是逝者遺屬的心理為然。這雖是我國淳厚的風俗，但畢竟轉失了真正悼念的意義。世間又那得真有完人？連孔子也不過是聖中的時者而已。但是我對於叔雍，離其撒手塵寰已五閱月，而仍耿耿不能去於懷者，因為我無限敬佩他文學上的成就，我更無限悼念他那種玩世不恭而又無處不流露出是一個性情中人的那一種風格。

說叔雍是詞人，其實是不夠的，在國學浸衰的今日，可當一代詞宗而無愧。他親炙於大詞家況夔笙之門，得其薰陶而卓然成家。於詩於文，也都冠絕儕輩，他駢文的典麗，古文的樸茂，而且手揮目送，下筆千言，不加雕琢，往往於談笑中成之，這一種造詣，半由於其先翁竹君先生為其遍訪碩學之士，師承有自，而泰半還是由於他的天賦聰明，始能博聞而強記。其次，他的為人，可愛處全在不拘繩墨的那一份名士風流，能豪飲、能談笑，一肚子的書，一肚子的當代名公鉅卿的遺聞軼事，說來莊諧雜出，使人聽而忘倦。

雖然我與叔雍同服務於上海報界，而他在《申報》，我在《時報》，但最初幾年中莫說沒有往來，甚至未謀一面。因為史量才從我鄉席子佩先生手裡接辦了《申報》，因「申報」兩字沒有在契約中規定一併讓渡，而史量才於接盤後仍以《申報》名義出版，為席子佩控於上海公共租界的會審公廨（俗稱新衙門），至被出票拘提。要了事，就得要錢，而那時的史量才，還是蠶桑學校教書的窮措大，接盤《申報》，還都仗羅掘與別人的幫忙，忽有意外鉅款的支付，自出於他能力之外。幸叔雍的尊人竹君先生與南通張季直出而援手，商之於蘇省當道（似為程德全），以省款支援，而事始得解。叔雍的進入《申報》服務，且甚得史量才的倚畀，是愛他的才氣，也所以報其先人的相助之德也。

記者團中萬綠一點紅

我與叔雍的訂交，還是民國十七年（一九二八）夏季的事。時國民革命軍於底定京滬以後，繼續北伐，師次濟南，而忽有日人殘殺我交涉員蔡公時的事件發生，即世稱「五三慘案」的是。案發而舉國憤慨，王儒堂（正廷）正為國府外交部長希望以日人蠻橫殘暴之行，昭告世界，以博取國際之同情，因於暗中策動上海新聞界發起組織國際新聞記者調查團，赴濟垣實地調查，揭露真相。經組成的調查團成員，中文報方面有四人為：《新聞報》的嚴獨鶴，《申報》的康通一，《時報》的我，而叔雍則代表《時事新報》（《申報》總經理張竹平代孔祥熙氏收購了英文《大陸報》與原為政學系的《時事新》報，又創辦了《大晚報》與申時電訊社，號稱四社，堅邀叔雍入《時事新報》

助陣）。外國記者有英文《密勒士評論報》的鮑威爾（為現在美國的小鮑威爾之父），《法文報》女記者艷奴，與一名美國霍士影片公司之攝影師。一行七人，登虹口滙山碼頭之日輪大連丸，駛往青島，轉車赴濟。我與叔雍就在舷邊自道姓名而從此訂交了。

大連丸是一艘貨船，僅有寥寥幾個附乘搭客的艙位，就給我們這一行七人佔滿了，也就不啻是我們的專輪。因為船上沒有一個外客，使我們完全不必有所拘束。報人大都具有不羈的性格，更何況群少相聚，中間又夾雜了唯一女性的那位法國記者艷奴，法國的女性本來就不像中國女性那樣的故作矜持，而艷奴卻貌艷如花，而又有著放浪的嬌憨之態，她與我們同行，儼然是萬綠叢中一點紅也。有些我們言不及義的話，她儘管不懂得華語，而隨著我們笑得那麼爽朗、那麼自然，有了她，沿途就顯得頗有生氣。

大連丸上的一幕奇景

我說過叔雍是十足的名士派，他所給我的第一個印象就是如此。大連丸從上海出發，一路波平如鏡，我們總在傍晚時分，群聚在甲板上，欣賞燦爛的晚霞，享受襲袂的涼風。一天，正在倚欄閒談，而奇景出現了，表演這一幕奇景的就是叔雍。他整整齊齊的穿著一襲中國綢大褂，因為剛浴罷，竟然裡面未加寸縷，上海人稱外有長袍，而內無褻衣的叫作「雞籠罩」。這名辭說穿了不太雅馴，但是不失為最適當的妙喻。意思是長袍覆蓋於外，正如雞籠那樣的空自籠罩，其實內無他物，僅一白鳥鶴鶴而已。不料叔雍的隨便，而海風狡獪，卻故意弄人，一陣狂　吹來，把他的長袍飄捲，於是鬚眉畢現，無所遁形，別人到也罷了，艷奴目睹到這一幕奇景，無心中看到了東方的白鶴，為之前仰後合，捧腹大笑。此後數十年中，我們還常常以雞籠罩來對他作為取笑的話柄。在我所寫《黃埔江的濁浪》一書中，曾述其經過，叔雍讀後，寄我詩云：

碧海青天卅四年，艷奴蹤跡渺如煙。
依前老我雞籠罩，每說風情尚惘然！

後加小註云：「雄白兄敘近代史事，涉及舊游，彌滋棖觸，作絕句貽之，用誌鴻爪。」叔雍那一份毫無造作而饒有風趣的名士派，在在處處都會自然流露。

當年捧梅的兩枝健筆

其實，我與叔雍在相識之前，他珍重閣主的大名，在同業中早已久仰了。叔雍是一個梅迷，對梅蘭芳傾倒備至，文人中與齊如山等都為梅黨健將。大約在民國十三四年間，梅蘭芳到上海演戲，剛好《新聞報》的文公達也是個梅迷。公達表面上老成木訥，而骨子裡也是個風流人物，他有咏報館編輯的七律一首，其中頷聯云：「三點尚須編電報；五更猶未上陽台！」言為心聲，當其伏案之時，竟涉非非之想，反映出了他辜負香衾事筆耕那一番無可如何的心境。梅蘭芳一到，這《申報》與《新聞報》的兩枝健筆，就排日在副刊上大捧特棒，劇評而外，兼及梅之起居註，為捧角文字中前所未有之盛。當時罵梅的也並非無人，風行一時而又尖酸刻薄的三日刊小型《晶報》，由揚州才子張丹斧主編，他卻毫不懂得憐香惜玉，對梅蘭芳盡力予以醜詆，先由綽號「小東洋」的黃文農畫了一幅漫畫，畫上一條望平街（按為上海的報館集中地，《申》《新》兩報相近咫尺而望衡對宇），兩邊矗立著兩所巍峨大廈，各從窗口伸出了兩枝大筆，直伸到地上的兩隻大便桶裡，便桶上寫著「梅訊」兩字，這自然是在譏諷叔雍、公達的捧梅文字，因為上海有一句俗語，叫作「糞坑越掏越臭」，丹斧竟以小梅為糞坑，卻是謔而近虐的妙喻。丹斧罵人，本是一絕，那次梅蘭芳初次獻演新戲《霸王別姬》，他竟然每句嵌入「霸王別姬」四字顛之倒之，而咏成一律，事隔四十年，我祇記得其中兩句云：「姬別『王霸』羞答答，別王『姬霸』硬錚錚。」「王霸」與「姬霸」自然都是諧音，尤讀之令人失笑。這次捧者自捧而罵者自罵，從此，珍重閣主之名，因在其「梅訊」中露出了無比的才華，也是使我對他未見面而先心折的一人。

以後，在戰時，中國銀行在滬復業，董事中有馮耿光（幼偉），有吳震修，有叔雍，也有我，他們這三位，不僅是捧梅的健將，而且是梅的死黨，馮耿光人稱馮二爺，在他於民初任中國銀行總裁時起，就以梅的保護人自居，靡日不相見，無事不代勞，以至人們有不慊於梅者，說他是「背上駝個馮耿光，胸前抱個福芝芳」（按福為梅之繼室），雖不免有失忠厚，但可見兩人關係之深之密。中國銀行董事會中，有著如此三位的捧梅人物，對於行務倒像是虛應故事。形式上討論得告一段落之後，就是你一句，我一聲的畹華如何如何，與小玖兒（按為梅之子葆玖）的如何如何了。他們談得吐沫橫飛，讚不絕口，叔雍更往往雜以笑語，興會淋漓。這個行務會議，也無異於變成了梅蘭芳的座談會，我看到他們的痴態可掬，也發現了他們都不失為是性情中人。

名公巨卿來往惜陰堂

過雨青先生在本刊中所寫〈趙竹君趙叔雍父子傳奇故事〉中，有些恐怕是得之於傳聞之誤。如說叔雍曾經參加過「維新政府」，據我所知，絕不是事實。他的尊翁竹君先生，在清末民初，確是負重望的清流，他在佐張文襄的幕府時，如推行新政，如八國聯軍時代的東南自保公約，都是出於他的獻策。清帝的遜位，民國的肇建，也由竹君先生與張謇等在其滬寓「惜陰堂」中奔走促成。一時名公巨卿，才人志士，無不欲得其一言以為韋佩，與張季直的相契固無論矣。如中山先生、如黃克強等，都是當年惜陰堂中之常客，黃炎培、章士釗輩，還不過是他的門下士耳。

我與叔雍過從的四十年中，也常常到他的寓所造訪。這有革命歷史的惜陰堂，位於上海的南陽路，拓地甚寬，而建築並不閎偉，但是大廳中四壁琳瑯，懸的都是同光間名臣的聯幅，如曾、左、彭、李等無一不備，稱謂上也備極親敬，使我印象留得最深的是為他司閽的老家人，還是其令先尊的舊僕，雖然一襲青布大褂，但方面鉅軀，規行矩步，一派大家的從者氣象。但是他脾氣並不好，你有禮，他也有禮，而遇到有些後進黨人，去惜陰堂訪問時對他有神情傲慢之處，他也會不客氣地說：「當年孫中山來看我家老爺，還不像你的那種氣派呢。」僕且如此，竹君先生生前的時望，也就可想而知了。

叔雍既然是一個十足的名士，本來就不宜於從政，他一生中大半的時間，為服務於《申報》與《時事新報》，但他並不是一個真正的雇員，史量才或許為了尊敬他的先翁之故，而叔雍還繼承著《申報》的部份股份，因此他在《申報》的地位，有一些客卿的性質。在戰前，我不知道他如過雨青先生所說曾經在葉恭綽的鐵道部長時代担任過參事職務。但黃郛担任華北政務委員會委員長時，確曾挽他去做過似乎是宣傳處長的位置。黃膺白在任陳英士的滬都督的參謀長時代，免不了與竹君先生有所接觸，既有此舊誼，叔雍也戀戀於故都的風物，他的應聘，還是出於客串的姿態。

不願三缺一毅然入局

叔雍的參加汪政權，我也不以為是為了受他的姊丈楊杏佛受刺的刺激。淪陷區的慘狀是他目擊的，汪先生與竹君先生是故知，而與他又為吟友，公誼私情，又以他不羈的性格，遂以「社會上負有重望之人士」的身份而參與此歷史上悲劇的一幕。最初，汪先生在上海的機關報《中華日報》復刊時，他列名於評論委員之內，以後陳公博出任上海市長，由他担任秘書長，書生從政，應付上有時會欠於圓滑，有人所求不遂，曾出之以中傷之舉。事實上他的出佐公博，秘書長的職務不過是表面的，公博建立電台聯絡軍人，以與重慶暗通聲氣，知之而又助之者即為叔雍，所以公博在獄中所寫〈八年來的回憶〉一文中有這樣的記述：「軍事方面已和顧墨三（按為顧祝同）和何柱國取得聯絡，大概今年五六月間（按指一九四五年），有一位姓楊的湘人，名字我也忘記，可以問趙尊嶽（叔雍名），奉陶廣軍長之命來見我商量，軍事合作，共同剿共」云云，足證叔雍之參加汪政府，並不是由於私人的意氣。

叔雍於一九四四年冬，繼林栢生之後而出任宣傳部部長。那時汪氏已病逝日本，公博繼任主席，宣傳部在汪府中是一個重要的機構，大約經公博與佛海共同商量而始決定任命的。那時我正在上海主持《平報》社務，有一天晚上，我到佛海上海居爾典路的滬寓，不料高朋滿座，陳公博、梅思平、岑心叔、羅君強與叔雍等都在，佛海忽然笑著對我說：「叔雍將主管各報社而出任宣傳部長，你們是老友，你要不要向他表示歡迎道賀之意？」我聽到了這一消息，覺得有些突然，而且我以為以詞人而担負行政工作也並不相宜，因自恃為故交，我過去拉了他一下袖角，拖他到無人的屋角，輕聲的對他說：「不久將酒闌人散了，你又何苦於此時再來赴席？」叔雍卻還是他那一副吊兒郎當的習性，他卻笑笑說：「你比喻得並不確當，我是一向坐在桌邊在看人家打麻雀，此時八圈已畢，有人興猶未闌，而有人起身欲去，我作壁上觀久矣，三缺一，未免有傷陰　，何苦敗人之興，就索性入局，以待終場。」他的一生行事，不論鉅細，也總是顯出他游戲人間的名士行徑。

重重拂逆鬱鬱難自己

戰後，我與他相處最長的一個時期，是同繫在滬獄中，我先重睹天日，但也經過了九百十二天的時間。他雖然身處請室，南冠楚囚，而能不怨天、不尤人，還是輕輕鬆鬆、嘻嘻哈哈的那副老脾氣。我還記得當入獄的第一天，忽然間在鐵窗中受到了人生旅途上最大的慘遇，在別人都不免於又憤又怒，而他與長樂梁眾異氏，卻隔室聯吟，各疊韻成宮體詩十餘律，把一所陰森黑暗的監獄，描摩得像是朱欄碧瓦的皇宮，他之如此，所以自遣與自慰，亦欲使同難諸人的破涕為笑耳！

叔雍體氣素健，在冰雪交加中，照常以冷水沐浴，十天不近女色，即鼻頳如火，但人到底不是鐵打的，三年的縲絏之災，他詎能真是無動於中？身體上的折磨還在其次，而當時政府開了個惡例，對異己之籠，囚殺而外，還要一律籍沒其財產，連祖宗的廬墓、妻孥的妝粧奩，都不能免，這所饒有革命歷史的惜陰堂，也就難逃劫數。家人中對此不免有怨言，而叔雍事親素孝，更積鬱於心，鬱鬱難於自己，他在一九四九年來港以後，阮囊不裕，寄住友家，總也不無炎涼之感，加以平時縱飲過度，在一九五〇年時，就因胃部出血而經過割治。他在港終以為衣食所驅，先後為中華書局海外編譯局的編輯，與香港官立文商專校的講師，不幸家庭變故之接續而來，他的兩公子典堯與典舜，先後在大陸病逝，傷明之痛，人所難堪。其夫人王季淑女士本為閩省望族，其叔且為有清的狀元，夫人工詩善書法，伉儷之情本篤，不意為流言所傷，晚年竟至失和。在香港的幾年中，我漸漸發覺叔雍消失了從前瀟洒豁達的風格，遇小事輒發盛怒，我早已為他的健康在躭心。

學生時代的一樁妙事

寫到叔雍的狂放不羈，又使我記憶起他青年學生時代的一樁妙事，以為本文的結束。他受的大學教育是在上海的南洋公學（即交通大學的前身），有一年來了一位担任法文的教授，剛剛留學回來，年青得志，不但傲、而且嚴，同學中都對他不滿而莫如之何。這位教授本與叔雍有些親戚關係，而且還是中表行，叔雍竟然攘臂而起，對同學說：「還是看我來揍他。」說做就做，那天這位教授來上課，叔雍就預先立在課室的門口，等他踏進教室，攻其不備，迎面就是一拳。這自然成為軒然大波，校長唐文治先生與他的尊人竹君先生也是好友，只得親自陪送叔雍回去，從此退學。在香港我曾以此事問過他，他笑而不言，但面上露出了忸怩之色。青年人的可愛處在這裡，而叔雍的可愛處也在這裡。

悼念一個故人而寫得如此其不夠莊童，正因為是我在悼念一個故人，而想寫得儘量真實。叔雍的家世，東南人士都耳熟能詳；叔雍的詩文，凡是儕輩中人，都交口稱佩，又何待我之辭費。我這樣寫叔雍，雖不能道出其生平行誼於萬一，也且寫得不夠生動，但我希望把叔雍這樣一個詩酒風流的真名士，能夠一直活在朋友們的心裡。

汪政權「公館派」重要人物之一：由陳春圃說到陳璧君

禺翁

陳璧君娘家的諸弟侄之中，以陳春圃較為突出。彼早歲留學美國，習政治經濟，成績良好；在美國遇中山縣人李澧川（十餘年前尚居澳門，如尚健在，當近九旬）之次女麗芳（麗芳亦在美國留學），兩人情投意合，願偕白首，歸國後即結婚，渡其美滿生活。

出任汪府行政院秘書長

民十三、四年間，春圃又赴莫斯科留學，曾與劉少奇同班肄業。回國後，任汪精衛氏之隨從秘書。民廿一，精衛出任行政院長，改組派各要人，出而為特任官者，凡三人：一為鐵道部長顧孟餘；一為實業部長陳公博；一為僑務委員會委員長陳樹人。其他隸屬於行政院之各部會長官，均多舊人蟬聯，未有更動。此時之陳春圃，以資望較輕，被分配在僑務委員會為委員，兼教育處長。僑委會為一清閒機構，春圃無所表現，其崗位類於閒曹。

日寇侵華，國民政府播遷重慶，春圃亦隨陳樹人西行。在僑委會任事先後凡七年之久。

民廿七，汪精衛離渝赴河內，發出對日主和之艷電，繼而計劃組府還都。當時改組派諸要人，不盡同意，顧孟餘、陳樹人均不肯附和。獨陳公博因私誼關係，勉強參加汪政權。春圃乃陳璧君之堂姪，他眼見汪精衛與陳璧君已離開重慶，而僑委會之職位，又類於冷官，難求發展，遂亦離渝往依汪氏夫婦。

民廿九，汪精衛在南京組府，以陳春圃為行政院秘書長，行政院長與副院長，皆是汪氏自兼，惟甚少到院視事，故秘書長的任務，相當繁重，而春圃竟能勝任愉快，故極為汪精衛氏所倚重。

顧寶衡唯命是從當部長

汪政權中之重要人物，大約可分為四派：一為實力派（握有實權者），周佛海、梅思平、丁默邨、傅式說等屬之；一為公館派（與汪精衛、陳璧君最接近者），陳春圃、林柏生、褚民誼、陳君慧等屬之；一為元老派，陳公博、趙尊嶽（別字叔雍）、徐天琛、何炳賢、何卓賢、梅哲之等屬之；一為維新派（即汪政權前身之維新政府人物），梁鴻志、溫宗堯、任援道、陳群等屬之。而行政院實居於領導地位。

陳春圃名義為行政院秘書長，以汪氏極少到院，故實際上幾乎等於副院長，且居公館派人物之首席，故炙手可熱，足與周佛海分庭抗禮。

行政院初期設有糧食管理委員會，任用顧寶衡為委員長，寶衡對於春圃，惟命是從，得其信任，故以後糧食管理委員會改為「糧食部」時，即以顧寶衡為部長。

時江蘇、浙江兩省及上海特別市，亦設有糧食局，顧寶衡提請任命某甲為浙江省糧食局長，已獲通過，由汪府任命矣。不意浙江省長傅式說予以擋駕，而另薦他人充任，當提出行政院會議時，顧寶衡亦反對之，使不獲通過，雙方演成僵局，遂令浙江糧食局長一缺，虛懸數月，亦汪政府之小小趣聞也。

傅式說挽汪希文主糧政

江精衛之祖墳皆在紹興，自其父在粵寄籍後，汪姓家人已無在紹興居留者。時彼之胞姪汪希文（已故，曾為《春秋》撰稿多年），在行政院為參事，民卅一之重陽節，精衛遣其返紹興掃墓，道經杭州，浙江省長傅式說設筵為之洗塵，席間傅氏詢問希文在行政院担任什麼工作？希文答稱核閱財政、實業、糧食三部公事。傅氏又問道：「然則閣下應該熟悉糧食的行政情形了。」

希文答：「自然懂得一些。」

傅氏道：「浙江的糧食局長一缺，因糧食部不同意省方所提之人，部方所提出者，我方當然亦予擋駕，局長人選竟因此不能產生，致杭州市五十萬人口之食糧，發生嚴重困難，米價繼長增高，我相當焦急，擬請你出來担任此職，不知肯屈就否？」

希文婉謝道：「你的好意，自當感謝，但我此次係奉命返紹興掃墓，倘省署於此時提出此事，家叔可能誤會我來鑽營做官，實有不便，請你另請他人吧！」

翌日希文逕赴紹興掃墓，傅式說於汪希文去後，竟電呈南京行政院，請任命希文為浙江省政府委員，兼糧食局長。汪精衛接電後，乃徵詢陳春圃意見。春圃考慮了一下，答道：「部方與省方鬧意見，歷兩月而無法委出浙省糧食局長，以致影響民食，若由行政院內銓選人員出任，倒是折衷的辦法，今既自傅省長呈請，似可照准。」於是，遂提出行政院會議通過，由汪府任命。

陳璧君聞訊怒斥陳春圃

時陳璧君不在南京，未知此事，及後聞知，竟大怒，質問精衛「何故任用希文？」精衛乃將此事推諉在陳春圃身上，謂完全是春圃之主張。

陳璧君與希文嬸姪之間夙有微嫌，聞其出任浙江糧食局長為自己之姪陳春圃所主張者，乃立即以電話著春圃到頤和路汪公館，怒斥道：「希文是一名荒謬絕倫之糊塗蛋，何以你主張任用他，你快些講！」說時聲色俱厲。

春圃不慌不忙，從容答道：「希文兄在行政院担任參事職務時，為辦事最得力之一人，本院遇有困難之懸案，別位秘書數月辦不通的，交其辦理，輒能圓滿解決。我和他共事七閱月，知之甚深，他到杭州就職後，實施配給制度，僅一閱月，即已壓平米價，政聲甚好，傅省長到京述職，亦稱其能，四姑姊說他荒謬糊塗（春圃是璧君之姪，故如此稱呼），未見得吧！此或者是四姑姊與他太隔膜之故。」

璧君語塞，少頃又道：「倘他日希文在浙江鬧出亂子，或有貪污不法行為，我一定向你是問。」

春圃唯唯退出，此事遂告一段落。

春圃回家，將情形告知其妻李氏，李氏埋怨春圃道：「你已經知道四姑奶不慊於希文，又何必一定要支持他，你著簑衣救火，自焚其身，豈非太笨？」

春圃曰：「不然，四姑姊的偏見太深，我們受先生厚恩（先生指汪精衛），愧無以報，先生的至親，除兒女外，在南京者僅希文一人，他受了四姑姊的委屈，倘若我仍不說公道話，那太過對先生不住了。」春圃於此事，公私兩方面均能顧到，是難得的。

糧食局長貪污被處死刑

上海特別市糧食局長胡政、江蘇省糧食局長后大椿，兩人均是陳春圃夾袋裡的人物，由春圃介紹給糧食局任用的；兩人走馬上任，比汪希文之赴浙江事還早幾個月。

大家都會明白，糧食機構主管米糧，乃是一個肥缺，最容易舞弊，何況胡政、后大椿兩人，比較汪希文年輕，讀書又少，不懂「君子懷刑」之道，兩人就職後，一致大刀闊斧去「刮龍」，只見「銀紙」好，不顧犯了貪污，是要治罪的。

胡、后二人雖然是陳春圃所提拔，但其職務與行政院秘書長沒有關係的，不過胡、后二人念在陳春圃大力栽培之恩，每逢年節，亦致送些年敬、節敬，為數亦不會太多，春圃卻之不恭，亦予以接受。

民三十二，汪精衛因病赴日本名古屋治療，陳璧君隨行，國府主席任務，由立法院長陳公博代理；行政院長職務，則由副院長周佛海代理，陳春圃照舊任事。

胡政、后大椿兩人，對糧食部長顧寶衡巴結得很好，自以為有陳春圃、顧寶衡做後台，舞弊貪污是沒有問題的。他二人替日本軍部採購米糧，亦照樣獲取巨額的回佣，日本人看不過眼，在米商某日售出米糧帳部內，查出其價格，與胡、后二人開報之價目，有巨大的距離，成為舞弊貪污的鐵證。遂由日本特務機關部據情函送「外交部」，「外交部」轉呈「行政院」，陳春圃看見二人貪污的憑證，鐵案如山，為之嚇了一跳。代理行政院長周佛海，立即下手令將胡政、后大椿兩人扣留，發交南京高等法院訊辦，胡、后二人無法抵賴，承認罪名，惟供稱糧食部長顧寶衡、副部長周乃文均有分贓。南京高等法院絕不客氣，由檢察長通知憲兵協助，將顧、周二人亦逮捕扣押。胡、后二人在法庭指證顧、周分贓情形，顧周亦無法不認罪。南京高等法院最後依法判決，顧寶衡處有期徒刑十二年，周乃文處徒刑八年，胡政、后大椿處死刑。各犯請求上訴，概被駁回，結果一律依法執行，顧、周同時入獄，胡政、后大椿被押赴南京雨花台山腳，執行槍決。

陳春圃不願任廣東省長

在此案未判決之前，胡政、后大椿二人之妻，屢次往謁陳春圃，企圖求情緩頰。春圃不予接見，不得已求見春圃之夫人，同樣被拒。蓋鐵案如山，春圃亦深感愛莫能助也。胡、后二人之妻，因此懷恨在心，故有日後之報復。

陳春圃因胡政、后大椿二人，均是他所薦舉，乃引咎堅決請辭行政院秘書長之職，經陳公博與周佛海會商之結果，調陳春圃為建設部長，以周隆庠繼任行政院秘書長。

淪陷時期，談不到有什麼大建設，所以春圃調職之後，反而比較清閑。但不到三個月，華南卻又開出意外的亂子，廣東省長陳耀祖被人刺死。此時主持南京中樞政務的，是陳公博與周佛海，因廣東方面的人事，一向由陳璧君支配，陳、周乃聯電東京向璧君請示繼任人選。璧君覆電，著即調春圃為廣東省長。

胡政、后大椿二人在法院受審時，會供稱每逢年節，均有致送財物與陳春圃。法官問以有何憑據？胡、后皆謂名為送禮，當然沒有收條。法官乃斥其胡說，有意誣攀。惟春圃受賄之罪名雖不成立，然犯人在法庭上有此供詞，在名譽上不無損害，因此心持消極，遂萌去職之念。陳璧君雖命其回粵，改任廣東省長，春圃不願行，面向陳公博、周佛海請辭。

陳氏飛日本面見陳璧君

陳、周二人皆謂：「此事係汪夫人之主張，不關我二人之事，倘不願就，宜向汪夫人請辭。」

陳公博又道：「汪先生出國治療，已逾半載，不知近狀如何，你既不欲回粵，何不趁此機會，赴日本一行，一來探視汪先生病狀，二來你可以與夫人面商，解決是否去廣東的問題，豈非一舉兩得嗎？」

周佛海亦表贊成，春圃遂以代表汪府同人探望汪氏病狀為理由，與日本軍部連絡，乘日本軍用機至名古屋，下機後即往醫院省視汪先生，惟以醫囑不許探視，僅在門縫一窺而已。關於廣東省長問題，春圃曾面向陳璧君再三懇辭，並推薦廣東財政廳長汪宗準陞任省長。惟陳璧君的主觀向來極強，她對春圃說：「你還是去廣東就職吧，寧可六個月之後，我另派別人接替便是。」春圃不得已，乃回南京，向陳、周報告後，便赴廣州上任。

六個月後，陳璧君乃囑陳公博、周佛海任命褚民誼繼任廣東省長，調陳春圃回京，任用為國府委員。此職原甚閒散，故春圃從此留居上海的時間為多。

到了民國三十四年，其妻李氏，忽患肺積水症，相當嚴重，入上海之鐳錠醫院留醫，春圃日夕在院內陪伴愛妻，大有只羡鴛鴦不為官之概。

在上海被逮判無期徒刑

當司法行政部長羅君強，外放為安徽省長，周佛海初欲以春圃繼任司法行政部長，是時已經接近抗戰末期，人人知道日本注定了失敗命運，春圃不願再跳火坑，乃向周氏婉辭。

民三十四之秋，日寇宣佈投降，春圃以汪政府委員身份，僑居上海，本來目標並不算大，倘能深居簡出，或可無事。詎知國軍開入上海之後，軍統局人員張開了逮捕汪政權人物的法網，春圃仍在上海馬路上逍遙遊行，冤家路窄，被胡政、后大椿之妻碰見，春圃患近視，他看不見別人，而別人卻看到他，當年胡、后犯罪下獄時，其妻欲謁春圃求援被拒，卒處死刑，因之她們銜恨在心，此時乃尾隨春圃，得知其滬寓住址，即向軍統局告密，春圃遂被逮。而其妻之病勢，本已不輕，聞丈夫入獄，病更沉重，不久便與世長辭。

春圃無子女，其妻既死於醫院，彼又入獄，於是家中所有財物，皆為其岳丈李澧川所有。澧川是汪政權的立法委員，屬簡任職，本亦可構成漢奸罪名，不過立委類於閒曹，不為軍統局人員所注意，故澧川待至港滬輪船復航後，即將春圃家中所有之書籍、字畫、傢俬等，儘量變賣，約得港幣數萬元，挾之南來，以之在澳門買一住屋，卻未留下一部份資金以予春圃，致彼在上海提籃橋獄中，缺乏用度，困苦不堪。

上海法院初判春圃死刑，上訴改判無期徒刑，在獄中被派作編輯工作；大陸易手後不久，即瘐斃獄中矣。

革命、佞佛、厭世的戴季陶

過雨青

陳布雷先生自殺後，不到九十天，戴季陶先生也走上這條是老路，在廣州東園招待所仰藥而死。其間距離，雖極短促，而時局變化，則殊急激，淮海戰役的結果，共軍直趨浦鎮（按即與南京隔江對峙的浦口），南京謠言蠭起，頓陷於板蕩之中。北方則天津、北平，相繼易手，中共已將華北、華東連成一片。由於形勢的急轉直下，於是蔣先生宣告下野，李宗仁代理總統，以邵力子、顏惠慶分別為首的和談代表團先後北飛，而那位競選副總統失敗的孫科，此時與李宗仁冤家路窄，竟然樂為馮婦，出任行政院長；但孫又聞風喪膽，急將政府遷往廣州，把局面越發搞到分崩離析。戴季陶氏就在政府播遷聲中遁往廣州的，他的自殺，雖孫科招待廣州中外記者，強調和平主張，僅有六日。丁此千鈞一髮之際，黨國元老，溝瀆自經，不啻昭告國人，大勢已去，其影響之大，自極嚴重。

華亭鶴唳、了斷為佳

季陶自殺，是在民卅八年二月十二日，死前職位為中央常務委員、兼國史館館長。馬亂兵荒，尊嚴掃地，所住的東園招待所，隨著行政院的遷粵，湧進了大批的災官，他唸佛諷經，竟難找到清靜處。斗室之中，煢煢在疚，盛衰之感，已不禁棖觸千端。廣州氣候，雖接近亞熱帶，而二月正值農曆歲杪，一年向盡，風雨欺人，舉目河山，滿團漆黑，想到華亭鶴唳，何如了斷為佳。因是在一瓶濁酒，七十顆安眠藥片之下，邊飲邊服，作大解脫，雖曰自殺是懦夫所為，畢竟還需幾分勇氣，比之該死不死的一些混蛋，他是乾淨多了。

他的遺櫬，後來用飛機運往成都安葬，歸正首丘，諒能瞑目。但他的遺書至今未曾發表，九泉之下，恐仍不免抱有遺憾吧！

放下筆管、拿起算盤

戴氏的一生，大致可以用他不時變換的名號，作為他在某一階段的象徵。他自日本留學歸國後，在《民權報》寫社論，鼓吹革命，為示其與韃虜不共戴天，筆名「天仇」。曾與《民立報》主筆章行嚴（士釗）大開論戰，有人指為幼稚，其實他以民黨立場，發揮議論，即使幼稚，亦不失為初日的光芒。毛澤東入居新華宮後，章行嚴以「三湘父老」自待，寫出「居然吾郡成豐沛」的肉麻詩句，狂吹大捧，換取紅朝供養，老而無恥。戴季陶於五十年前已識其奸，口誅筆伐，尤見巨眼如燭。後來戴氏雖竭力搜羅早期出版的《天仇文集》，搜到即毀，並託友人代為訪覓，對於少作，大有悔意，諒基於佞佛後的思想轉變，是屬另事。

民九民十年間，上海市場，掀起交易所的狂潮，炒購本所股票的商人獲利甚鉅。戴氏與證券物品交易所的發起人趙林士、周佩箴是屬好友，遂亦捲身其中，從事於證券的買賣。此時他所用的名號就是「季陶」兩字，一般同業，每笑他放下筆管，拿起算盤，有心想做陶朱公。這話是很有意思的，其實不僅季陶如此，當時革命黨人，幹上這一行的，著實不少，發財未必，生活則多賴此維持。後來北伐成功，這批人都變成了風雲人物，可見交易所對於革命是有間接貢獻的。季陶於此期間，持籌佈算，溷迹商場；一面卻仍進行革命工作，筆管並未放下。他和共產黨的關係，即於民九搭上。

發起共黨、終未加入

其時他在《星期評論》中，大寫文章，提倡社會主義，並和陳獨秀、沈玄廬、陳望道、李漢俊、施存統、俞秀松等六人，發起組織中國共產黨，參加起草中共組織的最初草案，籌備一切。及至中共成立前一天，他忽然動搖起來，去函表示，他與國民黨關係太深，中山先生在世一日，他應效忠於中山，不能參加別黨，因此他沒有加入。

民十三年，他去廣州，出席國民黨第一次全國代表大會，當選中央執委，但為中共份子所排斥，仍回上海。民十四年，他寫有《孫文主義之哲學的基礎》一書，謂中山思想乃繼承堯舜禹湯文武周孔的道統，以別於共產主義者舶來的唯物學說。又寫有《國民革命與中國國民黨》一書。謂「共信不立，則互信不生；互信不生，則團結不固。」為主張容共的國民黨左派下一箴砭。他的態度，由提倡社會主義轉為反對共黨，至是大為鮮明，由此中共目之為「新右派」，不斷加以抨擊。

顧全大局、迹近騎牆

可是他在參加同年十月的衛黨反共的西山會議中，雖屬同意反共，卻又希望國民黨人勿因容共問題造成分裂，意在顧全大局，而形迹則近於騎墻，以致兩面不討好，中共既指為「新右派」，西山派以其言詞閃爍，又曾為中共發起人，亦不相諒，竟糾眾數十人，擁往他所住的西山香雲旅社，拳腳交加，飽予毆辱。

民十五年一月，廣州的國民黨第二次代表大會，在左派控制下，繼續容共，他雖蟬聯中央執委，但以反共之故，受到訓令處分。西山派因在上海另開代表大會，產生新執監委，與廣州對峙。直至民十七年南京與武漢先後清共，在「滬寧漢合作」的口號下，西山派才告結束。戴季陶即由此以「傳賢」之名高踞考試院院長的寶座了。

傳賢，傳賢，傳些什麼呢？傳的就是所謂道統。中山學說，遠紹先聖，是由他發明的。中山既歿，薪火相傳，他便認為非我莫屬了。以後為人書寫聯幅，他又署款「孝園」，這與道統也有關連的，所謂孝者，明王以孝治天下之大法也。

七垢未除、四智難修

他又篤信佛理，時作出塵之想，以致棘院變為叢林，院長變為護法，所有公務，多由副院長朱家驊代行，很少置理。馴至國難當頭，上海發生「一二八」戰事，政府遷往洛陽辦公，他亦漠不關心，而於追薦先人，廣延僧眾，假洛城長壽寺大做功德，則視為急務。又實行大放生，飛鳥潛鱗，一時搜羅殆遍。說者謂其自用「傳賢」的大名以來，便一路開倒車，鑽牛角尖，連革命的氣味也蕩然無存了。

然而七垢未除，四智難修，他還是自尋煩惱的。民二十年胡漢民被扣湯山事件，相傳就是出於他的主意，教唆當局，隨便栽誣幾條罪名，關了起來再說。民廿五年西安事變，中常會中有人主張武力解決，他又是熱烈的附議者。蔣夫人飛往西安時，他在機場，猶以危險聳聽，欲尼其行，終以受到連聲誶讓，他才住口。

車廂巧退、締結絲蘿

他的夫人為湖州鈕姓。這段因緣是在滬寧鐵路的火車中結下的。其時尚在前清末年，瑞澂任江蘇巡撫，籌備新政，戴氏則在蘇州自治講習所任教。一次，他由蘇州去南京，車廂之中，迎面坐著一位中年人，萍水相逢，至多頷首而已。不意卻是月下老人，也是他未來的叔岳丈。此人鈕姓，名丞藩，號耕孫，曾任廈門同知，見他儀表甚都，舉止不俗，就座以棱，隨手檢出一本線裝書，全神注閱，似甚好學。耕孫借故攀談，知他是東洋留學生，在蘇垣任事，甚為器重，由此結為忘年友，時有往還，旋以其兄之女許配為室。鈕家頗殷實，季陶多所依藉，馴至華陽（按即四川成都）原籍家屬的澆裹，亦賴鈕姓資助，故季陶於其夫人，既敬且畏。

季陶不拘細節，倜儻風流，在上海辦報時，私門頭、燕子窠（按即下等娼寮與烟格）都有他的蹤跡。某年除夕，某燕子窠之主請他書楹聯。他見門前小販甚多，紛向煙客索債，即景生情，援筆立書：

門前債主雁行立；
室內烟人魚貫眠。

文既貼切，對復工整，下聯且寓生意興隆之意，窠主大為高興。從此他便成為特客，香上幾筒，窠主不甚計較。

季陶在日本留學時，結交廣泛，既多「同志」之雅，亦有「同靴」之契。他的革命歷史原不甚長，對於革命的貢獻亦不夠大，而在北伐成功後，身躋五院，名重一時，此後且擁有「元老」的徽號，雖非倖致，亦異數也。

廖仲愷愧對胡漢民——半世紀前廣州革命政府的一頁秘辛

竹林一老

是功之首？是罪之魁！

提起廖仲愷的大名來，相信不論老輩與晚輩，都知民國有此人。說句老實話，站在中國共產黨立場而言，廖仲愷是功之首；站在國民黨立場而言，廖仲愷是罪之魁。廖妻何香凝，其子廖承志，當大陸易手後，皆曾是紅朝有相當地位之人物。但在民元時代，廖仲愷卻是胡漢民親信的左右之一。

仲愷是廣東惠陽縣人，早歲與其妻何香凝留學日本，仲愷習政治經濟，香凝習美術，夫妻同時加入同盟會。後來陳璧君因苦苦追求汪精衛，不惜由南洋追到日本東京，且先後捐助革命經費不少，國父因此准陳璧君在同盟會機構內居住。此時陳璧君與何香凝最接近（是為日後汪、廖合作之張本）。

仲愷畢業後回國，赴北京應留學生考試，清廷獎給以法政科舉人，授即用知縣，分發吉林省任用。適廣東新會人陳昭常為吉林巡撫，念同鄉之誼，亦有差委給與仲愷。仲愷之原意，欲暗中為革命進行地下工作，但以孤掌難鳴，在關外未有發生若何大作用。

宣統辛亥九月，廣東光復，胡漢民任廣東都督，初用港商李煜堂為財政司長，不稱其職，漢民乃約仲愷回粵，負責理財，經其苦心擘劃，廣東財政，始漸上軌道。民二年癸丑二次革命失敗，廖又逃亡海外。民六，護法之役，中山先生在粵被推為大元帥，任用唐紹儀為財政部長，以仲愷為次長，代理部務。翌年，帥府改組為軍政府，主任總裁岑春煊仍留唐紹儀為財政部長，仲愷則隨中山先生離粵赴滬，不與岑氏合作。

胡漢民薦廖任財政廳長

民九，粵軍回粵，驅逐舊桂系軍閥莫榮新。中山先生在滬下令，特任粵軍總司令陳炯明兼廣東省長。其他之人事，中山先生囑胡漢民擬具名單。胡漢民保薦汪道源為省長公署政務廳長，廖仲愷為財政廳長，鄧澤如為鹽運使。仲愷適在座，中山先生對於仲愷及澤如，均表示同意。但政務廳長缺，中山先生謂不如用較為老成之古應芬，漢民亦無異言，遂即以明令發表。仲愷當時對漢民曰：「倘汪道源未有位置，不如請其屈就財政廳主任秘書兼第一科長，我需要有道源合作，財政方有把握。」

漢民曰：「此事容易商量，我可將你意見通知道源，勸他幫助你便是。」

廳署的主任秘書，職責相當繁重，大約等於副廳長。民九年初冬，仲愷到粵就職，汪道源亦允到廳任事，廳長的辦公桌典主任秘書的辦公桌，是相對著的，仲愷多在外間奔走，負外勤責任，內勤任務，一以委諸汪道源，廖之私章亦存道源處，其信任之專如此。接事數日後，筆者因事到財政廳訪道源兄，仲愷適在座，廖氏與筆者原屬通家之好，是日仲愷見我到，即對我曰：「現有南番兩縣沙捐清佃局長一職，急於派人去接收，你去擔任此職，好嗎？」

我答曰：「我未辦過這宗事，恐不稱職。」

仲愷曰：「何必一定要辦過，我於財政，也是一樣，接收過來，努力幹下去，便可以辦得通，就這樣吧。」

仲愷不再待我考慮答覆，他竟秉筆下條子，派我為南番沙捐清佃局長，我以盛情難卻，只得默認。我之接受仲愷委任職務，此為初次。時為民九（庚申），我年僅二十五歲。

陳炯明憎厭許崇智鄧鏗

民十年五月五日，中山先生在粵就任非常大總統，準備統軍北伐，廖仲愷在廣東省庫陸續籌撥大量軍費，接濟軍需。此時陳炯明已與北方軍閥吳佩孚相勾結，陰圖阻撓中山先生之北伐大計，妬忌仲愷偏幫軍費，竟將仲愷排擠而去，派委其異姓兄弟馬育航為廣東財政廳長。

仲愷卸事時，囑汪道源不必連帶辭職，宜仍留廳，俾知馬育航的動態，以便相機應付。其時陳炯明叛迹未著，對於汪精衛氏仍然相當尊重，馬育航知汪道源與汪精衛之關係，當然堅留道源兄仍舊在廳幫忙。

民十年春夏間，仲愷雖已交卸廣東財政廳長職務，但仍負有大本營財政部長名義，中山先生關於進行北伐之大計，除汪、胡為之左輔右弼外，軍事上幫助中山先生最力者為許崇智及鄧鏗；財務上幫助最力者仍為廖仲愷。鄧鏗是粵軍總司令部參謀長兼第一師師長，許崇智是第二軍軍長（陳炯明自兼第一軍軍長），倘許、鄧於軍事上合作，陳炯明便感孤立，因此許、鄧、廖三人，均為陳炯明所憎厭。許崇智自己擁有兵力，陳炯明無如之何。民十一年春，鄧鏗由香港返穗，在廣九鐵路車站被陳炯明命人刺死，其時中山先生駐兵桂林，陳炯明又斷絕北伐軍軍糈的接濟，中山先生迫得由桂林回師返粵，改道北伐，並下令免去陳炯明總司令兼省長之職。

陳璧君仗義拯救廖仲愷

陳逃回惠州老巢，時陳之主力部隊葉舉統兵駐南寧，亦將回師返粵，孫、陳之間裂痕已現，仲愷則抱著魯仲連之志，竟獨身跑到惠州，企圖說服陳炯明，勸其始終與中山先生合作，勿入歧途。乃陳炯明口是心非，且含恨仲愷在粵庫曾撥助北伐軍費二百萬元，乃於仲愷由惠州返穗，經過石龍時，命其部下將仲愷扣留，幾欲置之死地，廖妻何香凝，焦急萬分，在惶惶無策之下，惟有泣求陳璧君設法拯救，陳璧君究竟算是有義氣之人，立允何香凝之請，挺身前往惠州訪陳炯明，炯明對陳璧君又不敢餉以閉門羹，非見不可，晤面時，陳璧君毫不客氣地嚴辭責備曰：「你與孫先生政見不同，是你二人之事，與仲愷無涉，仲愷來作調人，不特是為著孫先生，同時亦為著你，何罪之有？絕無理由扣留仲愷，非立予釋放不可。」言時聲色俱厲，陳炯明果然怕陳璧君之嚕嚕囌囌，不得已而下令釋放仲愷，釋放之時，已是在六月十六日炮轟觀音山總統府之後。仲愷倖獲生還，出乎眾人意料之外，原來全靠陳璧君之仗義與一股嚕囌勁（此事亦足為日後汪、廖合作之張本）。

極力主張徹底聯俄容共

陳炯明叛變後，民十一年秋間，中山先生及胡漢民、廖仲愷等，齊集於上海。是年冬，蘇俄派代表越飛在滬，謁見中山先生，交換政見，一經接談，相當契合。中山先生與越飛發表了共同宣言，是為國民黨聯俄容共之始。共同宣言發表後，蘇俄代表越飛往日本熱海養病，中山先生命仲愷陪同前往，在熱海居留一個月，在這一個月內，仲愷完全中了越飛之毒，他的神經染上了赤色。

民十二年春間，中山先生已返粵，重組大元帥府。初以徐紹楨為廣東省長。因比時胡漢民抱消極，旅居香港作寓公，未有過問粵事者數月。中山先生任用楊庶堪為大本營秘書長。到了是年夏，中山先生知道徐紹楨之低能，下令免其職，任命楊庶堪為廣東省長。楊是四川人，於廣東一切情形，概不熟識，任事三閱月，中山先生以其仍不稱職，乃堅邀胡漢民返穗，擬命漢民回任省長原職。漢民卻不願再為馮婦，適仲愷由日本回國，漢民保薦仲愷繼任廣東省長，中山先生立予任命，仲愷亦即就職。

仲愷此時即不斷向中山先生進言，極力主張徹底聯俄容共，中山先生納其言，決心與蘇俄攜手，聘請俄人鮑羅廷為顧問，用蘇俄方式，改組國民黨，召開第一次全國代表大會。當時有許多右派老同志反對容共政策，獨仲愷力排眾議，堅決這一主張，毫不猶豫，國民黨老同志反對皆無效。中國共產黨從此在國內種下根苗，開花結果，微仲愷之力不至此。

疏遠胡漢民接近汪精衛

自從陳炯明稱叛，中山先生鑑於無紀律軍隊之不足恃，深知必須積極訓練黨軍，革命大業，方有成就可期。故於民十二年回粵後，即計劃軍校之設立，並派當時之軍事優越人才蔣介石氏前赴蘇俄，考察軍事教育狀況，以為創設軍校之準備。至民十三年春，國民黨第一次全國代表大會閉幕後不久，蔣先生由蘇俄歸國，中山先生命其與廖仲愷負責籌備，定名為「中國國民黨陸軍軍官學校」，任命蔣先生為校長，廖仲愷為黨代表，於民十三年六月，正式開學，校址設在廣州之黃埔，簡稱黃埔軍校，其時仲愷身任廣東省長，後兼軍校黨代表，於軍校之建立，竭其最大的努力，與蔣先生精誠合作。

民十三年秋冬間，仲愷在廣東省長任內，發生過一件意外困難之事：事緣廣州市當時原有商人作軍事團體，簡稱曰「商團」，他們的餉械相當充足，這機構本來限於商場作自衛，團長陳廉伯，是滙豐銀行買辦，他自身擁有比武力做本錢，另一方面靠著國際做背景，反對當時聯俄容共之革命政府，乃是自然之趨勢。同時他又勾結盤據東江之陳炯明，居然大起野心，私運大批軍火入口，卻被海軍搜獲，予以沒收。陳廉伯與其黨徒為之大譁，反動意圖，愈加積極，甚至買通四鄉的土匪，使為外應，叛跡日益昭彰。中山先生面對此一情勢，焉敢怠慢，乃命仲愷與各路軍隊聯絡，用武力解散商團以除後患。仲愷商之於駐粵之滇軍司令楊希閔、桂軍司令劉震寰，請其協助，揚、劉兩人以自身皆是客軍，駐於粵地，不願與當地粵商結下冤仇，不肯用命，商團因此更有所恃，叫囂愈甚，口口聲聲要求將被沒收之軍火發還，否則誓不干休。

仲愷本屬文人，身材矮小，身體本非十分壯健，此時黨政軍集於他一身，處此困難局面，更有吃不消之感，商團問題發生後，仲愷窮於應付，乃向中山先生呈請辭去廣東省長本職，俾得專心協助蔣先生辦理黃埔軍校，及幫助中山先生改組黨務。中山先生即予批准，改委胡漢民以大本營總參議兼任廣東省長。漢民接事後，藉蔣先生之撐腰，不惜大刀潤斧，放手幹去，即以黃埔學生軍為基幹，會同李福林所統之福軍，合力將廣州商團繳械解散，陳廉伯亦溜出廣州，從此革命策源地始獲安定。

仲愷交卸廣東省長職務之後，即以全副精神在黨務上活動，日夕與蘇俄顧問鮑羅廷相處，其思想愈益左傾。惟胡漢民對於聯俄容共政策，自始即抱懷疑，不生信心。汪精衛則無可無不可，又因廖妻何香凝，與汪妻陳璧君平日相當接近，基於以上的因素，民十三年以後，仲愷已不再是胡漢民的親信左右，轉而接近汪精衛了。

對君為不忠對友為無信

民十四年中山先生逝世後，仲愷替汪精衛安排，在國民黨中央政治會議提案，改組大本營為國民政府，推汪精衛為國府主席，仲愷自任財政部長，繼續執行聯俄、容共、扶助農工三大政策。

胡漢民早於民國元年即拔廖仲愷為廣東財政廳長，民九，復保薦仲愷再任廣東財長。民十二年更保薦仲愷為廣東省長。仲愷之於漢民，既有此深厚關係，應該對胡漢民盡忠才是。

撇開一切不論，單談朋友之道，仲愷亦應該對胡漢民盡忠，方合情理。歷史上之朋友能相終始者，首推三國之劉、關、張，此三人是否真有桃園結義之事，小說家言，不足深信，但後人又為之加入趙子龍，至今劉、關、張、趙四姓的子孫，仍認為異姓兄弟，海外華僑此風尤盛，皆由於三國時代，此四人精誠團結之友誼，足為千秋後世模範之故。

仲愷由民元至民十二，始終得胡漢民之提携，成為胡漢民主要親信左右之一；乃仲愷於中山先生逝世之後，聽從蘇俄顧問鮑羅廷之言，用陰謀將胡漢民從大元帥之寶座擠下，使之屈居外交部長職位，而事前又未徵求胡氏之同意，這樣做法，未免要令漢民為之寒心！倘站在我們中國傳統之道德立場，仲愷是對「君」為不忠，對「友」為無信。

汪精衛本是一位無可無不可之好好先生，無野心。民元，曾被省議會舉為廣東都督，不就。袁世凱就任總統，唐紹儀內閣辭職，袁邀汪氏出任國務總理，汪亦辭。其平日之淡泊可知，乃獨於中山先生逝世後，出任國民政府主席。據筆者所知，當時實非汪之本心，完全是廖仲愷夫婦結連陳璧君搞出來的計劃。汪、胡二人從此分裂，不再合作，國民黨裡，糾紛迭出，皆廖仲愷為厲之階也！

兇手均屬國民黨極右派

大本營於民十四年改組為國民政府，仲愷復任財政部長。是年八月二十日，仲愷夫婦及陳秋霖乘汽車至惠州會館中央黨部，突被人開鎗行刺，仲愷及秋霖均重傷，送中大醫院救治無效，先後逝世。兇手凡三人，其中之陳順（綽號斗零），被鄧澤如之衛兵李九當堂擊斃，尚有兇手吳培、馮燦二人在逃。事後調查清楚，兇手三人均隸鐵血團，屬國民黨之極右派，是接受朱卓文所主使云。

仲愷身故後，即在中大醫院大殮，因其死時身為財政部長，彼時筆者適在財部服務，照例與全體同人前往中大醫院拜祭，猶憶是日，到場者除汪精衛、陳璧君一批改組派人士之外，右派同志到場者僅得鄒魯一人。其時周恩來與其妻鄧穎超不僅到祭，周恩來且哭聲甚哀，由是可知，中共倘無廖仲愷，不會有今日的。

仲愷生於清光緒戊寅年三月初十日巳時，其八字為戊寅、丙辰、庚申、辛巳。元神專祿，殺刃雙透，生於清明十日內，財神秉令，滴天髓所謂元機暗藏，故能迭掌財權，可惜八字水少，財根不固，四十八歲交入辛運，陽刃倒戈，果然死於非命！

廖仲愷被刺後的一段風波：胡漢民臥室拒捕秘情

榮熙

民十三年（一九二四）十二月，中山先生接受北京政府執政段祺瑞之邀請，離粵北上，籌商國是。是時胡漢民以代帥地位，留粵主持國民黨黨政軍一切事宜，在這幾個月內，胡氏以代帥之尊，高高在上，儼然為中山先生以下的第一號要人。詎知恰當胡氏聲勢甚盛之際，中山先生竟於民十四年三月十二日病逝故都，不久廣州亦相繼發生兩大事件：其一是國民黨於是年七月一日改組大元帥府為國民政府，免去了胡氏的代帥；其二是廖仲愷於同年八月廿日在中央黨部門前被凶徒狙擊斃命，胡氏卻被牽連於廖案之內，曾一度失去自由！

廖仲愷因何被刺？胡漢民被牽累於廖案後，遭遇如何？此中詳情，向少人知。筆者彼時方于役於廣州大元帥府，與胡、廖諸人均多往返，茲特將當年所親見親聞之秘情異聞，就記憶所及，據實錄出，投刊《春秋》。

汪精衛投自己一票

胡展堂（漢民）在國民黨中雖有崇高的地位，惜胡氏在本質上純粹是位學者，絕非政治家。因為學者對於學術的研鑽，唯一在求真理，真理所在，絲毫不能假借，是具有絕對性的；政治這玩意就大大不同，凡利害所在，必須權衡輕重，相機應變，是具有莫大彈性的。胡氏對於世事固抱有超人的熱心，可是他始終以學術方式來搞政治，對種種復複雜微妙的問題，常不免固執成見，一意孤行。所以胡氏在代帥期間，樹敵既多，對他看不順眼者更不乏人。到了民十四年七月，大元帥府改組為國民政府，胡氏的代帥即告終結，而國民政府主席，則須投票選舉，胡氏此時已知國民黨左派正在大捧汪精衛，他自己顯然勢孤莫敵。到了投票選舉主席之日，胡亦投了汪氏一票，汪遂以一致推戴而當選國府主席。唯據筆者所知，當胡氏於投票之初，尚以為汪精衛必將投自己一票，亦可慰情勝無，詎知是日汪氏誠恐本身選票不足，投的亦是他自己，說他對胡愛莫能助亦可，說他毫不賣賬亦無不可。至此胡氏始知汪亦反己，當場為之額汗涔涔，不作一語。

胡氏在選舉國府主席中雖告慘敗，但他當時仍握有絕大部份之黨權。迄至八月間刺廖案發生，胡氏居然被牽入案內，險遭拘捕歸案，至此，連黨權亦被奪取而去。

陳春熙半路遇仲愷

猶憶仲愷於被刺當日的中午，彼曾來廣州維新路一號筆者寓所閒談，約一時餘始辭去。是日下午彼須赴惠州會館中央黨部開會，行至半路上遇著陳春熙（陳孚木之兄），拉陳同車赴會，及抵惠州會館門前下車後，剛步上石階時，潛伏之兇徒迅即開槍朝向廖氏猛轟，結果仲愷與陳春熙皆被彈倒臥血泊中（筆者按：陳春熙死得最冤枉，仲愷硬拉他陪伴，想是命中註定吧）！當時仲愷的衛士見兇徒開火，曾拔槍還擊，在互轟中，兇徒亦中彈，重傷未死，當場就逮，乃送往醫院急救，並設法錄取口供，經公安局偵緝人員用盡種種方法，始在垂危的兇徒口中，獲悉主謀人係「大鼻佬」。同時在兇徒身上所檢出的槍照，認明為郭敏卿所發出。當時朱卓文久擁有「大鼻佬」的渾名，為人所共知者，加之朱氏平日行為激烈，且好暗殺，曾多次表露反對仲愷左傾之意。兇手既供出「大鼻佬」幾個字，遂皆認刺廖主謀者為朱卓文無疑。於是，除一面懸賞緝兇，通緝朱卓文而外，並將受嫌人眾亦一併拘捕歸案。

周恩來做了審判官

廖案發生之翌晨，天猶未明，便有國民黨黨軍前往大西路胡公館要拘捕胡漢民，不知如何，竟被胡氏走脫，僅拘得胡清瑞（漢民之兄）、胡毅生（漢民之弟），以及林直勉、郭敏卿、梅光培等人押解而去。胡氏於後門倉皇出走後，先避匿於其戚家，到了是日中午，胡氏經過考慮，認為長此匿居，實非上策，始決定親往中央黨部報到，俾廖案早日了絹。胡氏既然自行投到，以其在黨的地位關係，黨方對之亦不似對其他受嫌人犯之嚴厲，祇將之留在黨部，請其暫勿返家。胡亦自動表明，願等待廖案大白之後始離開黨部，以示清白。

關於審訊廖案之舉，當時中央黨部派出程潛、周恩來、朱培德、甘乃光、陳孚木等五人為審判官。彼時曾有人對於審判官人選感到詫異，因為國民黨人濟濟多士，何以竟會派到共產黨的周恩來身上，對於此點，筆者有在此先行補述一下之必要：

民十三年（一九二四）一月，中國國民黨第一次全國代表大會在廣州召開，通過了「聯俄」、「容共」、「扶助農工」三大政策，當時中共黨員被選為中央委員者，計有張國燾、李大釗、毛澤東、林伯渠、譚平山、于樹德、瞿秋白、韓麟符、于方舟等九人；並任譚平山為組織部長，林伯渠為農民部長，俄人鮑羅廷為顧問，加倫將軍則為軍事顧問。是時國民黨尚無嚴密的組織，又缺乏紀律的約束性，於是，給予共黨以滲進國民黨莫大之機會。

廖仲愷向我發妙論

迨至翌年三月，中山先生病歿於北京，中共更認為這是奪取國民革命領導權之黃金機會，乃一面積極爭取國民黨左派人物，廣泛地打進國民黨軍事組織，大量吸收優秀軍事幹部；另一面又擴大工農、文化等運動，爭取廣大的民眾力量。而廖仲愷當時便是國民黨左派的首領，其平素的行為與思想，皆與共黨極為接近。自從所謂「扶助工農」的口號呼出，一時間廣州即出現若干不法工人，在市面上橫行霸道，令人側目，廖氏對於這班人，在有形無形中，經常加以包庇袒護，不遺餘力，致令治安當局，亦無法執行職務，例如：有些不肖工棍故意與老百姓發生爭執，街頭巷尾，糾紛時起。更有若干敗類，打起工人的「金字招牌」，居然當街或逕行闖入商店或民居搶掠財物，雖經公安人員當場捕到，人贓並獲，但解到公安局時，一看到他們胸前懸有「護身符」——工會徽章，祇好從輕發落，立即放人，否則定將引起嚴重糾紛，公安局也不敢多惹禍事。此時廣州市民對此少數不法工人，可謂「恨之刺骨，畏之如虎。」報紙上亦時有此類記載。記得有一次仲愷針對此事，曾親口向筆者表示過如下一段妙論：

「這些工人真蠢，既搶掠人家的東西，若給警察捉到，在身上被檢出工會徽章時，何以不說徽章是在路上檢來的，偏要自認是工人，太丟臉了！吳鐵城也夠糊塗（吳氏時任廣州市公安局長），何不預先示意各分局，凡拘訊搶物之不肖工人，若搜到工會徽章，也大可指其為是在街上拾來，冒認工人，免得報紙上刊登工人搶物啊！」

仲愷為人頭腦甚精明，公然會說出這樣顛三倒四的話，筆者實不解當時他是何居心！

廖案了結疑犯獲釋

至於農民方面，當時在共黨策動下，積極組織各地「農團軍」。民十三年秋間，林警魂為香山縣長（後改中山），時筆者方任大本營北江商運局局長，奉令下縣協助林氏整理縣政，仲愷且以廣東省長身份，偕同俄顧問鮑羅廷親赴石岐縣署，著林縣長即赴大黃埔號召組織農團軍，在仲愷親身督飭之下，數日之間，便組成了農軍數千之眾。仲愷始偕鮑羅廷欣然返省。

彼時國民黨內既然有了為左派這樣出力的省長，共黨如何不更死力爭取。殊不料，天有不測風雲，在碎碎槍聲下，仲愷竟給人謀殺而死，自然有人疑神疑鬼，認為這是國民黨反對共產黨的行動，在廖案發生之日，廣州城內，謠言亂飛。國民黨為了要徹查刺廖的主謀，審判昭示大公起見，於是，遂派出共黨的周恩來參加審判，自是應有之義。

至於陳孚木之參加審判，則是因其兄春熙陪死之故，理由殊簡單也。

廖案經數度審訊後，案情即告大白，主謀朱卓文已遠遁上海，無從拘獲，除將發槍照之郭敏卿槍斃外，其餘受嫌之胡氏昆仲以及林直勉、梅光培等，皆予釋放。

胡清瑞談被捕經過

筆者於胡氏等返回寓所之後幾日，特偕同林警魂親到胡公館慰問，是時展堂因心緒惡劣，避不見客，對來訪者一概擋駕，筆者得與清瑞（漢民之兄）作詳談，據清瑞親口講述當日被捕之情形如下：

「廖案發生當時，全市震動，謠言蠭起，展堂平日雖與仲愷意見有點相左，但意見只是意見，他又是個書生，做事循規蹈矩，守正不阿，豈肯作出法外舉動。至於毅生（漢民之弟）在革命當時，雖好搞事，然對於仲愷，無論如何，也決不會做卑鄙暗殺行動，夢想不到，這場是非，居然落在展堂身上，當時他們來捉展堂情形是這樣的：向來我們家裡總等到天光大白才開大門，這一天，天還未亮，我的幼兒竟在床上大哭不已，乳母將他抱起後，仍痛哭不止，必要開大門出街，乳母因天未明，百般撫慰不得，祇得開了大門抱其外出，不料大門剛啟，競有不少武裝黨軍（時通稱蔣先生直接訓練的軍）闖進，首先一個軍官，逕進展堂臥室，我的臥室與展堂僅一牆之隔，是時祇聽到『呀』的一大聲，似發自展堂，旋聞弟婦（漢民夫人）與來人交涉，因語聲甚細，聽不清楚，祇聞弟婦說：『金錢等物任你們要，祇求不要傷害胡先生的命。』數語而已，不久，來人出展堂臥室，余即被武裝人員湧入拘去，惟不見展堂在內。審問時，吳鐵城等高坐堂上，照例問了姓名、年齡、職業後，即有一位大聲問道：『何故要謀殺仲愷？』我答：『絕無其事，我為甚麼要謀殺仲愷？』

他說：『早已有人聽過你對人說，廖仲愷真正該死的話，這就是証據，還不承認！』我答：『是的，話是我說過，這不過因仲愷對於不法工人，過度縱容包庇，大家皆為之不滿，才有此責備語話，而且此話已說過多時，也不止我一人說過，就是現在高坐著審問我的人中，也有說過這話的，何以就硬說我謀害？』我這時眼望著吳鐵城，鐵城雙頰已紅起來。又一位說：『你不必巧辯，你承認也槍斃，不承認也槍斃。』我說：『好！既然你們以莫須有，故入人罪，請給紙張筆墨與我罷。』他又說『不能給，要這些有何用？』我答：『豈有此理，難道連遺囑也不讓人留下？』我氣起來，說話的聲音特大，他們反而沉默了些時，就叫衛隊把我帶下去，我也斷定生命就快就完結了。」

小兒夜啼似屬天意

清瑞這時口講指劃，越說越有勁，筆者卻插口問道：「大先生（當時人們對胡清瑞的通稱）！你那天被黨軍拘去後，心裡害不害怕？」

清瑞答：「我那時憤恨到極，生死早已置之度外，不過關在裡面時，每次提訊，都有持駁壳槍的衛隊押著，有時經過一片草地，心裡總覺得也許就在此處槍斃，大不值得了！」

我問：「展堂先生是否和你們關在一起？」

清瑞答：「他被軟禁在另外的地方，我們無法見面。到了第二天我們才知道展堂已親自向黨部投到。」

我問：「那天天還未明，便有黨軍在你們府上門口守候，怎麼入屋後，展堂先生又走脫了呢？」

清瑞答：「那時的黨軍，都是受過相當訓練的，他們對於展堂顯然不敢隨便胡來。事後，據弟婦說：展堂那時正色向撞入臥室的黨軍說明，不許動手，他當自行前往中央黨部去。以展堂當時的地位與威望，果然懾服住了黨軍，放他從後門走避了。」

我問：「刺廖案居然會牽涉到貴昆仲頭上來，大先生有何感想？」

清瑞答：「唉！廖案無緣無故牽扯到展堂和我們，也許有人要借此興大獄。我以為當時武裝部隊突來我家搜捕，其目的似不在生拘展堂，因為天還未明，竟有軍隊扣代帥之門，屋內的展堂衛士或誤為亂兵劫掠，向外開槍，外面的軍隊則以拒捕之名，開火衝進屋內，如此一來，勢必槍彈橫飛，情況混亂，作為雙方誤會之下，了結展堂，豈非乾淨利落。萬不料小兒在天未發白時，忽而痛哭要開大門出街，武裝軍像剛剛趕到，而我家的大門已經開啟了。無可藉口，似屬天意也！」

我與清瑞閒談了半日，方始辭出。展堂於廖集結束之後不久，被派往蘇俄學習，只有其女公子木蘭隨行照料，從此與老家甚少通訊。

展堂為人剛正不阿

至於刺廖案主謀者朱卓文，自逃滬後，行動極為詭秘，不久廣州方面偵知朱氏匿居在上海公共租界成都路一衖堂內，惟此時租界猶未收回，粵方力量無法達到，對朱亦無如之何。據說仲愷未亡人何香凝當時曾託人赴滬施暗殺，以報夫仇，但朱為人機警，終被逃脫，直至抗戰前一年，朱在粵為「南天王」陳濟棠緝獲，以謀為不軌罪予以槍決，而因事隔多年，世局屢變，彼時已無人再提到廖案了。

展堂自赴蘇後，筆者即和他甚少謀面，惟在廖案未發生之前，筆者與展堂共事甚久，所知尤多，展堂平素為人，純為一剛正不阿之學者，寫字（尤喜臨摹曹全碑）、作詩、下棋、皆其所好。民元前，彼與古應芬、陳融、朱執信等，皆曾在「兩廣高等警察學校」任教職，筆者曾一度出任該校校長。當時筆者即看出，展堂在外表上具有不可或犯的尊嚴，而內心則懷極大抱負而富領袖慾。崖岸甚高，成見極強，一絲不肯讓人，像他這樣的個性，在政治上就蘊蓄著不少危險性，現就所知有關胡氏之往事，略舉數則如下：

（一）當中山先生進行革命時，對於籌款，實得華僑助力不少。及民國成立，胡先生出任粵省都督，美洲致公堂領袖黃三德回國，向政府請求註冊登記，竟為胡堅拒、黃三德等一班代表，抱著極不滿心情返美，將政府歧視不准註冊登記事，向當地華僑宣佈，遂使致公堂屬下的機關會員，改變了協助政府熱誠，影響以後在美洲籌款事宜。

（二）民十年孫中山先生赴桂督師北伐，以後方一切事權，委諸陳炯明，胡氏對此舉頗不贊成，陳炯明果亦漸形跋扈。中山先生尚擬以援和手段，糾正陳失，胡氏則力持非去陳不可。因此益加深胡、陳之間之裂痕，稍知當時內幕者，皆知陳炯明叛變之起因，實出於胡、陳之爭。

（三）民十二年中山先生回粵，重建大元帥府，桂軍沈鴻英勾結北軍寇粵，是時粵防空虛，一切攻守防禦，專靠滇軍楊希閔部隊作主力。楊部正將敵軍由新街擊退至連江，韶關克復在望。而胡氏因對楊希閔愛抽鴉片，印象不佳，在大本營力主陣前易帥，終以金漢鼎接替楊希閔之滇軍總司令，而不管楊為滇軍中所最具信仰之主帥也。

迨易帥消息傳至前線，全軍大譁，咸謂大本營賞罰不明，鬥志銳降，楊希閔則擬棄軍離防，此此時筆者與林警魂適在北江前線，見事態惡化，星夜趕赴連陽江口，力止楊行，並保證即返大本營打消此事，楊心始安，韶關亦為滇軍克復。不久，東江陳軍復叛，中山先生復調滇軍往東江禦敵，此時胡氏仍堅持易帥主見，尚幸孫科、謝良牧、林警魂等，在中山先生前，盡力斡旋，始漸寢其議。從此所謂「元老派」對「太子派」歧見亦加深矣！

（四）十三年，客軍在粵，漸形跋扈，大本營命令，多不出府門，東江戰事，毫無進展，駐河南三水等地之滇三軍長蔣光亮，垂涎香山縣（後改中山縣）地盤，擬派部進駐，為滇一軍第二師師長廖行超所知，以蔣光亮此舉，大本營不易制止，惟有一軍部隊先駐香山，方能戢蔣光亮之野心，遂不經大本營同意，便派了王團開進香山，廖之此舉，亦不過項莊舞劍之意，是時中山先生正肝氣大作，聞報憤怒，胡先生在旁更煽起中山先生之火，中山先生遂立下令褫楊希閔和廖行超職，飭秘書長楊庶堪蓋印發表。楊氏遲擬不肯蓋印，中山先生怒曰：「如不蓋印發表褫楊希閔與廖行超職，我當自殺。」楊庶堪委婉答曰：「現在形勢，此令一發，亦等於自殺。」力請中山先生稍予考慮。復經孫科、林警魂、許崇智等極力勸請勿過操切。旋廖行超亦撤回王團，中山先生聞報，氣亦漸平，危機始息。

（五）民十九年，胡先生以立法院院長身份，被幽居於湯山，致釀成寧粵分裂，幾告兵戎相見，其間複雜因素雖多，惟最主要原因，亦由於胡氏固執成見，以不可或犯態度，事事與蔣先生意見相左。當時蔣先生因張良舉東北歸誠中央，欲畀張副總司令職，俾維繫東北。商請胡先生在立法院通過該案，胡則堅持「名氣不得以假人」，大加反對，並向張學良嚴肅教訓，事態發展下去，乃至不可收拾，終促成寧粵分裂之局。及雙方復合後，一班入粵之中委要人，一一回返南京，胡則不行，雖經中央多次派員促駕，均被拒絕。胡因政策失敗，悲憤牢騷，益藉奕棋遣悶，終因一局，快要輸去，而好勝心切，偏要運用腦筋，冀求轉敗為勝，挽回危局，不料自已平日已患了嚴重的高血壓病，一經過度思慮，血液運行急速，遂至暈倒，群醫束手，無術回天，數學上，以一定點，可推得角度，則區區娛樂之一棋，仍不肯輕易認輸，則胡先生一生行事，概可推知矣。

至於胡氏與廖仲愷，平日交誼甚摯，同受中山先生倚畀，廖亦工書法、能文章、從政多年，甚負時譽、特性情與胡相反，胡待人接物如秋霜，廖則如春風。迨至中國國民黨施行聯俄容共和扶植工農三大政策後，廖氏行動思想大大左傾，成為國民黨內的左派，與胡氏意見距離愈遠，當時胡派對廖亦深致不滿，所以寥案發生後，終於牽到他們身上。仲愷並非共產黨員，惟今日紅朝要人廖承志，則為其子。當仲愷生時，時力誡人毋與承志接近，且曾親對筆者說：「切勿聽信亞志說話，否則，米也沒得吃了。」足見其對承志印象之不佳。然不料其子現成為紅朝顯要，廖先生地下有知，當嘆「不知子，莫若父」了。

三位安徽軍人省主席：石友三、方振武、陳調元趣聞軼事

皖人

從革命軍底定安徽，直到江淮陷共的二十餘年間，有人統計安徽省政府改組過近二十次，其間主皖的以軍人最多，予我印象最深的，是石友三、方振武、陳調元三位。現將他們三位主皖時的趣聞軼事，摘錄如下，以供《春秋》廣大讀者茶餘酒後的談助。

一：石友三

得了個石反三的外號

石友三是從軍閥陣營中響應革命軍北伐的，但不久又背叛革命，以致部隊被打散。至宋哲元鎮守華北，畀以冀東保安司令之職，他便趁機與日本特務勾搭，被日人目為「漢奸」。想不到他在抗日戰起，卻拖著部隊來到後方，參加抗戰，加入當時駐守鄂北的張自忠軍團。據說他在謁見總長時，總長叮囑他以後不得再與日本人勾搭，他立即起身嚴肅地答道：「報告總長！沒有當過漢奸的

人，不知道漢奸的滋味；嚐過作漢奸苦頭的人，那個忘八蛋再願意作漢奸！」他說得義正詞嚴，似乎出自肺腑，大家都認為他從此當會改邪歸正，不料賊性難改，以後又為了一個女人再當了漢奸，得了個「石反三」的外號。

又會吃又要拿的部隊

這位善變的軍閥，在民國二十年前後，安徽人提起他的名字都會搖頭。凡遇到了又會喫又要拿著走的人，必定要說：「今天算是遇到了石友三！」這句話是有來頭的，因為安徽人喫過他的苦頭。大概是民國十七八年的時候，不知怎麼的、石友三會來擔任了一任安徽省政府主席，可能是由於軍事上的關係——好像是為了清剿大別山區的共軍吧。不料他的部隊軍紀極壞，走到那裡便喫到那裡，一切食用都硬要地方攤派供應。

據說中央發給他的軍餉，他照例是不發給部隊的，至於軍隊的主副食，都是駐防在那裡，便由那一地方分攤供應。雖然在軍閥割據時期，北洋部隊也都是如此，不過當時北洋政府並不發給軍餉，而是由各部隊自行籌餉。革命軍的軍餉都是由中央統籌發放，所以中央軍所到之處，必定是秋毫無犯，軍需物資在市場上購置，盡是公平交易，有時商家對軍人購貨，特別給以優待，軍人依然是照價付給。所以民眾都歡迎中央軍駐紮。石友三部隊打著革命軍的旗幟，保持軍閥部隊作風，自然會引起民眾的極大反感。

明令調職臨去撈一筆

北伐後抗戰前這一段時期是以黨領政，黨部對民眾痛恨石部軍紀蕩然的情形，自然要告知身為主席兼軍長的石友三。可是他不僅置之不理，還認為省黨部的委員們是少見多怪；並稱軍隊向駐地要糧餉，是天經地義的。這就迫得黨部和地方紳耆祗有向中央訴苦。誰知這位石主席更在這一期間，進一步用軍需緊急的名義，向財政廳把教育經費挪去，以致各省立學校無錢發薪，教職員乃集體向省府索薪請願。他卻來了一個武裝森嚴的閉門不納。秀才遇到兵，有理說不清，教職員們祗好掃興而歸，自認晦氣。

中央風聞這種情形，便決定改組安徽省政府。由於深知石友三出身軍閥部隊，一旦明令將他免除省主席職務，他必然會率部背叛的；因此，先將他部隊駐在皖西皖北的主力加以監視，俟部署完成，再發表明令。可是他在安慶還駐有警備部隊。在中央，或許認為他主力部隊既已被監視，免除了省主席職務，還保持了軍長本職，他是應該就範的，決不會發生意外，誰知他臨去時，還要在安徽省會安慶大撈一筆，造成了一場大慘案。使人想起了古代流寇的「開刀」屠城的慘酷，直到條件談妥，這才下令「封刀」的故事。

各大店鋪被一掃而空

大概是民國十七八年的冬季，筆者正在安慶讀書，當時正是寒假期近週末的晚上，安慶三牌樓、四牌樓是熱鬧的街市，尤其是週末，華燈初上時，我們正在街上準備買些寒假回家的品放，突然聽到密集的槍聲四起，最初還以為物爆是竹，接著聽到了部隊的跑步和喊殺聲，敏感的商家立即關閉店鋪大門，同時電燈也熄滅了，熱鬧的街市上，一時喊殺聲、啼哭聲、槍聲、鬧成一片，所幸當時安慶由於電力不足，電燈不太明亮，因而若干商店都另外點起了煤汽燈，所以電燈雖全部熄滅，煤汽燈還有光亮照耀著街市。

筆者當時幸好陪著幾位同學，在三牌樓「亨得利」鐘錶行購買手錶，在店夥們匆忙關上店鋪大門時，來不及將顧客驅出門外，所以也被關在店鋪裡面，和老闆夥友們一同避到他們店後的閣樓上。當時大家都認為是共軍的突擊部隊衝進了城，以致守軍和共軍發生巷戰。因為這一期間，在安慶南岸正有一股共軍流竄，首領朱老五已被俘獲，關在監獄裡面，使大家意識到可能是朱老五的手下人衝進城來劫獄。

可是我們在閣樓上看得清清楚楚，擋住街上行人，搜索人們身上財物，甚至把穿在身上的皮袍都剝下來的，都是武裝整齊的士兵。這些背著大刀手執槍枝的部隊，更撬開各大店鋪的大門，胡亂搶奪貨物。這家「亨得利」錶店也有幾個官兵衝進來了，所幸左右都是大店鋪，士兵都被大店鋪——各銀樓（即此間的金鋪）、百貨店、皮貨店的值錢物品所吸引，對鐘錶的興趣不大，除掉把陳列在櫃枱玻璃廚裡的錶一掃而光外，對鐘和眼鏡都不顧而去。

老百姓倒霉賠錢送賊

驚人的事件發生了！我們從閣樓窗子裡望見對面的士兵搜索到對街裱畫店的老闆娘和她的丈夫及孩子，老闆挨了一頓飽打後，同孩子們都被關進另一房屋，老闆娘則被士兵們輪姦，接著女人和孩子們的哭聲、士兵的吼聲、笑聲，都從左右前後傳來，這使和我們躲在一起的亨得利老闆娘急得發抖，於是決定由老闆帶著她另找安全地帶。閣樓後面是「胡玉美醬園」的後院，裡面蔓草叢生，她們認為逃避到那裡比較安全，於是走下閣樓翻過院牆往下跳，不料卜通一聲，竟掉下到醬缸裡去。原來這沿牆根一帶，都是「胡玉美」晒醬的地方，使得我們都不敢再跳下去，祇好仍躲回閣樓。

我們一直躲藏到第二天中午，這才聽到街上鳴鑼，說是亂事已平，商家和老百姓可以各安生業。但在返回學校的途中，看到各店舖的大門，幾乎全被打破，貨物和玻璃碎片等，散得到處都是，零亂不堪；還有幾家圍滿了人群，聽到竊竊私語，說是有女人被姦得奄奄一息。到了學校以後，才聽到一位父親任職於商會的同學說：這是石友三因免除了省主席的職務，下令他的部隊所幹的好事。石並通知商會要借餉，否則他的部隊要繼續搶劫。經過商會付給了十萬銀元，他這才率部離去。這種類似強盜的行徑，怎不使得安徽人提起來便切齒痛恨？

二：方振武

參加革命背叛張宗昌

方振武，是安徽壽縣人，他在西北軍馮玉祥部下，從士兵幹到軍長。當革命軍北伐時代，他的部隊正駐在皖豫魯邊區，張宗昌以魯督的身份對他十分拉攏，並編入了張部的行列，按月發給軍餉。可是他早就與革命軍暗中發生了聯繫，等到革命軍北伐的前鋒抵達魯豫皖邊境，張宗昌滿以為他的部隊可以大派用場時，他卻豎起了革命軍的旗幟，反為革命軍北向山東的先鋒，以致張宗昌全部的防守山東計劃都告失敗。

當革命軍底定全國，共黨發動叛亂，皖西大別山既成為共軍的巢穴，皖北各土匪也都被共軍利用作為到處流竄、擾亂社會的工具。方以皖人率部回皖剿共並順理成章的出主皖省省政。

老粗張宗昌可謂厚道

據方振武主皖時，任省府主任秘書的魯魚以小同鄉關係對筆者稱：方振武響應革命軍北伐，其出於張宗昌意料之外的情況，他是最清楚的；而方對此的保密程度，可謂無以復加。魯魚當時是方振武駐濟南的代表，事前絲毫不知方將採易幟的舉動，直到張宗昌突然半夜找他到帥府，剛一見面：便劈頭大罵道：「媽的……你老闆都已背叛我了！你小子還沒有逃走？」接著站起身來，給他一頓拳打腳踢，罵不絕口。

等他從地上掙扎站起來時，自問這次必定鎗斃定了，可是張宗昌卻轉變口吻說道：「你小子還不快走——趕快去跟隨你老闆，還在這裡等死嗎？」並揮手高喊：「快走……快走！我看到你便想起了你那無情無義的老闆！」

魯說他聽到張宗昌這幾句話，等於身在刑場聽到了大赦令的宣佈，喜出望外，立即踉蹌而轉身向外跑，但走到門口，又聽到張宗昌跟在後面，高喊：「回來……回來！」衛兵也立將他攔住。他想，這一回頭，必然是有死無生了，想不到張宗昌毫無怒色地說：「蠢小子，難道你這樣空手上路嗎？來，拿點路費去！」在說話的同時，張把兩隻手都往口袋裡掏，將兩大把鈔票塞給他，然後再揚起手來說：「快去！快去！」

魯氏述說這段經過時，臉色猶有餘悸，但說到後面，禁不住笑逐顏開。這一事件，可以想見張宗昌的為人，在粗魯中尚有厚道。

魯氏接著說：等他見到方振武時，追述到這段經過，方氏笑著說：「因為我了解張宗昌的為人，這才敢於在易幟時讓你留在濟南。張的長處，便在於不計較背叛他的人，所以不少人背叛他以後又再跟從他。」方振武可謂摸清了張宗昌的脾氣。

到處都是軍官沒有兵

方主皖是在石友三之前，陳調元首次主皖以後；陳則是繼柏烈武之後而主皖政。談起這位革命元老柏烈武，在率國民革命軍三十三軍駐皖而兼省主席時，安徽人都會想起當時「將官常常有，校官滿街走，尉官多似狗。」的諺語。因為這位柏老先生要擴軍參加北伐，凡是有人要組織部隊的，他都給以委任狀。你只要說有辦法招募一團或一旅、一師人，並自籌械彈糧餉的，他便委你作團長、旅長、師長。在皖北固然有若干大地主有此能力，清代的淮軍和他當年討袁的部隊都是如此組成，但在皖北以外的地區，再無人有養兵的能力；於是團長委營長，旅長委團長，弄得到處都是軍官而沒有兵。

當然，也確有人招兵買馬建立了部隊的，可是他們並非自己養兵，而是向地方籌糧派餉，收集武器彈藥，把地方擾亂得雞犬不寧。以致老百姓和地方紳耆向總司令部與中央的控告書，連篇累牘，使中央不得不調他為國府委員，交卸軍政職務。柏公自辛亥革命即任皖督，以後一直領導安徽的黨務和軍事，並數度主政，他的故吏舊部遍安徽。這一離任，舊屬們自然都不願意，因而有「皖人治皖」的口號提出，拒陳調元主皖以及不斷的請願告狀都是因此而來。方振武是柏公的小同鄉，中央派他繼陳主皖，這也是因素之一。

方振武主皖留好印象

方振武也是以軍長兼省府主席的，不過他治軍的時間多，在省政府的時間少。省政多由省府委員會決定後交各廳處執行，民政廳長吳醒亞，經常是以代主席身份出面。方在安慶與群眾見面的機會極少，不過有兩件事使大家對他的印象很好：一是他的軍隊紀律極好，既從不向地方攤糧餉伕役，而對待民眾又極有禮貌。一是他對安徽大學的籌備工作極其熱心，不僅省府撥出鉅款，並從他的軍部也捐出了一筆公積金，所以教育界的人對他頗有好感。

可能他也正是由於皖人治皖而被捲入了安徽政潮的漩渦。當他主皖未久，南京發現了一件重大的謀殺未遂案，而案中的主角，正是他軍部的參議，使他有主謀的嫌疑，因而不得不令他到京隔離候審。不料京中正有人企圖將事件擴大，暗中通知他駐皖的部隊，說是方某已被秘密處死，所有他的部隊將被繳械，高級將校都難免獲罪；以致他駐在安慶及附近地區的一師軍隊，軍心動搖，漏夜棄防，並擄去了省府秘書長方策為人質，直向皖鄂邊區進發，企圖與另一個師會合。

余亞農師沿途賣槍彈

方振武的部隊當時有兩個師：一個師駐在安慶擔任城防，師部駐在安慶外圍要地「集賢關」，師長余亞農；另一師在皖西手擔任大別山剿匪任務，師長鮑剛，也是皖北人，頭腦很清楚。當余師從安慶撤退，既未搶劫財物，驚擾民眾，而且是在一夜之間，悄𥚃撤離，連住在軍營附近的民眾都不知不覺。他們在撤退途中，糧餉不繼，也沒有向地方需索，而祗是以縣政府為對象，要求備價購買其槍枝彈藥。

當他們經過筆者所居縣城時，筆者正放寒假回鄉，遇到他們與縣政府交涉售賣械彈事。縣長邀集地方人士籌議，大家認為軍隊過境需要糧餉，不使用搶，劫手段，已經算是相當客氣，其售賣槍枝，豈容你不予承購；何況鎗彈都是本縣自衛隊急切需要的。所以一致決定備款照購。但在當時任財政局長的家兄準備交款取回械彈時，認為這些屬於國家財物的武器，地方雖是備款購得；而一旦被查出，終將被上峰仍收歸國有，究將如何取得證明？這是值得考慮的。

牙牌數靈驗不可思議

經過地方人士商量，大家認為警察局長是唯一的外縣人士，乃決定到警察局去雙方交款交換鎗彈。家兄赴警察局去辦理這一事件時，家嫂正在卜牙牌數，她和我們特為此事占卜一卦，以問吉凶，我還記得卦裡有：「局中一著錯，輸卻滿盤棋」之句。當時大家都不以為意，不料以後中央令省府追查余亞農部沿途出賣的械彈，在鄰近縣份都祇追回到少數部份，而我縣則須全部繳回。原因是他縣究竟買了多少械彈？無可查證！唯有我縣因為在警察局成交，而這位警察局長不久調任民政廳的股長，正主管此次追回余部出售械彈案，他記得一清二楚，毫無遺漏，使我們頓想起了「局中一著錯」的牙牌數籤文，真是靈驗得不可思議。

余部逃至皖西，而鮑剛部屹立在前方與共匪作戰，絲毫沒有為方振武受處分的謠言發生影響。他認為革命軍是屬於國家的，一切都要聽令中央。方之去留生死功罪，國家自有法紀給予賞罰，決不能因此動搖軍心，並譴責余部的行動不當，勸他到南京去請罪，釋回被擄的省府秘書長方策。余亞農聽到他義正詞嚴的責備，祇好照辦，將軍隊都交給了鮑剛，一場風波，就此平息。

三：陳調元

大度能容善化敵為友

陳調元雖是軍人出身，但他豁達大度，能容人容物，善於化敵為友。所以他兩度主皖政，經過皖人不斷攻訐與控告，依然能去而復來，不為所動。有一次安徽大學請他出席總理紀念週講話，校長何魯本有數學才子之稱，出語非常幽默。他在介紹陳氏時說道：「我今天請陳雪軒（陳調元字雪軒）先生來和諸位同學講話，並不是因為他的官大——身任省主席；也不是因為他的個子大——體格魁稅奇偉。比我要高大得太多（何氏是瘦小身材），而是敬佩他的度量大——有容人容物的大量。」說到這裡，他指著陳氏的大肚皮說：「你們以為這大肚皮裡裝的是些什麼？雖非滿腹經綸，但無數文人學士和雞鳴狗盜都可以一概包容……。」何氏說得有聲有色，陳在台上也是笑逐顏開。

陳雪軒二次回任省主席，是由山東省主席調任的，據說當時正是馮閻叛亂，韓復榘的向背，對此一戰事有決定性的關係，而韓極熱望能主魯，陳雪軒先已知道韓有此意，乃自動向中央請辭，並秘密建議中央、由韓接替。在當時一般由北洋軍集團歸向革命陣營中的軍人，大家無不爭取省主席的職務，像陳氏以革命前途為重而推位相讓的，實在難能可貴，所以中央接受了他的辭職，而立即發表他主皖。

一席晚宴解決了問題

陳首次主皖，大家都認是被皖人攻訐而去的，其再度蒞皖，自然又照樣攻擊，請願告狀，無所不用其極。但陳氏了解這是安徽某些人一貫的手法，不僅他主皖時如此，安徽人主皖政時，同樣是控狀滿天飛。陳氏分析這些專在南京攻訐省主席的皖人，多是落魄的政客，無所事事，很容易被野心家利用，因此他在再度蒞任後，便想出了化敵為友的一套辦法。據說他在一個寒冬的晚上，經過許多關係人把一批待在南京專以攻擊省主席為職業的皖人，請到他京寓晚宴。當時天空飄著大雪，他京寓客廳裡升起了暖氣，在酒酣耳熱、賓主盡歡的情況下，他十分謙虛地向客人請教省政的興革，並由秘書將各人的建議一一記下，然後要求大家以後每月通訊建議。在酒醉飯飽送客時，每人送上一件狐皮大衣，這已使寒衣未備潦倒京華的客人感到十分溫暖，再將手插進大衣口袋，發現裡面纍纍有物，打開細看，不僅有大批的鈔票，還夾著省府顧問或參議的委狀。從此這批人服服貼貼為他盡言盡力了。

西安事變中宋子文所扮演的角色

彬彬

閱《大人》所載馬五先生撰寫的〈西安事變與宋子文〉，其中關於宋氏在事變中奔走斡旋的經過情形，語焉不詳。於今宋氏已是古人了，我不妨補述一些事實以饗讀者，且將其生平若干軼聞事併予敘次，使世人省識這位「皇親國戚」的真面目，似非毫無意義也。

宋氏與張學良的深切交誼，導源於民國廿年（一九三一年）「九・一八」事變後的第二年。這時張少帥被國人謚為「不抵抗主義者」，駐節北平，鬱鬱寡歡，而日本關東軍仍向錦州侵襲，內蒙方面亦頻傳烽烟之聲。宋氏以財政部長巡視平津，他在北平邀約張少帥同赴熱河看看當地情形，張不願去，說熱河都統奉軍老將湯玉麟最近向他索餉未遂，湯的幕中又有日本顧問，他若去了，恐有被扣的危險。於是，宋在北平閉門謝客兩天，籌措了二百萬元現金交給張少帥作軍餉，然後告訴張：「我跟湯老將無讎無怨，你帶些錢去發餉，我到熱河對他表示慰問，相信不會有什麼意外的事吧？」張祇好同行，結果湯老將熱忱接待，表示唯少帥命令是從。由是張學良對宋氏甚為感紉，終成莫逆之交，張對中樞有什麼事項不便逕行申述的，皆託宋轉達關說，無不順遂。

西安事變發生時，宋氏適在廣州，聞訊趕至上海，跟孔祥熙夫人和蔣夫人等晤談此事，孔夫人說：「軍人搗亂莫非是要錢而已，子文可去西安問問他們，究竟需要多少錢？」宋謂事情恐怕沒有那麼簡單吧？表示不樂意去。蔣夫人即謂：「兄如不願去，就讓我去一趟」，宋答以「與其教你去，那不如我去較為合適。」第二天，宋氏到達南京跟孔祥熙等當道諸公說明前情，孔亦贊成，但其他的要人皆認為不會有結果，頗尼其行，但宋決計試入虎穴。他尋及剛從監禁中保釋出來的舊識——亦係楊虎城的老友——郭增愷（今在香港），一道前往西安，乃於事變役的第七天——即十二月十九日，乘坐專機到達洛陽，當夜下榻洛陽軍分校，旋接南京曾養甫長途電話，謂中樞決派黃紹雄赴太原，請閻錫山跟張學良、楊虎城從事轉圜，比較妥當，希望宋莫再前往。宋詢郭意見？郭謂閻百川花樣很多，當年馮玉祥的前車可鑑（按指民十八年馮於隴海路戰敗後，退往晉境，曾被閻軟禁經年，再又放回西安那回事），與其讓閻從中玩弄，不如單刀直入，跟張楊談判之為愈。宋亦謂：「我什麼事都敢做，既然出來了，只有向前，決不後退」。廿日從洛陽起飛，大雪紛紛，飛到潼關附近，駕駛員俯視西安外圍地面下戰壕蜿蜒極清晰，認為形勢殊危險，曾寫一英文紙條遞給宋氏，告以大雪漫天，似不必冒險飛行，宋亦以英文答覆云：「我願意冒此危險，你呢？」駕駛員祗好飛行到西安城外降落了。

宋氏一行在西安與張、楊周旋一天，知道張、楊兵諫目的，原不是如孔夫人宋藹齡所預料的，志在金錢，且對蔣委員長亦無加害之意。他們唯一要求就是停止剿共，一致抗日；同時改組政府，構成戰時內閣體系，且主張由宋氏擔任行政院長，張、楊皆矢言決不保薦一名閣員，藉明心跡；又提議以胡宗南任軍政部長，陳立夫任教育部長。宋表示個人決不幹行政院長，以免外人懷疑我宋某暗通叛將，乘機獵取高位。張、楊謂宋若不同意他們的主張，事情就沒法解決，宋祇好說候與蔣委員長當面陳述，再作計議，實際是要先使蔣回到南京再說，這是廿一日夜裡的事。宋準備次日飛返南京，當場張學良對郭增愷說：「我要寫封信給戴雨農，請他來西安一談，這封信拜託你帶交」，又說可讓蔣鼎文一同前往南京，宋氏忙答道：「信交給我帶去好了，蔣鼎文能同行更佳」。廿二日宋於臨行之前，再見蔣委員長報告一切，蔣當面交給他一件致何應欽的手令，內容是教何揮軍進入潼關，討伐叛逆，勿以個人（蔣自稱）的安全為念。宋未說什麼，將手令拿入懷中，即與蔣鼎文、郭增愷乘坐飛機出發，到了半途，宋將手令取出撕破，從小窗中扔掉了！事後他告訴郭道：「如果進軍討伐，那我們此行不但是多餘的，而且成了危害領袖的罪人，怎麼使得呢？將來委員長若追究責任，由我個人承當好了。」

宋氏回到南京後，旋與蔣夫人、戴雨農、郭增愷等再飛西安，蔣鼎文亦同行，事情已急轉直下，定於廿五日護送蔣委員長離陝。當張學良聲明隨駕赴京時，蔣即加阻止，然張決意同去，到達洛陽後，蔣又叮囑學良緩行四小時，候他到京稍加安排，蓋防南京各界人士於學良抵步時，或有不利於張的行動，足見蔣對張學良是愛護備至的。

蔣回京數日後，即耑返溪口休息，南京方面除組織軍事法庭審判張學良外，對於西安事變的善後處置問題，擬訂了兩個方案：一是嚴申紀綱，明令討伐叛逆，仍由何應欽率同大軍入陝；一是設置西安行營，派顧祝同作主任，整理張、楊部隊，準備抗禦外侮；另改組陝西省政府，派孫蔚如為主席，楊虎城出國考察。宋子文贊成第二案，他到溪口向蔣委員長力陳不可用兵的利害關係，主要理由認為過去只征勦一個叛亂之徒的共軍，即曠日持久，未奏全功，若再討伐三個叛徒，勞民傷財，不知伊於胡底？蔣公可其議，乃實施第二案。後來宋對朋友說：「我在西安事變中，消弭了兩次戰禍，亦不過避免三幾萬人的傷亡而已，別的並無所獲啊！」

南京組織軍法會審之初，國府明令特派李烈鈞為審判長，繼查李氏所敘的軍階為二級上將，而張學良亦係二級上將，軍人是講究階級服從的，於是，連夜由國府頒佈命令，晉陞李烈鈞為一級上將，藉符體制。筆者事後晤及李將軍，叩問他在審訊中，張學良的供詞如何？李笑謂：「沒有什麼特殊的內容，只是栽培我升了一級官階而已。」張被判處十年有期徒刑，旋由軍事委員長呈請國府，交由軍委會管束，而轟動一時的西安事變，才告結束了。此時宋子文已不作財政部長，擔任全國經濟建設委員會常務委員，蔣曾擬將經委會改為委員長制，請宋氏擔任委員長一席，表示與軍委會相埒，然宋婉辭之。他要辦「建設銀公司」，而人事上不能全權支配，亦就毫無成就。

宋氏原籍粵省海南島文昌縣，家貧寒，於民國初年取得江蘇省官費赴美留學，乃得力於其姊宋藹齡女士，蓋是時宋女士任大總統孫中山先生秘書，與蘇省當道有所往還也。宋在美學成歸國，曾服務於漢冶萍公司，傳說他跟上海闊閱之家的盛宣懷之女公子談過戀愛，以門第關係終於不諧。

越民國十二年，孫中山先生開府廣州，採行聯俄政策，聘俄人鮑羅廷為政治顧問，鮑不通華語，專講英語，遇事每與孫公面談，不用舌人，以免消息外漏。然孫公亦不能事無鉅細皆親自料理，若派遣國民黨員中諳英語的同志跟鮑顧問周旋，又恐不易保密，頗感困難，孫夫人宋慶齡建議召子文來粵予役，比較適當，孫公以為然。宋到廣州後，孫公頗嘉其能，未幾，派宋氏籌設中央銀行，受粵省財政廳長廖仲愷指導監督，宋的表現亦不錯，鮑顧問對宋多加讚許。迨民十五年北伐時，財政部長廖仲愷逝世，國府乃以宋氏承乏財政部長職位，是為宋氏嶄露頭角之始，時年不過三十，允屬少年得志。民十六年春革命軍佔領上海，宋由武漢東下赴滬，處理財政金融問題，道經九江，下榻當地海關監督張氏住宅，得識張氏女張樂怡，她是從教會學校畢業出來的，擅長英語，而宋氏對華語殊隔閡，彼此言談投契，卒締鴛盟。

當寧漢分裂，國共暗鬥之際，宋氏是站在武漢政府方面的，但對政治問題很少表示意見，他常對朋友說：「我對主義和理論都不懂，平時亦少讀黨政方面的文告宣言，只求努力於本職，把事體辦好就得了」。南京國府成立時，宋仍在武漢，寧漢政府合流之初，他亦未登仕版，他之重作馮婦，主持國府財政，是在宋家與蔣總司令聯姻後，從此一帆風順，蜚黃騰達，除財長一職外，又作過外交部長、聯合國成立大會的中國代表團團長、行政院長、廣州行營主任兼粵省主席等高官，位極人臣，聲勢煊赫。

宋氏的知識，完全是美式的，而且祇限於財政金融事宜，其他皆是隔行，尤其沒有玩政治的技能。例如他以出席聯合國成立大會的中國代表團團長，居於戰後四強之列的地位，然印度代表甘地夫人要求見他一面亦不可得。英國代表艾德里設席公宴中國代表，而宋氏不特拒不參加，且教其他諸同寅亦不必都去，僅由李璜、胡政之這兩位在野黨派人士前去敷衍一下，使艾德里大感羞慚。後來英、印之爭先承認毛共政權，就是艾德里與尼赫魯當政時期。對日抗戰結束伊始，宋氏以外交部長赴莫斯科商訂《中俄友好條約》，史太林堅持外蒙古獨立，決不讓步。宋回至重慶，無可為計，他對著家屬說：「這條約我若照簽，後代子孫都要挨罵；若不簽，國家前途又不得了；我身為外交部長，不知如何是好？」他的外甥女孔令儀（孔祥熙的大女兒）適在座，即說道：「想做外交部長的人，有的是，舅舅既不願負責簽此條約，何不將部長職務辭去呢？」宋恍然曰：「幸有你這樣指點，解除了我的苦悶！」隨即具呈辭職，改由新任部長王世杰赴俄京簽約了事。

宋的治事作風，勇於負責，敢作敢為，譬如他在財長任內成立稅警團，所用的軍官如溫應星、孫立人等，都是美國西點軍校出身的，稅警團官兵的待遇，亦視國軍為優厚，又將政府向德國購入的新式鎗械，先行裝備稅警，這樣違反國家功令的措施，別人是不敢作的。但宋氏自己作事固專擅，亦容許部屬向他看齊，他主持全國經濟建設委員會的時候，在西安設置「西北公路局」，歸該會設在西安的辦事處管理，公路局的唯一要務，就是修築由西安到蘭州的公路，局長許某用人過多，成績欠佳，每月賠累不少。宋氏託朋友介紹曾向午其人，接任局長之職。曾與宋素昧生平，先到上海謁宋請示，宋祇對曾說：「西北公路局有九十萬元的築路經費，另有一百萬元的購買車輛器材費，你趕快把路修好通車，先求不賠錢就得了。」別無他語，起身送客。曾局長到任後，大事裁員三分之二，各方函電紛致宋氏說項，要求保留某員某職，皆係顯要人員出面的，宋一概不理。既而西北公路局以南京經委會的表報和例行公文太多，耽誤緊要工作，請求該會「西北辦事處」設法補救，辦事處據情呈報宋氏核示，他立即答覆「已飭主管人秦汾，今後暫行停止對西安公路局致送例行公文，亦不必對該局業務多所指示矣。」因此，西安公路經過曾向午專責整理兩個月後，不但自給自足，且有盈餘了。民國廿一年汪精衛作行政院長，張發奎將軍擬出洋考察，由政院給以名義，但考察費只有幾千元國幣，張頗為失望，旋赴上海晤及宋氏，談到此事，宋順手遞給張將軍一紙條道：「蔣委員長送你五萬元考察費，請寫一張收據罷！」他對事對人的乾脆俐落作風，多類是也。

對日抗戰時期，國民參政員每次集會時，即有人發言攻擊孔、宋的財經措施，宋從不答辯，亦無怨言。後來他在行政院長任內，國民參政員傅斯年曾以〈這樣的宋子文應該下台了〉為題，在報紙上撰文指摘宋氏種種過失，他左右的幹部認為非辯駁不可，宋謂：「我們該作的事，別人反對不了；不應該作的，或者做錯了的事，就不能禁止別人講話呀！」終置不問。然宋氏在政治上最無表現，亦可說幹得最差勁的，即為行政院長階段。宋的才華祗可勝方面之任，卻無燮理陰陽的智能，教他綰領庶政，統籌全局，是無異於將千斤重擔加諸孱夫身上，未有不蹶竭的。所以，對日抗戰結束，政府還都之際，國庫原存有十二億美元的外匯，外加接收淪陷區的敵偽產業，為數可驚，而宋氏在行政院長任內，很快就給消耗完了！假使他只作財政部長的話，當不致有此浪費情形吧？政治上所謂「量材器使」之說，確有道理，有的人只可小知而不能大受，有的是廊廟之器，非乘田委吏所能展其抱負，要在用人者知所鑑別而已。

宋辭去行政院長後，依然經營「建設銀公司」，因時局動盪不安，自然無從發展。繼奉政府最高當局面諭：以台灣與廣東兩省，對國家關係重大，擬重新佈署一番，囑宋氏擇其一省，負責主持軍民兩政。宋謂：「我是半個廣東人，願對桑梓建設有所盡力，藉補過去的缺失，於心稍安。」宋接任粵省主席兼廣州行營主任後，對前任省主席羅卓英的原有人員，少所更動，而在行營方面聘請了若干學有專長的人士為顧問，優予待遇，如日後在台灣擔任經濟部長、卓著政績的尹仲容，即係顧問之一。這些顧問們的俸祿開支，都是沒有預算的，加上其他的額外用度，每月需要三萬美金，皆由宋氏自掏腰包。他聘用許多專家學者的目的，是準備開發海南島之用的，並非裝點門面，只因勘亂軍事日趨不利，他的計劃無從實現了。但他臨去職時，在省庫積存了三千萬元港幣，交給後任，另外用飛機運銀元到上海交給中央銀行，計有二次，這算是他在廣東主持軍民兩政時期的成績。他交卸粵省主席暨行營主任後，先到香港，乘游艇由九龍渡海，在皇后碼頭登陸，歡迎的人自不少，瞧著他的胸前掛上國府過去頒給的勳章，閃耀奪目，大家引為詫異，因為他平日從不作此裝飾的。友好私下問他何以要掛勳章？他笑謂「這大概是我最後一次的官式行動了，所且要把國家的勳章亮一亮啊！」

宋氏之氣質及其知識，純粹是美式產物。美國舊時的一般政客，擔任國家公職時，對自己應有的職守，皆能盡心力而為之，亦不放過弄錢的機會，卻不屑扒取小錢，宋氏亦復如是。譬如民國十八年他到美國經辦的「棉麥貸款」，為數頗鉅，國人咻然非議，認為喪權，當時的立法院尤表反對，且指宋氏是在貪圖鉅額回扣，迹近貪污。但在西方——尤其是美國，貸款經手人取得回扣，乃係公開的習慣，毫不足怪的。因而我們平時亦就很少聽說宋氏有利用權力機會，收受小錢的事情。

世人紛傳宋氏不識中文，也不會說中國話，一切都是用洋文，其實不然。宋固然不能說國語，但能講並不地道的上海話。他公餘得暇，喜閱莎士比亞的著作，另又請人對他講解《孟子》。他的夫人張樂怡絕不過問政治，更不干預政治上的人事，比較現代那些達官貴人的太太姨太太們，隨便干政薦人的情形，確屬難能可貴。所以宋氏每引以自豪，說民國政治人物的太太們，沒有一個像他的夫人這樣規矩的，其言固非虛飾之詞。宋之為人，跟他做朋友很好，因為他未沾染中國式的官僚惡習也。自大陸淪陷後，他領取的出國護照是普通平民用的，他要去美國，而香港的美國領事館不給他簽證，祇好先到巴黎，再託他的美國朋友哈里曼（民主黨政客，對日抗戰時曾在重慶駐過。）幫忙，才得前往新大陸的。

宋之逝世，證明是腦充血而亡的。死之次日由醫生檢驗，解剖他的喉管，尚有一塊雞肉存在，乃說他是被食物卡住喉管而致命者。人莫不有一死，如宋氏在幾秒鐘之內就離塵世，可說很幸運了。

宋子文與盛七小姐難締鴛盟記

金刀

「願天下有情人都成了眷屬；是前生註定事莫錯過因緣。」這是杭州西湖月老祠的聯文，妙手拈來，至今傳誦人口。它祝福世人，有情的能成眷屬；它又點醒世人，有情的還待有緣。

本文所說的男女兩主角，男的為宋子文先生，女的為盛瑾如小姐。花晨月夕，早證同心，吉士名媛，應能偕老，詎因俗見之深，竟失館甥之選，這就要歸結到因緣兩字上去。《楞伽經》云：「一切法因緣生。」直接與以強力者為因，間接助以弱力者為緣。他倆已種其因，卻惜不得其緣。

盛宮保與漢冶萍公司

宋氏於遊美歸國後，服務於漢冶萍公司上海總處。所謂「漢冶萍」者，是以大冶的鐵，萍鄉的煤，運往漢陽，以煤鍊鐵，其全名為漢冶萍煤鐵廠礦股份有限公司。先是盛宣懷以所覓得的大冶鐵礦贈與湖廣總督張之洞，之洞奏准開採，即在漢陽設立製鐵廠。後改為商辦，舉盛宣懷董其事。適礦師馬克斯、賴倫二人在萍鄉發現大煤礦，鍊鐵所需的燃料，可以儘量供給，因與漢冶歸併為一整體。原料既豐，成績甚著，成為當時規模最大的企業。

盛宣懷由諸生納官，歷登萊青道，移津海關道，累官郵傳部尚書，兼領宮銜，通稱為盛宮保。這裏不談官箴，只論政事，在遜清末代中，他確為一能員。如招商局、電報局、開平煤礦、通商銀行，皆為其所創辦，京漢粵漢等鐵路借用外資建築，亦為其所經手。於時會多艱之際，收椎輪大輅之功，有利於家，固亦有補於國。其後各項事業，皆歸公有，惟漢冶萍公司總經理一職仍為其冢子盛澤丞所承襲。

盛家財雄丁旺，其男女子侄為大排行。盛澤丞與盛瑾如為宮保繼配莊夫人所出。澤丞為冢子，而大排行列四，故通稱為盛老四。瑾如為次女，大排行列七，故通稱為七小姐。宋家與盛家並無淵源，子文得在漢冶萍公司任事，是由其外家倪姓所介紹，倪與盛是向具交誼的。

宋初為盛老四充記室

盛老四為癮君子，烟癖極重，以夜作晝，起身總在午飯後。當其似醒非醒之際，但聞床頭窸窣，隱隱有聲，當差的便趕忙鑽身帳內，將帳門合密，對準其面部，猛噴鴉片烟五六筒，一時滿帳氤氳，濃香撲鼻，才見他眼張而流眡，鼻歙而翕，耳似可聞，口似能動，連心竅兒的機能悠然活了轉來。此時當差的又忙把烟盤端進，將槍管向他口中直塞，然後對準火頭，就烟泡上輕撚慢攏，讓他一口氣兒連吸十五六筒，才見他臉色轉佳，夢魔若失，確是醒了，可以起身升帳。但在早烟的歷程上，這些仍屬於前奏曲，其作用僅能使他還過魂來，並未將烟癮過足，繼此而來的還須左右開弓，連抽幾十筒，把五官百骸，五倉六府，全給這魂靈兒滲透，才見他神完氣足，成個人的模樣。宋氏在公司担任秘書職務，實際幹的即為澤丞私人記室，所以每天下午總得在盛公館枯坐好幾個鐘，聽候盛總經理的囑咐。

宋氏昔年的丰采，我們至少在照片上瞻仰過，高高的個兒，頭角崢嶸，精神飽滿，當年自更顯得英俊。講到內才，據說他於本國文字是不大擅長的，而由哈佛出身的留學生，英文英語，通曉流暢，固有其一定的造詣。盛公館內，自莊夫人以次無不加以器重，並浼其於公餘之暇，為盛七小姐教授英文，耳鬢厮磨，由此他倆有進一步的認識。

大好姻緣如鏡花水月

鮑照〈蕪城賦〉：「東都妙姬，南國麗人，蕙心紈質，玉貌絳唇。」友人中談到七小姐品貌的，多借此韻語，作為模擬。說得普通點，即七小姐在任何裝束或任何場合中，宛如白雪一堆，潛光四射，由形態美襯託出內心美，使人為之失色。天地為情愛所彌綸，他倆由文字結交，進而互相慕戀，又由共同的朋友唐腴廬兄妹周旋其間，有意玉成，那是很正常的發展。筆者於此須鄭重指出的，即上海雖為一開通的洋場，而在當時，舊禮教的樊籬並未全決，男女交際，不過是逛公園、上館子、聽京戲，在正常娛樂上相與盤桓，即使情發於中，要皆齊之於禮。

宋氏於兩情相悅後，第二步所取的手續，即為挽出冰人，代求親事。莊夫人於宋氏既加器重，應無不允之理。惟因積俗難反，難免以門戶不對為嫌，意猶待決，詎隨身的施總管、濮買辦之流，事不干已，橫加阻撓，居然異口同聲的說：「宋家的孩子嘛，太笑話了，府上的千金小姐，怎能配與他，正合上那句古話，癩蛤蟆想吃天鵝肉。」莊夫人原本有所躊躇的，經此挑撥，這段好姻緣便如水月鏡花般成為幻境了。

這還不算，為了防閒起見，七小姐的英文不讓他教了，他倆通信的權利亦被剝奪，而他的職務也由上海調往漢陽，在總公司會計處担任科長。從此形跡益疏，千里寸心，徒縈懷抱。按會計處分三科，處長為顧宗林，其他兩科科長為楊杏佛與黃日新。不久，宋氏脫離漢冶萍，改任華義銀行華經理。在商場中，他已爬上一步，獨當一面。民十二年，孫中山先生開府廣州，他去廣東，任稅局局長，嗣受命籌辦中央銀行，在革命陣營中，到此他才陳力就列，於財經部門嶄露圭角。

靈草無根醴泉亦無源

驊騮就道，雲路初騰，得意中究竟忘不了心頭事，故宋氏於央行業務，部署妥定，經過一段期間後，即來上海，擬續前緣，託由唐腴廬兄妹轉約七小姐在外相晤。宋氏告以別後情形及籌辦中央銀行經過，並謙虛地說道：「這當然是小局面，但一個小家庭的開支是夠澆裹的了。」言次，隨手掏出兩張船票來。

這話不待說明，以七小姐的秀外慧中，聞絃歌已知雅意，當以笑謔的口吻似答非答地說道：「我們盛家鬧的笑話已夠多了，這樁事倒還沒有人幹過。」吐屬輕鬆，也很決絕，因此，此番宋氏單身而來，仍是單身回去。

靈草無根，醴泉無源，當日盛氏跟班口中所說的：「這宋家的孩子嘛」，於民十五年十月北伐軍克復武漢，十二月國民政府移都其間後，已以財政部長身份進抵漢皋，聲名遠播。當時北洋軍閥，雖待肅清，而全國歸心，形勢已定。莊夫人聞訊之下，溯洄往事，自怨自傷，施總管則更以貧口薄舌，破人好事，悔恨倍深，漸惶無地，猶恃其與宋氏原是熟人，君子念舊，應不致雲泥見判，當即自告奮勇，於烽火中溯江西上，移岸就船，登門串合，以為補救之道。莊夫人此時已失主張，七小姐則未嘗預聞其事。庸知溝流紅葉，路值藍橋，都由天作之合，月老祠的聯文，早就指明了前生註定，不能錯過，也不能強求。以致陽錯陰差，行遲一步，施某尚在途中，宋已鴛盟另締，行裝甫卸，聽到的已是別人家的喜訊，只得仍趁原船，夾住尾巴兒倉皇而返。一線之緣，至此砉然而斬，惟盛宋兩家關係，並未就此中斷。

互留名刺藕斷絲仍連

民十六年三月，北伐軍底定東南，宋氏旋來上海，依循禮數，往訪盛老四，以示先施為敬。時當午際，盛老四自是一枕黑甜，魂遊華胥之國。莊夫人深以怠慢為虞，數遣侍婢，趣往肅客。盛老四不改故常，按步就班，先由當差的噴過還魂烟，再吸過補氣烟，然後升帳起身大吸其定心烟，慢條斯理，一絲不苟，猶待盥洗一過，才出廳堂，則宋氏以枯坐兩小時，不能久待，留刺而去。莊夫人大為恚怒，責以無禮，盛老四滿不在乎，反唇相譏地說：「這也值得大驚小怪麼？從前他不是天天坐上幾個鐘頭，怎的如今就不同了？大不了我明天回看他一趟，也就扯過。」

莊夫人以他最後所說的還像人話，始有霽容，轉嗔為喜。次日，盛老四咬住牙齦，提早起身，果然回拜宋部長去了。其時宋氏以新貴人初抵上海，綜筦財務，支援餉糈。賓客如雲，簿書鞅掌，確屬公私叢脞。盛老四看到滿屋子全是候見的人，即使如醫務所可以拔號，亦已有不少人捷足先登，一時還輪不到他。久坐心煩，又似烟癮未曾過足，精神不濟，自忖此來僅為一種禮貌，並無要事待商，能見固佳，見不到也無妨於事，總算是人到禮到的了。因此他便不願再候，仿著宋的樣兒，留下名刺，悄然引去。

幸不辱命宋氏念舊情

迄後國府移都南京，寧漢合作，華北敉平，忽見明令，以盛氏家財屬於逆產，應予沒收。霹靂一聲，盛老四並不為動，因其產業雖遍佈於通都大邑，而財富所蓄則在上海一隅，南北縱統於一尊，租界則仍為其權力之所不及，所謂沒收，對他並不是嚴重的打擊，故仍抽其大烟，漫不置意。莊夫人則於得失之間，未能恝然，蒙此惡名，尤增忐忑，計議之下，當囑七小姐出面，去函宋氏，乞予斡旋，向日是剝奪了他倆通信的權利的，此時則唯恐他倆之不願通信了。盛老四於此決定，無所可否，惟於去信中將過重的語氣改為輕描淡寫，僅盼宋氏於可能範圍內相機轉圜，不作固請堅求之語。此信去後，迄無回音，直待經過相當時日，又見明令，突將原案撤銷，宋氏才有信來，寥寥數語，以「幸不辱命」為詞，字體頗大，似屬親筆。

此後盛宋兩家，雖仍不無聯繫，盛老四與七小姐則恐不在此列了。

本文敘述至此，已告結束，筆者卻有意拖條尾　。上文所說的唐家兄妹，即為唐腴臚與唐瑛兩人。腴臚後為宋氏的秘書，行動相隨，極見親信。宋在夏季，輒戴巴拿馬白草帽，以避陽光。其在上海北火車站遇刺時，宋獨未戴，而唐則白帽巍然，身材恰又與宋相類，刺客未及細辨，誤擊副車，唐因殞命，而宋竟脫於難。唐瑛則擅舞藝，喜交際，雍容華貴，為當時名女人。

盛氏下世宋氏已白頭

顧宗林（即宋氏在漢冶萍之頂頭上司），號介眉，留美習會計，學識甚富，歸國後歷任各路局會計處長。九一八前，出任東北交通委員會主任委員。張學良實行易幟服從南京的通電，據聞即由其起草。九一八後，鎩羽南歸。一日，在上海中央銀行總稽核謝霖甫處與宋氏不期而遇。宋說：「怎麼？你也回到南邊來了！」顧殊落落，無意多談。抗戰後在重慶南開大學教課，於當道無所干謁，寂寞以終。

盛老四亦為留美學生，專攻工程，儀品甚都，賭品極好，待人接物，並不搭大少爺的架子。他雖未嘗致身富貴，而仰承父蔭，仍為富貴中人。宮保在世時，戴紅頂，拖翎毛的大臣僚，他看得很多，對於後起權貴，故亦視作平常，過眼烟雲，不過如此。漢冶萍公司先後向日本借款甚多，訂有《中日冶鐵條約》，因此盛家與日本人關係極深。抗戰時，國軍自淞滬撤退後，日方屬意盛老四出任上海偽市長，經峻拒後才挨到傅筱庵這老傢伙。有人說他的烟癮過深，不能治事，莫說市長幹不來，即垂拱而坐，做個兒皇帝，亦耐不住。這話不無理由，但其民族意識固未便遽予淹沒。迄上海第二度易手，他所經管的漢冶萍公司才被中共接收，惟未聞遭到清算，今則已下世矣。

記孫科第一次的短命內閣

榮熙

民國二十年九一八事變發生後，國民黨內一直勢成冰炭的寧粵雙方（即分裂中的南京與兩廣），皆鑒於國難臨頭，非先謀國內和平統一、團結合作，無以救亡！經過雙方的信使往還，磋商善後，於是寧粵兩派的國民黨要人，遂決定在上海舉行一個「和平統一會議」，幾經折衝，終獲協議，破鏡得以重圓。當時黨內的高層人士大抵都能預料到，依照那次在「和平統一會議」中所作出的中央政制改革案的決議，南京的國民政府即將改組，而改組後的首任行政院長則必屬孫科無疑。

雖然事實的發展，果不出人們所預期，但不料孫哲生袍笏登場後，僅幹了十幾天的行政院長便告垮台，成為中華民國歷史上最短命的內閣。筆者那時僕僕寧粵，忝為居間者之一，一時成為「局內人」，頗知其中若干秘奧，今就記憶所及，寫成短文，投刊《春秋》，雖為卅年前舊事，或為廣大讀者所樂聞歟？

由和平統一會議說起

那年十月間寧粵雙方在上海所舉行「和平統一會議」，出席的寧方代表為蔡元培、張靜江、陳銘樞等；粵方代表則為孫科、李文範，陳友仁、鄒魯等。會議場所則假上海戈登路伍公館內舉行。從十月廿七日起至十一月九日止，會議歷時十餘日，前後開過七次會議，通過議案共達十九項，在會期中，雙方代表雖曾發生若干「翻雲翻雨」的爭執，不過那次雙方都本能互讓精神，勉強達成協議。上海的統一會議閉幕後，大家又公推蔡元培、張繼、吳鐵城三人往南京；孫科、李文範、陳友仁三人往廣州，分別報告會議經過及提早實現和會所議決各案。當時蔣先生既已公開表示要引咎辭職，則和會議案提出四全大會討論將無甚問題。依據那次中央政制改革案所規定：國民政府即行重新改組，關於國府主席人選，限於「耆年碩德」者，始夠資格。彼時大家心目中還有唐紹儀、林森、于右任幾位老頭為適宜之選。至於政府改組後的行政院長一席，在雙方分而復合的情勢下，皆認定捨孫科莫屬，即使孫科本人亦認為不久將要嚐到行政院長的滋味了。

且說孫科等一行由滬返抵廣州後，旋即將和會議案提出於粵方舉行的國民黨四全大會討論，卻不料黨中少數有力者，竟圖在大會上推翻原案，掀起風波，他們所以要這樣鬧一下，並非真的反對和會議案，其實只是欲藉此多爭幾名中委席位而已。當時孫科、李文範及陳友仁等人，對此大表不滿，一氣之下，竟不出席四全大會，悄然離開廣州跑往香港，情勢搞得甚僵。幸經胡漢民、伍朝樞諸元老多方調解，才使滿天雲霧消散，和會議案，經逐一討論，俱告解決。廣州四全大會閉幕後，粵方一班中執委遂聯袂返回南京，準備參加十二月十二日召開的中央臨時常會，及十二月廿一日召開的國民黨第四屆一中全會。在形式上對立多年的寧粵，是統一了，但實際上還是同床異夢罷了。

吳稚暉主演一幕鬧劇

一中全會於十二月廿四日在南京中央黨部舉行首次正式會議，出席中委共達一百人，先通過第一次（廿二日）及第二次（廿三日）預備會的決議，接著便依據上海和議案討論中央政制改革問題，在討論中，雙方委員的意見均無多大出入，會場氣氛相當不錯。廿五日續開二次正式會議，於討論政制改革草案後，便議決了六項，第一項：國民政府主席，為中華民國元首，對內對外代表國家，但不負實際政治責任。第四項：行政院院長，實際政治責任（第二三五六等項從略）。

自中央政制改革案議決通過後，政府改組在即，大家都盤算著孫哲生不久出任首揆，已毫無疑問，殊不料在廿五日的會議席上，又演出一幕小型鬧劇，鬧劇主角為吳稚暉，因為稚老在發言語中帶刺，引起了誤會，使孫科、李宗仁、李濟深等憤然出京赴上海，幾致釀出大禍。

原來廿五日會議中，於討論應付東北事件時，粵方某中委提出「嚴厲處分張學良案」，這位中委厲聲地說：「不僅張學良要負喪師失地的責任，政府亦應負更大的責任。」

這時吳稚老卻立起來答辯道：「不錯！張學良固應負責，政府亦應負起不抵抗責任，至於暗中赴日，勾結日本來禍中國的賣國者，應該負怎樣的責任呢！」

「誰是賣國賊？請你指出來！」粵方某中委以拳擊桌，指著吳稚老追問。

「哎呀！誰是賣國賊，當事者不能不知，何苦在大庭廣眾間提名道姓呢？」稚老也漲紅著臉，強硬的回答。

同時，吳稚老在不久前，於致張學良一電中，曾有「外不見諒於強盜倭寇，內不見容於賣國之國賊」等句，粵方中委早已懷疑稚老滿口國賊，是有計劃的行動，一旦短兵相接，會場上立即有了火藥氣味。更糟糕的是，稚老在國民政府組織法修正案中也曾當場表示意見說：「行政院長既為事實上之責任內閣，其人選應以有辦法者為適宜，如只徒博虛聲，並無辦法，這種人上台也不可能攪得好，政制雖改，無補實際，我們不宜盲從，請大家注意！」稚老所謂的「徒博虛聲，並無辦法」，在當時來說，顯然就是指的孫科。如此一來，粵方中委當場大為光火，一場會議，又弄到彼此吹鬚瞪眼，不歡而散，當天晚上，孫科、李宗仁、李濟深、李文範等不辭而別，結隊離京赴滬，雙方分而甫合，合而又分！

大會面臨此等情勢，不能就此作了，遂推派蔣作賓、陳銘樞等為「敦勸使」，趕程赴滬勸駕，同時林森等元老亦聯電孫科，佇盼即日返京。經過兩天的僵持，幸幾位「敦勸使」說好說歹，不辱使命，終於拉得孫、李諸人於廿七日夜車回南京，但以後那些日子，吳稚老從不見露面，未再出席會議。

宋子文拒入孫科內閣

在第三次的正式會議中，既通過國民政府組織法，接著便選任林森為國府主席，又選任孫科為行政院院長（餘從略）。

行政院的大任，既不出所料的落到孫科頭上，關於施政方面，他表示完全依照中山先生的《建國大綱》去做，迅即展開了組閣行動，試看孫閣名單，果然是浩浩陣容：

內政部長李文範　外交部長陳友仁
軍政部長何應欽　海軍部長陳紹寬
交通部長陳銘樞　鐵道部長葉公綽
司法部長羅文榦　實業部長陳公博
財政部長黃漢樑　教育部長朱家驊
蒙藏委員會委員長石青陽
禁烟委員會委員長劉瑞恆

上列名單，多數都是第一流人物，孫科於就職之初，何嘗不是密圈滿腹，準備好好幹上一番。誰又料到他的內閣會那麼短命，只勉強維持了十幾天便宣告壽終正寢呢？

孫科內閣之垮，第一是垮於宋子文的不肯合作；第二是垮於黃漢樑的空槍上陣。

說到孫宋二人，本屬甥舅關係，惟不知何故，他兩人一向就格格不入，話也從不多講幾句。民國十六年國府定鼎南京，孫哲生出為首任財政部長，不久後，宋子文繼續出掌財政，他一履任，便將孫所任用的人，悉數裁撤，半個不留。但宋氏對於財政方面，確實有他一手，決非孫氏所能望其項背，宋那時鑒於全國金融，都握在上海江浙系金融界幾個巨頭之手，他略施手腕，便將巨頭們籠絡得團團轉，遇有困難，總可迎刃而解。孫氏這次組閣，原希望宋能加入，但被拒絕。據說宋氏獲知孫科組閣（宋彼時原任財政部長），曾在有意無意中，向財政部親近部屬說過：「孫哲生做行政院長不會久的，你們不如先支領三個月薪津，大家暫且回家休息休息。……」

黃漢樑財長慌了手腳

宋既拒受新命，滬上金融巨頭皆與宋淵源深厚，對於孫科，自然持著觀望態度，不多理睬。筆者當時為此，曾向哲生提過兩點意見：一是建議孫氏邀請梁士詒出來幫忙，梁氏在北洋時代，久綰財政，且蘇浙系金融巨子多出其門，有梁氏出頭，自易獲得上海財團的協力；二是建議孫氏暫向上海金融界商借短期政費，而以承認宋任所發行之二千萬元公債，為交換條件（該項公債發行時，粵方曾聲明不予承認）。可是此時孫氏卻相信新任財長黃漢樑另有辦法，認為不必多費一番精神。而這位黃財長在未履任前，原來存有一個幻想，他以為財部庫存至少尚有四五百萬元，儘可挹注一時，黃氏於第一日欣然到部視事，打開報告表冊一看，這才慌了手腳，原來部裡不僅沒有半文庫存，而且前任還簽過二千餘萬元的支票，發給部隊，各部隊因此已有人來部坐索者。黃漢樑原為上海和豐銀行的買辦，平日又不多活躍於滬上金融界，他冒冒失失地當上了這個窮部長，簡直叫他一籌莫展，唯有向孫辭職。誰都知道，財政為庶政之母，此時黃漢樑中途抽板，雖非有意靠害，實在是勢迫出此。可是卻害苦了孫院長怎能為此無米之炊！孫氏只賸下一條可走的路，除非宋子文肯於出膺艱巨，方有起死回生之望，否則內閣命運，將朝不保夕。

蔣覆電擋駕孫氏辭職

孫氏於惶惶之餘，又認為如蔣先生肯出頭說話，拉住宋氏，或可有效，於是，孫便決定親身飛往奉化溪口面謁蔣先生，除先發電呈述外，連飛到寧波的飛機，也早作預備了。只等蔣先生有電話覆來，便可登程，隔了一日，蔣先生的覆電來了，電文大意如次：「本人山遊日多，行踪無定，來此恐或不值，不如待有空時，親來請教……」等語，覆電如此措詞，分明是婉拒了孫氏的往謁，當時確使孫氏為之急煞。

本來蔣先生為了中山先生的關係，平素對哲生是相當尊重的，只是這次哲生於離京赴滬時，曾給蔣先生一電，未免說得太過火；其次便是前此若干中委赴粵另行組府，蔣先生亦懷疑為哲生所發蹤指示，中心不無耿耿，拒見之舉，非無因也。

此時哲生被懸在半天空中，著實夠受的了，但他認為自己這次之出長政院，是由中央議決推選，凡屬黨員對黨的決定都有遵從的義務，現在既然大家都袖手旁觀，丟那╳，不幹得了。哲生原是個老好人，平素又有著任性使氣的性格，如今在氣急敗壞之下，果然不再戀棧，馬上提出辭呈。本來這辭職案在中央黨部尚有討論餘地，但「髀肉復生」的汪精衛，聞得孫氏辭職，已立即飛往溪口晤蔣，且同來南京。中央黨部終於准了孫氏辭職，推選汪精衛繼長政院。汪登台後，汪宋亦告合作，宋子文再出任財政部長。可憐孫科第一次出掌行政院，前後不到兩星期便告坍台，亦云慘矣！

記孫科當年的「太子派」人馬

峯青

孫科學成歸來榮任市長

孫科的「太子派」之形成，始於民十二年（一九二三），當時與「太子派」對立者，是以胡漢民為首之「元老派」，有一個短時期，兩派勾心鬥角，曾在廣州展開不大不小的鬥爭。

由民元至民九，孫科尚在美國留學，未露頭角。民九，粵軍由漳州回師返粵，驅逐踞粵的舊桂系軍閥莫榮新，中山先生任命陳炯明為粵軍總司令，兼廣東省長。陳炯明抵粵就任後，物色廣州市長之人選，以孫科乃中山先生之哲嗣，新由美國回國，認為是適宜之選，遂委任孫科出任廣州市長，是為其雲程發軔之始。

孫科就職後，任用吳尚鷹（別字一飛）、劉維熾為市政廳秘書；馮伯勵為總務科長；以老同盟會之李思轅為財政局長；黃桓為公用局長；林逸民為工務局長；司徒朝為衛生局長；吳鐵城為公安局長。

馮伯勵年齒最高，他本來是中山先生的私人秘書，由中山先生介紹給孫科，命伯勵協助孫科處理廣州市政。

吳一飛於胡漢民任立法院長時，曾任立法委員。胡先生喜吟詩，一飛亦效顰，以其和詩呈閱。胡先生平時的說話，是相當雋永而幽默的，某次閱吳詩後，答一飛曰：「你的詩，味道太深重了。」蓋譏其「鹹」也。一飛於大陸易手後，一直居留美國，一度追隨李宗仁，想搞第三勢力，無所成就，如尚健在，大約已近九十高齡了。

太子派舊人多已作古人

劉維熾，別字季生，始終追隨孫科左右，為孫科相當親信之人，官至實業部長，宦囊最豐，但已病故多年。

尚有後來居上之鍾天心，亦曾官至部長。十餘年前與林逸民均在本港業商，筆者久不知其狀況如何矣。

司徒朝曾在廣州業醫。黃桓、吳鐵城已先後病故。李思轅晚年旅居星洲，在同盟會之資格甚老，平日恃老賣老，與孫科不甚和諧，任財政局事不到一年，即棄之而去；繼任者先後有鄧召蔭、李祿超、陳其瑗諸人。李祿超多年前在本港經營亞洲書局，業務頗盛。陳其瑗投入李濟琛之「民革」，早已靠攏紅朝。

以上列舉諸人，俱可算作當年「太子派」的舊人；其他尚有幾位更知名之士，如葉夏聲、徐紹楨、鄭洪年、梁寒操、簡又文諸氏，亦均是「太子派」幹部中之突出者，下文當分別敘述之。

葉夏聲少年得意當議員

「太子派」之形成，其原動力乃出自葉夏聲，此事不折不扣堪稱秘辛，至今鮮人知之。筆者因屬當年幕中人之一，故記憶猶新。

葉夏聲，字競生，廣東番禺縣捕屬人，前清末年，與胡漢民、汪精衛、朱執信等，同時東渡日本習法政。光緒乙巳年（一九〇五），與胡等同時加入同盟會。葉氏畢業回國時，年僅及冠而已。時貴州狀元夏同龢為廣東法政學堂監督，聘朱執信、李文範、陳融、陳鴻慈及葉夏聲等任教席，他們乃秘密為革命地下工作而努力。

辛亥農曆九月（一九一一），廣東光復，胡漢民出任廣東大都督，任命葉夏聲為教育司長，尋命兼代司法部長。葉氏時年僅廿三歲，不免幼稺一些，任事不及四月，因某案為人控告，謂有貪污嫌疑。胡都督乃下令免其本兼各職。

翌年，北京袁政府召集國會，葉氏被選為眾議院議員，在院內有敢言之稱，為袁世凱所忌，對之將謀不利，幸葉氏見機先逃，得免於難。民六（一九一七）中山先生率海軍南下，號召護法，就任大元帥，以居正為內政部長，葉氏為次長，代理部務。復以滇軍將官張開儒為陸軍部長。葉氏以此機緣，與駐粵之滇軍各將領，頗有連絡。其時李耀漢為廣東省長，筆者在李氏幕府有年，此時乃介紹葉氏與李相見，談話相當投機，李耀漢遂委葉氏兼任廣東法政學校校長。任事多年，迄民十一，陳炯明叛變，始離去。

驅逐陳炯明葉夏聲有功

陳炯明叛變後，中山先生與各同志返抵上海，此時滇軍全部退入桂省之白馬。葉氏因與滇軍各將領有舊誼，自告奮勇，願入桂策動滇軍與桂軍，會師入粵討陳炯明。中山先生許之，並資助其旅費，葉氏乃啣命潛入桂省。此時一向統率滇軍之長官李烈鈞及張開儒，已離開隊伍，將所部交與楊希閔統率。葉氏先訪楊希閔，傳達中山先生命其討逆意旨，再由楊希閔介紹其連絡桂軍之劉震寰、劉玉山、沈鴻英各統兵將領。各人詢謀僉同，民十一（一九二二）之冬，滇桂聯軍遂會師東下，由梧州下西江，逕趨廣州，所向如入無人之境，陳炯明率兵退保東江之老巢，此役葉氏之功不小。

而葉氏於此時，心裡卻有一藍圖；他以張開儒曾任大元帥府陸軍部長，楊希閔所統滇軍，皆其舊部，滇軍與桂軍相較，實以滇軍之兵力為厚。葉氏與張開儒交好，乃建議擁戴張開儒為滇桂聯軍總司令，葉氏自己想做總部參謀長。因為這樣，他便是一人之下，萬人之上了。不知張開儒自從離開滇軍隊伍之後，已失去控制的力量，桂軍統兵各將官，與張開儒更無淵源，故葉氏之主張，為楊希閔、沈鴻英、劉震寰等人所一致反對。葉氏的計劃，終於胎死腹中。

江防會議中胡漢民遇險

滇桂軍合力驅逐陳炯明之捷報到滬，中山先生發出電令：特任胡漢明為廣東省長，廖仲愷為廣東財政廳長。同時又下令：原任廣州市長孫科，著即回任。胡漢民及孫科，彼時均旅居香港，聞命均返穗市，分別接任。

此時駐穗市各軍，相當複雜，楊希閔、劉震寰、劉玉山等，皆同隸國民黨籍。原本駐粵之粵軍第三師魏邦平，未有附從陳炯明，他們是一致擁戴中山先生的。惟沈鴻英是舊桂系軍閥之餘孽，獨具野心，暗中勾結北方之吳佩孚，企圖獨霸廣東。沈氏所部桂軍人數亦不少，僅亞於滇軍，而與滇軍則同床異夢。

某日，胡漢民以廣東省長名義，柬邀各軍首長，蒞臨廣州長堤之江防司令部，召開善後會議（這司令部是由滇軍負守衛之責的）。開會未久，沈鴻英忽然反臉，將胡漢民、魏邦平二人綑綁起來，因魏邦平擁有一個師兵力，沈鴻英想繳其械也。

胡漢民是文人，被綑綁時，以掙扎故，跌傷了腰骨。沈鴻英尚無意加害胡氏，楊希閔又為之緩頰，卒由劉震寰、劉玉山保護漢民返省署，此役在黨史上被稱為「江防會議之變」。

漢民返署後，痛定思痛，仍恐變生不測，乃漏夜委古應芬為江門行營主任，集中粵籍軍隊，在四邑佈防。漢民本人則於午夜避往沙面英租界，翌晨乘省港輪渡赴香港休養。廖仲愷亦棄職而去。

形成太子派排擠元老派

胡省長既離開穗垣，廣州政局頓失重心，葉夏聲與胡漢民，此時因太隔膈，而他卻看中了孫科，遂欲擁孫科出任廣東省長。惟孫科以自己資望尚輕，恐難負此艱巨，不予同意。葉氏乃想到民元時曾任南京衛戍總督之徐紹楨身上；而徐氏亦久靜思動。於是葉氏乃偕其密友林警魂、楊西巖、羅雲舫等秘密赴滬，謁見中山先生，將「江防會議之變」歸咎於胡漢民之不能善於應付，以致鬧出亂子。且謂孫科復任廣州市長後，則與各軍事首領連絡得很好，今胡漢民、廖仲愷既已離職，政局成為真空，建議中山先生應任徐紹楨為廣東省長，楊西巖為廣東財政廳長，葉氏本人則擬任省長公署政務廳長，仍負責與滇桂軍連絡。一俟部署停當，即由駐粵各軍首領，聯名歡迎中山先生回粵，復任非常大總統云云。中山先生立予照准，發出任命，徐紹楨及楊西巖即走馬上任，事在民十二年（一九二三）之春，所謂「國民黨太子派」即形成於此時。徐紹楨是靠葉氏之影響力，得任省長的。這一短期階段，是太子派排擠元老派之事實表現，葉氏實為造成太派之唯一核心。但他結果仍不克出任省署政務廳長，而是由徐紹楨委出檀香山華僑同志陳樹人擔任。筆者則於其時曾一度出任番禺縣長，但為期極暫，類於曇花一現。

葉夏聲未能拉攏沈鴻英

葉氏雖不得任省長公署政務廳長，仍能以眾議院議員身份，居中負東奔西走之責。徐紹楨就任廣東省長之後，果然由駐粵之滇軍楊希閔、桂軍沈鴻英、劉震寰、劉玉山等聯名電呈中山先生，表示擁戴，請即命駕回粵，復任非常大總統。中山先生同意，遂翩然乘郵船南旋，經香港返廣州，各軍首長均到碼頭迎迓。中山先生登岸後，即與楊希閔同乘汽車，逕赴廣州市東郊之農林試驗場（即滇軍總司令部所在地），且在該處駐節。旬日後，始移居河南之士敏土廠，設大本營，稱大元帥。

此時在香港之元老派，自胡漢民以下，均十分焦慮，蓋防中山先生遭沈鴻英暗算也。因派鄒魯、胡毅生返穗，勸中山先生不如改赴江門，移節於古應芬主持的江門行營。中山先生不納，鄒、胡與中山先生爭論此事，幾至翻臉。中山先生所持理由，認為滇軍可靠，倘離穗而赴江門，恐失滇軍軍心。鄒魯與胡毅生不得要領，廢然返港。此一階段，為元老派失意，而太子派抬頭之時期。

徐紹楨與葉氏屢次勸沈鴻英歸附國民黨，孫科亦屢偕徐、葉往訪鴻英，太子派的「聯沈」計劃，可謂盡其最大的努力。無知沈鴻英冥頑不靈，對於徐、葉及孫科，只虛與委蛇，毫無誠意。後北京政府發表特任沈鴻英為廣東督軍，他居然在廣州西郊之石井兵工廠宣佈就職，實行叛變。中山先生命滇軍會同駐江門之粵軍會師討之，沈軍敗績，由北江退入湘南，結果片甲不留，全軍盡墨。

元老派返穗徐紹楨下台

此時太子派之「聯沈」計劃，宣告根本失敗，中山先生以胡（漢民）、汪（精衛）、廖（仲愷）各人，究係黨中主要幹部，堪作股肱之助，遂命人往香港迎他們回穗，同時免徐紹楨之職，而以大本營秘書長楊庶堪繼任省長。庶堪主粵，以不諳當地政情，故任事僅三閱月，即呈辭。而胡漢民此時不願再為馮婦，乃保薦廖仲愷繼任廣東省長，鄒魯為財政廳長，孫科仍任廣州市長，葉氏則被中山先生斥逐離粵。此時元老派以中山先生關係，與孫科言歸於好。

按：徐紹楨，字固卿，廣東番禺人，光緒甲午科舉人，在前清官至江北提督，調第八鎮統制（即師長）。辛亥武昌起義，徐氏舉兵響應，光復南京有功。民元，中山先生任之為南京衛戍總督，癸丑二次革命失敗，亡命出走。此次交卸廣東省長之後，即賦閒。民十七，孫科出任鐵道部長，按月致送徐氏乾脩大洋一千元，以贍養之。不久，疾終於上海。其人才具平庸，只堪作傀儡，故時人錫他以綽號為「徐鼻涕」。旅滬時曾遇前清某遺老，面責其辛亥之倒戈。徐氏答曰：「李陵之罪，上通於天矣！」說者謂其尚善於解嘲云。

另一太子派人馬鄭洪年

鄭洪年，字韶覺，廣東番禺縣捕屬人。韶覺的名字，在民國的政治舞台上，大名鼎鼎，人人皆知其為北京政府交通系的要角，倘將他歸入國民黨的太子派，似乎有多少牽強。惟民十六（一九二七）之冬，寧漢合作之後，蔣總司令未復職之前，南京國民政府由特別委員會主持，孫科曾一度出任財政部部長，任用韶覺為常務次長，任事計四閱月。翌年，蔣總司令復職，宋子文亦復任財長，孫科與韶覺乃卸事。民十八（一九二九），孔祥熙出任實業部長，孫科薦韶覺與孔氏，被任為實業部次長。民廿一（一九三二），林森出任國民政府主席，初以孫科為行政院長，孫科即任用韶覺為行政院秘書長。以孫科與韶覺之關係如此深遠，列之為太子派，實無不可。

光緒中葉，南海康有為在穗市講學，創立萬木草堂，廣徵俊秀子弟入堂肄業，韶覺為康門的入室弟子，後來雖然一行作吏，終身仍不失其學者風度，蓋受康有為之薰陶也。光緒二十四年戊戌（一八九八），時韶覺年廿四，入邑庠，康氏以是年變法維新失敗，亡命海外。韶覺此時適在粵忙於應試，未有參加變法活動，故未招惹是非。旋以光緒辛丑年應鄉試下第，乃納資捐縣丞，在江蘇省候補；既而浮沉於宦海者若干年，不甚得意。光緒末年，袁世凱為直隸總督、兼北洋大臣，權傾中外，粵人三水梁士詒，在袁氏幕府，為袁所重，韶覺與士詒同鄉，在京師相值，一見傾心，從此隸入梁氏之交通系。

民國成立，梁士詒為總統府秘書長。士詒在北洋政府自成一系（世稱交通系），又有梁財神之稱，炙手可熱。而與財神最接近者，有所謂左龍右虎：龍即順德龍建章；虎即番禺之葉譽虎（名恭綽）也。民三（一九一四），龍建章外放為貴州巡按使（即省長），譽虎與詔覺，乃成為梁士詒之左右股肱，士詒倚畀極殷。

葉鄭兩人主大本營財政

袁世凱時代，交通系紅極一時，這一個政治集團中，大部份為官僚政客，一部份為金融鉅子，獨詔覺與新會人陳垣（字援菴）兩人為不折不扣的學者與教育家。

及袁世凱稱帝被氣死，北京政府始終為軍閥所操縱，徐世昌為總統時，企圖聯絡奉系之張作霖，抗衡直系之曹錕與吳佩孚。士詒派葉恭綽赴奉天，與張作霖密切聯絡，有了默契。徐世昌乃特任士詒組閣，奉張表示為之撐腰；詎吳佩孚通電表示反對，最後且表示若不去士詒，將以武力驅除。

既而奉、直兩軍，終於不免一戰，結果直系勝而奉系敗，梁士詒以下之一批交通系人物，一致下野，或出洋，或來香港。

直系往年曾敗皖系，是役又敗奉系，志驕氣揚，曹錕乃驅總統徐世昌下野，而以黎元洪復職為過渡。不久，曹錕賄選總統，於是孫、段、張三角聯盟，共同討伐直系軍閥，梁士詒乃命葉恭綽、鄭洪年二人回粵，謁中山先生，表示願意合作。中山先生見梁財神來歸，欣然接納，特任葉恭綽為大本營財政部長，鄭洪年為次長、兼廣東財政廳長。此時孫科任廣州市長，鄭氏與孫科「太子派」之結下淵源，亦於此時。

伍朝樞長才未展死於四方城

以出仕的資格而論，伍朝樞實在孫科之前；以年齡而論，伍氏亦比孫科要大幾歲；即言學識與才幹，伍氏亦較孫科為優。不過當時國人的傳統習慣重視「太子」，故一九二〇年孫科初由美洲學成歸國，伍氏與孫科因同屬「公子」身份，即交同水乳，一切皆讓孫科居先，人多目之為孫科死黨焉。

父子分任部長與次長

伍朝樞，字梯雲，廣東新會縣人，乃伍廷芳博士之哲嗣。伍老博士僅此一子，別無其他子女（當時有謂梯雲乃伍博士同族子姪，博士撫為養子，是否屬實，因其家人諱言其事，姑備一說可矣）。

伍廷芳博士在前清是外務部侍郎，曾任清廷出使美國欽差大臣，中山先生旅居檀香山策劃革命大計時，已與伍老博士有了密切的連絡。辛亥九月武漢革命軍起義，各省響應，清廷起用袁世凱主持南北議和，伍老博士即出任南方代表團的首席代表。民元，中山先生在南京就任臨時大總統，以伍老博士為司法部總長。迨南北統一，民國成立，袁世凱出任大總統，伍老博士以開國元勳，授勳二位。

至於本文所記敘的伍老博士哲嗣伍朝樞，當時尚留學英倫某大學，專習法律，與東莞王寵惠（亮疇）為先後同學。民國紀元前一年（即宣統辛亥年），梯雲（伍朝樞別號）畢業考試時，取列第一名，積分在英籍同學之上，與王寵惠先後媲美，由是享譽於國際。民元，梯雲返抵本國，值南北統一，袁政府成立，梯雲乃為外交部簡任秘書，時僅二十四歲。民二，癸丑二次革命失敗，梯雲亡命出國。民六護法之役，中山先生在粵稱大元帥，以伍廷芳為外交部長，即以梯雲為次長（父子分任部長與次長，實為創見之事）。

繼孫科出任廣州市長

此時筆者開始認識伍梯雲。民七，大元帥府改組為七總裁制之軍政府，梯雲即隨中山先生離粵赴滬，其時孫哲生（科）尚在美國留學，未曾歸國。

由孫科於一九二〇年從美國學成歸來，也民九至十三年（一九二〇——一九二四），任廣州市長者凡五載，當時為要籌措大本營巨額軍費，變賣廣州市的「公產」、「廟產」、「寺產」以資挹注，變賣得之款項，哲生雖掃數解送大本營核收，未有分文入其私囊，然仍不免謗讟沸騰，港澳兩地之報紙，更對其肆意攻擊。中山先生重視輿論，乃命哲生辭職，而擬以梯雲繼任廣州市長。其時胡漢民已復任廣東省長，其弟胡毅生，亦有出任廣州市長之意，以在黨的資格而論，自然毅生較老，但漢民尊重中山先生意見，不欲左袒乃弟毅生，乃提議投票選舉，而卻暗中支持梯雲，結果梯雲當選為廣州市長。

民十四年（一九二五）中山先生逝世於北京，梯雲因在廣州市長任內，未有北行。是年七月，國民黨中央黨部決議改組大本營為國民政府，梯雲兼任國府委員。

開罪鮑羅廷險遭逮捕

民國十三至十五年（一九二四—一九二六），是國民黨「容共」時期，梯雲的思想，是右傾的、反共的。先是，共產黨人為宣傳「反英」起見，於一九二四年六月二十三日，結隊在廣州市巡行，工會、農會、學生會及各界人士皆有參加，當巡行隊伍行至鄰近沙面英法租界之沙基馬路時，共產黨人開槍向英租界射擊，英租界當局於事前接獲情報，已有戒嚴準備，為自衛計，亦還槍互擊，在混亂中，巡行隊伍死傷者甚眾（此役稱為「沙基慘案」；及後且改沙基路為「六二三路」）。於是，反英風潮愈鬧愈大，省港輪船的海員，由是而罷工，輪船公司當局，雖另雇英人為海員，依然每日有輪船來往於港穗之間，但在廣州有罷工委員會的糾察隊監視，不准輪船搭客在穗市登岸，故事實上港穗交通實陷於斷絕。

梯雲既然是右傾份子，故不以共黨之行動為然，乃於一九二六年初春，以國府委員身份，到港訪問香港總督金文泰，交換解決罷工風潮的意見，提議由香港政府借港幣一億元與廣州國府，為恢復省港交通之條件，而由政府下令解散罷工委員會及其糾察隊。港督表示同意，雙方口頭既有了默契，梯雲乃返抵穗市。其時廣州國府主席為汪精衛；蔣先生則為國民革命軍第一軍軍長；蘇俄人鮑羅廷為國府顧問。梯雲將解決罷工的方案陳報於汪，汪未置可否，漫答以尚容考慮。汪氏旋徵詢俄顧問鮑羅廷之意見，鮑羅廷大表不滿，囑蔣先生派人逮捕梯雲及廣州市公安局長吳鐵城；因此事為梯雲與鐵城同謀的，結果鐵城被扣留於虎門，梯雲幸得走脫，避往香港，旋轉赴上海，暫作寓公。而吳鐵城在粵，不久亦恢復自由。

宦情如水斯人獨憔悴

民十六年（一九二七）暮春，國民革命軍底定東南，國民黨實行清黨，是年四月十八日，在南京成立國民政府，與武漢之左傾組織對抗，此在近代史上稱之為「寧漢分裂」。五月，筆者隨侍先父也武漢搭英商輪船到滬，首先往訪梯雲（時梯雲任外交部長）。

梯雲和先父熱烈握手，且曰：「你知道南京向右傾，乃脫離魔窟而東下的嗎？」

先父答曰：「誠如君言。」

寒暄約三十分鐘，王亮疇（寵惠）及吳鐵城先後來到，梯雲笑曰：「你兩位好食神，峯青兩仔爺由漢口初到此，我須替他們洗塵，請你兩位作陪罷！」
亮疇曰：「去什麼館子吃？」
梯雲曰：「頃詢之峯青老弟，他高興食閩菜，我們去『別有天』吃晚飯何如？」
亮疇曰：「彼此大家都是廣東人，何必食福建菜，我主張還是吃廣東菜，倘去『別有天』，恕我不能奉陪了！」
於是，遂聯袂去廣東酒家，同席者主客共八人。這一頓晚飯，吃得既熱鬧、且親切，當時我雖年輕，同席者多屬叔叔伯伯，沒有我說話的份兒，但如今回憶起來，王亮疇、伍梯雲、吳鐵城諸人，均已先後歸道山，而我這個年輕人亦已變成皤然一叟，思之徒增惆悵！
民十六年（一九二七）秋間，寧漢復由分而合，蔣、胡兩先生均下野，梯雲亦離職返滬，由次長郭泰祺代理部務。
翌年（一九二八）蔣先生復任國民革命軍總司令，曾經一再邀請梯雲復任外交部長，但梯雲宦情如水，堅辭不就，而隨同胡漢民、孫哲生等往歐洲旅行了半年。是年秋間回國，胡漢民建議提前成立「五院」，推蔣先生晉任國府主席，漢民為立法院長、孫科為鐵道部長，但梯雲卻不肯出仕。

做官無興趣寄情賭博

由民十七至民二十年（一九二八—一九三一），梯雲一直寓居上海戈登路，成為一位標準的「寓公」。筆者此時亦已離開學校，開始踏入政海，憑著先父的關係，在南京財政部充任簡任秘書，由週一至週六，天天對著「等因奉此」的刻板工作，頗感煩悶。故每於週末必跑到上海鬆一口氣，至則必訪梯雲。他和筆者雖非同輩，但卻很談得來，或聯袂上館子，或去觀京劇，而且每次都是他作東道。

粵人譏專門叨光朋友而自己絕不請客者，稱之為「棺材老鼠」，蓋謂其專門「食人」也。我叨光了梯雲的飲食太多，不願做棺材老鼠，某次於週日至滬時，特地邀請梯雲及吳鐵城等食一頓豐富的晚餐，為示隆重，還由筆者具名下請帖。是夕，梯雲一早便到，並追問是否我的生日，所以要下帖請飲？梯雲無其他嗜好，唯一的嗜好是「賭」（玩牌九及衛生麻將）。他既光臨，於是先開牌九賭局，由他做莊家，已應邀而來的友人相將入局。我本來是最憎賭博的，但這次身為主人，不能不逢場作興，參加一份以湊趣。不到半個鐘頭，因我手風特順，已斬獲大洋百餘元，稍後，吳鐵城來到，我便立即起身，將座位讓與鐵城，任由他們賭下去。

及至開席，大家談笑風生，座中友人咸舉杯向我致謝，我卻高聲應曰：「各位！今晚請客是我出名，伍梯雲先生出錢，剛才我贏了百餘元，足敷今夕的開銷而有餘，請大家多謝伍先生！」此語一出，闔座為之粲然，咸舉杯向他致謝。梯雲曰：「有賭未為輸，散席後我可能收回失地的。」散席後，他們又改叉蔴雀。我因不慣夜生活，遂告罪先行，遂不悉此次梯雲輸贏如何。

此時南京國民政府蔣、胡、孫三氏（尤其是孫科），迭次派員到滬，勸梯雲出而任事，合力建設新中國，並提出司法行政部、外交部、內政部三個機構的部長，任由他選擇，梯雲概予婉辭。

有一次，我於醉後問他：「蔣、胡、孫三公，對你一致推重，且你尚在壯年，何必如此消極呢？」

梯雲答曰：「擇交是一件重大的事，我認為難與合作之人，可能變生不測；南京現在人才濟濟，我並無出仕之必要，亦不感做官的興趣，再看機會吧！」

寧粵分裂偕孫科南下

民廿年（一九三一）立法院長胡漢民被幽居於湯山，國府文官長（兼任監察委員）古應芬，先期已返粵，與中央監委鄧澤如、蕭佛成、林森聯名發出彈劾南京中樞之通電。中樞未有若何反應，古應芬乃策動廣東軍事長官陳濟棠，與廣西軍事長官李宗仁，互相呼應，宣佈兩廣獨立，召開所謂非常會議，迎汪精衛回粵，在廣州另組國民政府，是為寧粵之分裂。

此時孫科正任南京國府之鐵道部長，彼平日極推重梯雲，且屬死黨。汪精衛與古應芬二氏乃聯名函託梯雲，囑其敦使孫科棄職離京。孫科果然偕同梯雲秘密離滬來粵，兩人皆參加廣州國府為常務委員。粵府開政務會議，推孫科兼廣東省政府主席；孫科不肯就，推舉梯雲，梯雲亦辭。眾乃推舉陳融（胡漢民之妻兄，其時為廣州國府秘書長），而陳融又推薦林雲陔以自代。於是，廣東省主席的寶座，遂落在雲陔身上，眾咸認為是爆出大冷門。

懷抱未伸死於四方城

是年九一八事變發作，蔣先生託張繼、陳銘樞等南下調停，汪精衛此際亦發出「精誠團結，共赴國難」之口號，於是寧粵雙方開和平會議於上海，汪精衛、孫科、伍梯雲均為粵方代表之一。和會之結果，廣州撤銷國府，蔣先生一度下野，胡漢民出京返粵，在廣州成立西南政務委員會，南京方面則推林森出任國府主席。民廿一年（一九三二），孫科一度被選任為行政院長，梯雲被選任為司法院長。孫科於元旦就職，惟梯雲仍然表示消極，足跡不履南京。是年一月二十八日，日寇又在滬發動侵略，十九路軍起而抵抗，梯雲此時除向孫科一再進言，表明心跡外，終於由滬搭乘郵船南歸香港，終不復出，由「上海寓公」一變而為「香港寓公」。

梯雲本來有血壓高的毛病，在港閒居，更縱情於又麻將之消遣，夜以繼日，或日以繼夜，皆不以為苦。有一次，玩了三十二圈，天已亮了，他仍要繼續玩下去，因過度興奮，終於在牌局中，以腦血管爆裂，當堂暴卒於「四方城」下！時在民廿一年（一九三二）之春末，得年僅四十六歲。

梯雲雖是英國留學生，然其頭腦頗守舊，所生子女，兒子皆令其受高等教育，而女兒則不許其入大學。或問其故？梯雲曰：「女兒高中畢業，最為適當，倘入大學，便難以嫁得出去。」

梯雲卒前一月與友人閒話時尚曾提及筆者，許為生平知友之一。他在港疾終時，我在南京，關山艱阻，致未能在靈前一祭，及今道及，猶憾憾也！

鄭洪年

民十七年（一九二八）孫科為鐵道部長時，鄭洪年氏常在左右，為高等顧問。民二十年，因胡漢民退休於湯山一案，黨內頓起糾紛，孫科亦棄職回粵，鄭洪年見政治舞台的風險太大，從此宦情漸淡。先是，光緒末年，兩江總督端方，創辦暨南學堂於江蘇，以鄭氏為堂長，鄭氏亦深有辦學之興趣。入民國後，暨南學堂改稱暨南大學。民二十年因哲生離開鐵道部，鄭氏即回任暨南大學校長。直至民國廿六年（一九三七），日寇陷京滬，鄭氏乃南下，居留香港。

民三十年（一九四一）香港亦淪陷，鄭氏被俘，為日寇脅持至滬，使其出任華中鐵路公司總裁，待遇尚好。其時筆者適在滬，與鄭氏常有把晤。鄭氏於勝利後被逮入獄，僅判徒刑二年。省釋後，旅居本港半山區，此時鄭氏已年逾古稀，兒輩亦皆卓然有所樹立，本可在香港頤養餘年。民三十八年（一九四九）大陸易手，居港之葉恭綽偶然心動，返北京靠攏，初意以為可以再為部長，葉氏平日既視鄭氏為左右手，此時乃堅邀之同返大陸。鄭氏至滬，觀望形勢，見恭綽未被中共大用，僅列閒曹，鄭氏遂留居上海，未有出任任何職務。民四十七之春，以微疾卒於滬寓，享壽八十有四。

鄭氏之元配金氏，為筆者髮妻之姑母，有姻婭之誼，而且筆者還算是晚輩。金滋軒老人則為鄭氏之妻弟，滋老是前清的江蘇道台，曾奉旨賞給頭品頂戴，入民國後，原意欲以「遺老」自居，惟鄭氏為交通部次長時，未經滋老同意，委之為交通部香港電報局長，強其就職，滋老遂勉為其難，任職數年之久。民三十八年（一九四九），鄭氏出獄，由滬回港，我曾往慰問，談及金滋老，我曰：「滋老與先君子為同志，皆是大清遺老。」鄭氏笑曰：「尊大人可以配稱遺老，滋軒則不配。」我問曰：「何以見得？」鄭氏曰：「他做過中華民國的香港電報局長呢！」其風趣有如此者。

鄭氏遺有子女數人，多數游學歐美成才，能自立。長公子寶照，曾任本港孟氏教育基金會執行主任、珠海書院教授。次子寶南，曾充台灣國府出席聯合國副代表，俱有聲譽。鄭氏本可在香港坐享封翁之福，並無返大陸之必要，嗣後雖欲申請返港，卻不獲中共批准了。

梁寒操

梁寒操，廣東肇慶府高要縣人，生前有「高要才子」之稱。在當前與孫哲生氏接近之各要人中，我認識梁氏最早。民初，筆者居肇慶時，每逢禮拜日必去禮拜堂，聽道守禮拜。而在浸信會堂內，卻開始認識了梁氏，當時梁氏僅十六歲，還是個年輕小伙子。

三年後，梁氏時年十九歲，由肇慶赴廣州，在基督教育青年會為練習幹事，彼自幼聰明，讀書過目成誦，辦事尤敏捷，有兼人之才，為青年會同人所重視。是年中山先生率海軍南下，號召護法，稱大元帥，時汪精衛先生亦隨同來粵，基督教青年會總幹事梁筱初、總務主任謝恩祿兩君，因素慕行刺攝政王之汪精衛氏，乃多方託人約請汪氏到青年會演講，獲得汪氏答允，依期前往演講教育問題，聽眾逾千人，梁筱初囑梁寒操擔任速記之責，演講歷一小時又二十分鐘，散會後梁筱初、謝恩祿招待汪精衛在休息室用茶點，坐談了三刻鐘，汪氏起身告辭，忽見梁寒操趨入，以其所紀錄之演說辭，交汪民一閱，且問有無漏誤？汪氏閱畢，見其文筆暢達，紀錄無遺，而且事前絕未連絡，因是驚為奇才，贊嘆不絕於口，汪氏遂與寒操熱烈握手，再約後會而別。

此後，汪精衛對於梁氏，極為重視，有意羅致為助手，奈因某種阻力，終未能與汪氏多所接近。一直等到孫哲生由美洲學成回國，出任廣州市長，汪精衛乃將梁氏薦與哲生，任為秘書。民十六、七年之間，哲生曾一度在南京為財政部長，梁氏為主任秘書。當時筆者亦在財部任職，與梁氏共事凡四閱月。民十八，哲生任鐵道部長，梁氏為首席參事、兼代次長。民廿一年（一九三二），哲生為立法院長，即以梁氏為立法院秘書長，倚之如左右手。

國民黨第五次全國代表大會，梁氏當選為中央執行委員；抗戰期間，國府播遷至重慶，梁氏曾任中央黨部宣傳部長，深為蔣主席所器重。

大陸易手之後，梁氏一度蟄居香港，寓九龍天文台道某號四樓，常與本港詩壇名人為文酒之會，我亦屢次過訪，旋赴台北歸隊，出任中國廣播公司董事長數年，因病卒於台北。

簡又文

簡又文，廣東南海縣人，先世業商致富。又文既長，肄業於基督教會在廣州所辦之嶺南大學，嶺大當時在粵，是有名之學府，而又文天資特別聰穎，考試必列前茅，為嶺大學生中之表表者。民國六、七年間，廣州基督教青年會特約嶺大的高材生數人，於晚間在該會大禮堂，開演講會，即由各高材生主講。又文亦為參與演講者之一。某次，又文之講辭以反辯「父母無恩說」為主題，蓋其時共黨領袖陳獨秀首倡父母無恩之怪論，又文根據吾國傳統之高度文化，逐一反駁之，語重心長，聽眾皆大鼓掌。當時又文大約是十七、八歲而已。

前第二集團軍總司令馮玉祥，素有「基督將軍」之綽號，又文是基督徒，以此關係，故曾參與馮氏的幕府。馮玉祥另一綽號是「倒戈將軍」，行為又多作偽，實屬違背耶穌基督的遺教，故又文不久便離開馮玉祥，而為立法院長孫哲生所羅致，任立法委員多年，極為哲生所倚重。凡有重要事件，多與咨商，無形中，遂被目為「太子系」人馬。惟因政局動盪不安，使又文漸漸厭倦政治生涯。大陸易手後，擺脫一切政治活動，隱居於九龍施他佛道，築一樓居之，有花木之勝，號曰「寅園」，閉戶著書。

又文是一位最忠實之基督徒，他鑒於洪秀全以上帝為天父，耶穌為天兄，要以基督教義治天下，因此對於太平天國的史實，深感研究之興趣，就其心得，著有《太平天國典制通考》三巨冊，凡數百萬言，詳徵博引，現代治太平天國史者，無出其右。

又文為簡氏之別號，據筆者所知，簡氏取「又文」兩字之名，且有一段艷事，蓋其德配玉仙夫人，腋下有特殊之香氣，又文每嗅之，其夫人於其來嗅時，輒曰：「又聞嗎？」粵語以嗅為聞，聞與文同音，又文本來另有其大名，因此乃取別號曰「又文」，後來且以字行。

又文之德配玉仙夫人先於又文而仙逝，彼哭之甚哀，且為詩以輓之，詩云：

二十餘年割臂盟，悠悠死別苦吞聲。
喪妻乃覺孤居賤，弔影仍深一往情。
兒女成才卿棄我，閨闈無主我思卿。
難禁老淚青山酒，痛絕人間是此塋。

讀其詩，可見又文之深於情矣！

吳鐵城

吳鐵城，廣東中山縣人，與中山先生為小同鄉，以在國民黨的資格而論，鐵城較孫哲生更老，年齡亦比哲生長三歲。早於辛亥起義之初，鐵城即在長江各口岸活動，未有回粵任事。但民初時，鐵城尚無藉藉名；民六護法之役，中山先生開府廣州，鐵城此時即常在帥府進出，喜修飾，丰度翩翩，有標準美男之稱。民九年，哲生初任廣州市長，以鐵城為廣州市公安局長。公安局原有許多槍械，他後來再收編各路遊勇散兵，組成一個師。民十二年中山先生委任鐵城兼充警衛軍第十七師師長。時彼年三十六歲，正值壯年，亦即古人所謂「戒之在色」之候，故他於公務之暇，輒流連於廣州東堤之艷窟，戀一雛妓名「翩影」，尋且為之脫籍，金屋藏嬌，人皆艷羨之。

民十三年（一九二四）之冬，中山先生北上京師，留胡漢民在粵代行大元帥職權。翌年春間，胡代帥任命蔣先生為黨軍司令、兼廣州衛戍司令，而以鐵城為副司令，對他倚畀甚殷。

此時，伍朝樞繼孫哲生之後，出任廣州市長，鐵城仍任公安局長如故。是年國民黨開始容共，共產黨企圖反英，發動沙基慘案，組織罷工委員會及糾察隊，斷絕港穗的交通，良久無法轉圜，伍朝樞與鐵城同是思想右傾的，乃於民十五春初，兩人會商之後，自伍氏出面，與港督磋商解決方案，蘇俄顧問鮑羅廷聞而大怒，請國民革命軍第一軍長蔣先生逮捕伍氏及鐵城，伍氏走避獲免，鐵城被扣留於虎門。時鐵城為之脫籍的雛妓「翩影」，原與吳氏相當恩愛，但彼究竟是楊花水性的妓女，及聞鐵城被拘留，竟不安於室，不久且逃之夭夭，不知去向了。

民十五年（一九二六）三月二十日，歷史上有名之「中山艦案」發生，國府主席汪精衛氏出國休養，主席任務由譚延闓氏代理，蔣先生邀國民黨先進張靜江氏來粵，擔任國民黨中常會主席，主持黨務（張氏原為中央監委）。鐵城之友人陳宗虞，力懇張氏為鐵城緩頰。此時蔣先生被推為國民革命軍總司令，準備北伐，張靜江商之於蔣先生，乃釋放鐵城。

鐵城恢復自由之後，面謁蔣先生道謝。蔣先生諭之曰：「你此後不得任意妄為，必須服從上級命令，要知服從乃是黨人的天職。」

鐵城答曰：「此是當然，我矢誓自頂至踵，服從總司令，甚至總司令命令我死，我即刻遵命去死便是。」

蔣先生聞言，為之莞爾而笑。

自鐵城被扣留，錢大鈞已繼任廣州市公安局長，鐵城雖獲釋，自然不能復任，而愛人翩影，亦已鴻飛冥冥，不知何往，正所謂「天邊明月照住別人圓」了。鐵城此時之苦惱，可想而知。

鐵城以後在國府屢任高宮，人所皆知，而海外僑胞對鐵城其人其事，亦多耳熟能詳，北伐以前之鐵城逸聞，知者尚不太多，故錄而出之。北伐以後之鐵城事蹟，筆者不欲多所費詞矣。

記奇異詩僧八指頭陀

小丞

湘潭實多怪傑，即如怪人王湘綺門下，就出了幾個奇怪而不平凡的詩人：一個是去年剛逝世的齊白石；一個是湘綺的兒媳——楊莊；一個是鐵匠張登壽；另外還有一個黃讀山，他不僅會作詩，而且還有若干驚世駭俗的奇異行狀——即八指頭陀是也。

本文所記述的，便是這個和尚。他原姓黃，名讀山，字福餘，法名敬安，號寄禪。他這個八指頭陀的來由，便是同治七年的冬天，他到南嶽祝聖寺從賢楷禪師，首參恆志和尚於歧山，專司苦行諸職，為了表示虔誠，他竟把自己的指頭在佛前燒去兩隻，所以自稱為「八指頭陀」，從此人們亦以「八指頭陀」呼之。

易實甫先生（按即留港詩人易君左之尊人）嘗戲稱他為「三影和尚」；又因他和實甫各有「鬥影絕句百首」，後來人又呼之為「百影和尚」。從他許多的稱號裡，可以看出他確是一個不平凡的僧人。他一生的事蹟，像一篇傳奇小說。他的行止，純出乎本性，不拘形式，所以他的一生和學詩經過，都有著很多奇異而富有風趣的故事。

他的原籍為江西修水（義寧州），先世為山谷老人裔孫，宋時由江遷茶陵，明末由茶陵遷湘潭之石潭。世業農，父名宣杏，母胡氏，嘗禱白衣大士，夢蘭而生他（咸豐元年）。數歲時，即好聞仙佛事，又常終日喃喃，有如吟誦。十歲喪母，諸姊皆已嫁，依老父為活，其父偶或他往，便預把他及弟弟寄食鄰家，人皆憐之。

年十一，始就塾讀，授《論語》未終篇，父親又去世。幼弟則往依族叔，他便去為農家牧牛，帶書自讀。某日，與群兒避雨村中，聞讀唐詩至「少孤為客早」之句，不覺泫然下淚。塾師周雲帆先生聞之，問其故，他便陳述父母早逝，不能讀書，所以悲從中來。塾師憫其遇，當時便說：「你若替我執炊灑掃，有暇我便教你讀書如何？」他立即下拜，塾師亦甚喜悅，從此，遂從雲帆先生讀，雲帆每對人說：「此子耐苦，將來必有樹立，可惜我年已老，不克及身見他成功耳！」

不久，塾師果病歿，他遵師遺訓，不欲中途棄學，因聞某富家欲覓一童伴少爺讀書，既欣然往就，滿以為可沾光自修，豈知入富家後，名為伴讀，實則使供驅役，若自攻讀，輒遭叱責。於是辭去。又往學藝，不料所遭受者更甚於前，有幾次被鞭笞至絕而復甦。他在童年便飽嘗人間諸般痛苦，使他覺得人生實太無趣。有一天，他看見籬間白桃花忽為風雨摧殘，使他更覺悟到人生的空虛，不覺放聲大哭起來。從此遂慨然動了出塵之想，投往湘陰法華寺出家，禮東林長老為師，其時他才十八歲。

他出家後，有幾次極其險惡的遭遇，但都能化險為夷，這是令人至今聞之，亦為之驚異不置的：有一次，他冒雪登天台山華頂峯，一片銀色世界，清靜絕塵，雲海盪胸，蔚為奇觀，他於是高興極了，他的聲音本來極其洪亮，有如洪鐘，在得意忘形之際，乃振衣長嘯，這一聲霹靂，不意竟驚起山中睡虎，咆哮攖前，他見猛虎向自己奔來，亦毫不畏怯，以慈心視之，虎威竟解，揚長而去。

又一次於深山中遇一巨蟒，長凡數丈，御風而行，其聲嗚嗚，頭大如斗，舌電尺餘，他亦毫無所畏，閉目念佛咒，蛇緩緩逸去，終無險害。

又有一次，他養病臬亭山中，夜聞剝啄聲極為急遽，打開門一看，但見月明如晝，四顧無人，如是情形有好幾次。至第三晚，他又聞叩門聲，急開門，見一黑團亂跳於前，他於是驅牽群犬窮追，抵達山腰後，已追之不及，他乃厲聲叫道：「我是個窮和尚，不擾你，你何必惱我，我豈是為你所能嚇倒的？」經此一追，這個怪物竟爾絕跡，他的病也隨之霍然了。

這些極其驚險的記述，在原子時代看來，也許有人認為是無稽之談，不足憑信。其實這些遭遇，在深山古寺之中，可能是會碰上的，這並不是神話。

一般成名的人，往往是歷經艱屯，遭受到若干折磨的。八指頭陀更是沒有例外。他曾很忠實的把幼年時孤苦零仃、歷盡劫難的歷史說出來，且看他詩集裡的第一首詩，〈祝髮示弟〉云：

人間火宅不可住，我生不辰淚如雨。
母死我年方十歲，我弟當時猶哺乳。
撫棺尋母哭成聲，我父以言相慰撫。
道母已逝猶有父，有父自能為汝怙。

那堪一旦父亦逝，惟弟與我共荒宇。
悠悠悲恨久難伸，搔首問天天不語。
竊思有弟繼宗支，我學浮屠弟其許。
豈謂無家乃出家，嘆息人生如寄旅。
此情告弟弟勿悲，我行我法弟繩武。

他原是富有感情而有血性的人，他體會到人生的慘惻，他歷閱人世的炎涼，所以向求解脫的路上去，然而他之身世是夠淒涼的。

他原本不會做詩的，字也認得不多，所以後來往往遇到筆劃較多的字，便寫不出來。有一次，他作了一首詩寄給李炳甫（茂才），有「花下一壺酒」句；他寫至壺字，一時記不清它的筆劃，遂畫了一個酒壺來代壺字。

他的書法原來也很拙，有一次書法家徐酡仙強他寫字相送，他推辭不了，便胡亂寫了一張送，筆劃錯落，左右易位，如倒薤然。後來酡仙每有讌會，便拿出來懸在中堂，諸客見了，無不絕倒。

他原先不但不會作詩，而且認為出家人作詩是違反本份的事，嘗見寺裡的首座精一，在閒暇時，作詩以自娛，他很不以為然的說：「出家人不究本份的事，乃有閒功夫學應世文字嗎？」精一笑道：「你年少精進，他日成佛，正未可量，至文字般若三昧，恐今生未能証得也！」

後來他為了省視舅氏，到巴陵，登岳陽樓，友人們分韻賦詩，他獨自澄神趺坐，下視一碧萬頃的洞庭湖，忽然吟出一句「洞庭波送一僧來」。回來後對郭菊蓀先生說起，菊蓀認為是有神助，並說他對詩有宿根，遂力勸他學詩。

他也有些心動，菊蓀便以《唐詩三百首》教他，果然一目成誦。後來精一見了他的詩，大為驚異。再後他獲得從王湘綺受業的機會，不意竟成為一個舉世皆知的詩僧。

他和王湘綺與易實甫的結識經過，也是很有趣的：據說有一天，他正在浙江省某一處的山腳下，閒步，忽見有兩個人聯騎入山，其中一個披著大紅錦套褂的老者，操著湘潭口音，對同行一個中年人說：「看呀！前面就是育王嶺了，我們慢慢的氽罷！」（「氽」字，土墾切，猶言走的意思。）他們興會所至，兩人一路行，一路便聯句做起打油詩來，那老者吟道：「一步一步氽」。中年人續道：「氽入育王嶺」。

他在旁邊聽了，一時觸景生情，詩思陡起，急忙接聲吟道：「夕陽在寒山，馬蹄踏人影。」因為這兩句詩，詩景雋妙，不意竟驚動了這兩位路人，原來路人非別，即是王湘綺與易實甫是也。他們一經攀談，不獨在他鄉遇到了鄉人，而且高山流水，彼此遇到了知音。這兩句妙在有境界，「人生」的「真」與「幻」，實在是無從去把捉，這個「影」字，最足以傳神，此時此地，確有徒喚奈何之概！

後來湘綺便把這段巧緣，到處宣揚，說浙江某地有一位不多識字而會做詩的和尚。起初大家也不怎樣相信，就是楊度也疑心是易實甫代作的。實甫也這段奇緣告知長沙王益吾（先謙）先生，益吾說：「這又是你們師徒在玩把戲了。」一直到八指頭陀回長沙以後，益吾當面試驗他，並為他首次刊佈詩集，大家才相信真有其事。

他又慣用「影」字入詩，嘗有〈題寒山釣雪圖〉詩云：

垂釣板橋東，雪壓簑衣冷。
江寒水不流，魚嚼梅花影。

又〈與實甫諸子遊嶽麓分韻得領影字〉。詩云：

意行隨所適，佳處輒心領。
林深闃無人，清溪鑒孤影。

僅僅是一字之妙，使人低徊不絕。實甫因他前有「馬蹄踏人影」之句，乃戲稱他為「三影和尚」，後來他同實甫偕遊山寺，實甫有句云：「山鬼聽談詩，窺窗微有影。」實甫吟罷，意甚自得，問他道：「此影較你的三影如何？」他笑謂實甫道：「你寫鬼影殊未工，我意不如易為：『孤燈生綠影。』更為不著形跡，而形跡如見。」實甫為之心折。笑道：「摩詰詩中有畫，寄禪詩中可謂有鬼了！」他又有「嶽麓看紅葉」詩云：「日薄蒼翠外，霜楓紅轉涕。夕陽為畫工，畫出秋山影。」

實甫見了此詩，極為贊賞，戲謂願以己詩百首以為交換。他不肯。實甫乃發憤專為影字韻詩，二人乃各有「鬥影絕句百首」，持與湘綺老人較量短長，湘綺說：「寄禪為天上之影，實甫為人間之影，影各不同，何必強分長短。」

實甫意殊不滿，而此時八指頭陀的詩已傳遍湘中了，人皆呼為「百影和尚」。他的「影」字詩，就妙在不粘實不踏空，入乎其內，而出乎其外呢！

八指頭陀雖是一個出家人，但他有他獨特的個性、獨特的作風，與一做拘守戒律的僧侶不同。而且，他生得體格魁偉，談話時上天下地，聲若洪鐘，毫無忌諱。嘗遍遊江浙的名山大川，嘯詠於巖谷幽邃中，而自得其樂，饑渴時則飲泉和柏葉以為食。又喜以《楞嚴》、《圓覺》、雜莊騷以謌，或醉倒於市廛酒肆，類似瘋癲。他最喜歡吃長沙館子的羊肉麵，往往連進四五碗而不知飽。

他有一次，渡曹娥江謁孝女廟，竟向神像叩頭流血，同行的僧徒頗為不解，問：「奈何以大比丘而禮女鬼？」他答道：「你們沒有聽過波羅提木叉孝順父母嗎？諸佛聖人皆從孝始，我看此女與佛等，我怎麼不可以對她敬禮呢！」

他與蘇曼殊亦係文字交，當時湘中文壇對他們兩人的相識經過，曾傳為佳話。那時八指頭陀住在長沙上林寺，那是長沙最著名的一個大寺院，寺內不但和尚多，放生池內養的大烏龜更多。當時蘇曼殊浪跡江湖，也來到了長沙，他在托鉢拜山之餘，還在長沙教書。

曼殊教書，所講的不是佛經，而是國文。這位久享盛名的詩僧，講幾首唐宋詩詞，自然是當行出色的，何況他翻譯過拜倫、席勒的名詩，引用幾句原文，中西交雜，互相印證，更能博得學生們的歡喜。所以，蘇曼殊這個詩僧一到長沙，對於八指頭陀這個詩僧的令譽無形中就不免有所掩蓋。

也就因為這點緣故，起初兩人都互相看不起，兩人偶然相遇，經人介紹，也不過一個合十，一個頷首，眼光裡都帶上一份文人相輕的味兒，落落少言。有一次在一個宴會中，因為座上主人談到食的事情，兩個人話匣一開，才漸漸投機起來。

我們曉得蘇曼殊是一個好吃的人，敲下金牙齒換糖吃，吃冰淇淋，一口氣吃下十幾杯，幾乎凍死。後來他的一條性命，畢竟是死於貪食，這是為世人所熟知的事了。八指頭陀也是貪饞的和尚，上文業已說過，他喜歡食羊肉麵，一吃四五碗，往往漲得彎不下腰。他兩個人，一談到食經，自然話就多了，於是由羊肉麵、八寶飯，而談到《莊子》、《離騷》以至《楞嚴》、《法華》，放開心胸，各逞己是，彼此間原存有的一點芥蒂，就也無形中消釋了。談到更深夜靜，飢腸轆轆的時候，八指頭陀還邀了曼殊去吃羊肉麵。

以後，他們的交往也較密了，嚴冬的日子，八指頭陀還與蘇曼殊同去岳麓山踏雪，兩個人徜徉在皚皚白雪的山徑上，一面摘著冰雪密蓋的松實，隨口嚼著，一面放開嗓音，背誦著《莊》《騷》《楞嚴》，尤其八指頭陀腹大如鼓，發出來的聲音洪大，在那深山窮谷中朗誦起來，真是四山翕然。這時，兩位詩僧，已不是佛家的寧靜，而是顯露出文人天真的本性了。

後來，蘇曼殊離開長沙，八指頭陀還作了一首詩送行，用他古怪的筆法，寫了一張條幅，還是那樣叉手叉腳的。

諸如此類的事情，有的是發乎本性，有的則未免矯情。據他自己解說，則以為世間的一切，本無善惡是非，所謂「四大」者，都是偶然的假合，由於人們的認識始有分別，故不妨任性而為，不必拘於形式。他的這種論調，完全是文學的而不是宗教的了。他的一副俠骨務腸，多帶有些任性和惻隱為懷的作風，因為他畢竟還是與人世間來往的。我們再讀讀他當年所作的〈江北水災〉詩，一字一淚，似乎是為昔日大陸寫照：

客從徐州來，未言淚先垂。江淮今歲災，迥異往昔時。
一自海禁弛，米貴於珠璣。窮簷那得飯，持豆以作糜。
還期秋稼熟，猶可遂其私。豈知六七月，大水淹沒之。
廬舍既漂蕩，農具罕見遺。死者隨波濤，生者何所棲。
相携走泥濘，路滑行路遲。飢來欲乞食，回顧無人炊。
兒乳母懷中，母病招兒啼。幾日釋又絕，中腸如鳴雷。
霜落青草枯，風凋木葉稀。掘草草無根，剝樹樹無皮。
飢噛衣中棉，棉盡寒無衣。凍臥死路隅，無人收其屍。
傷心那忍見，人瘦狗獨肥。哀哉江北民，何故罹此災。
我欲化大魚，特此身肉施。莊嚴淨佛剎，遍界成琉璃。
牟尼雨金粟，甘露茁丹荑。樓台聳珍寶，行樹影參差。
衣食自然至，不假人力為。大千皆樂土，舉世無瘡痍。

斯願未果滿，誓不成菩提！

根據上面的敘述，因此有人批評他，認為讀陶淵明的詩覺得閒靜恬適是一面，可是陶淵明是一位極熱烈極有豪氣的人，他所崇拜的是田疇、荊軻一流人物。朱熹說：「……陶詩健而意閑。隱者多是任性負氣之人。」這又是一回事。八指頭陀的性格和詩情，也正是如此。

他卒於民國二年，先是為了爭取湖南寶慶某寺的田產，經年未得結果，後又傳江浙諸省，有將各地廟產改為學校之議，遂親往北京內務部交涉，內務部禮俗司長龐某，故意和他為難，雙方發生衝突，他憤然辭出，當晚胸膈作病，第二天的早晨就示寂了！死時年六十二歲。

我也一談蔡松坡

草湖釣叟

吾人看電影與小說，只知蔡氏蟄居北京時代，曾與名妓小鳳仙鬧出一段艷史，至於蔡氏如何起兵討袁？如何東渡就醫的較詳細經過，相信知者不會太多，茲特就手邊所存資料，據實寫成短文，投刊《春秋》，或可供關心近代史實之讀者諸君作參考也。

討袁的主力不過三千眾

袁世凱決定帝制自為之後，蔡鍔（松坡）在雲南終於響起了「護國討袁」的第一砲。在民四年（一九一五）的十二月廿五日，蔡松坡、唐繼堯、任可澄和載戡分別通電宣告雲南獨立後，一再強調這是元首謀逆，所以正式不承認袁世凱的大總統地位。十二月廿六日，老袁命令政事堂正面勸止唐繼堯不要走極端，認為政見不同，儘可討論，全國既然贊成君憲，雲南也在內，為何出爾反爾？直到十二月廿九日，老袁知道雲南獨立已成定局，乃下令褫奪唐等官爵。

袁對蔡松坡恨入骨髓，政事堂通令各部，凡與蔡松坡有關的人一律予以撤職，在各省中和蔡有關的人，也都撤職。

當時蔡松坡的護國第一軍，是討袁的主力，然而他究竟有多少人馬呢？說起來真令人感動，他所率領的僅只三千人。至於作戰計劃則是：

他自己率領第一梯團由雲南昭通直趨四川的敘府，這是進攻四川的主力；

第二梯團集中後則向貴州的畢節出發，到畢節後再看當時作戰環境和形勢，以決定戰鬥任務；或是北向進攻四川的瀘州，或是東下貴陽而將矛頭指向湘西；

第三團則作為入川的後續部隊，預計一個半月以後才能集中到四川。

請想想，那時第一梯團不足二千人，第二梯團一千多人，第三梯團只有過百人，這樣一支軍隊和袁世凱的北洋軍相抗，真無異以卵擊石。然而蔡氏卻從容出師，義無反顧，這就是勇者襟懷，革命軍人的本色。

揮軍入川面對強大敵人

討袁戰爭開始後，蔡松坡正面的敵人是四川將軍陳宧。陳宧當時的兵力強大，有北洋軍的三個混成旅，旅長是伍祥禎、馮玉祥、李炳之；還有四川軍周駿、劉存厚兩個師，以及源源增援的北洋軍。

蔡和陳宧在民國前後都是一時俊彥，他們在清末都是以武學生得到總督的賞識和提拔，負責訓練新軍，而他們的門生則多數分佈在四川、雲南兩省；蔡是湖南人，陳是湖北人，兩湖的京官在北京又是大同鄉，同鄉會館都是一個，所以蔡、陳兩人在北京時過從最為密切。當陳宧奉派到四川時，蔡介紹了三個湖南人做他的屬員，陳宧接任四川將軍時就發表了這三人的重要職務：派王萬為軍務科長，馬既生為軍需科長，雷飇為川軍的第二師旅長。

自蔡氏在雲南舉義後，老袁曾接二連三的命令各省文武機關要撤換和蔡有關係的人員，可是陳宧卻置之不理。

陳宧認為他的三個北洋旅中，只有伍祥禎一旅可靠，所以雲南起義後，他便從川北把伍旅調到敘府佈防，守瀘州的是川軍第二師熊祥生旅，第二師師長劉存厚和他的旅長雷飇則駐守瀘州前方的納溪縣，馮玉群的一個旅駐防內江，為敘、瀘之間的策應隊。

劉存厚起義截擊馮玉祥

蔡松坡率領滇軍不足三千人向四川挺進後，由趙又新、顧品珍兩梯團出永寧取四川瀘州，這是中路主軍；以第一梯團長劉雲峯率鄧泰中、楊蓁兩支隊出昭通取敘府為左翼；不久貴州宣佈獨立，乃以戴戡為右翼總司令，率黔軍熊其勳一團及一支隊出松坎攻綦江直迫重慶為右翼。這就是護國軍入川的軍事佈署。

民五年（一九一六）二月二日，川軍劉存厚師長在納溪宣佈獨立，參加護國軍。護國軍即發表劉存厚為四川護國軍總司令。正當劉起義後，恰遇馮玉祥旅自白沙場兵敗，逃竄至江安馬腿子地方，劉存厚起義部隊正好有了立功機會，遂攔路截擊。馮軍後有追兵，前有起義的劉軍，進退不得，乃高懸白旗，紛紛投降，一部份涉水逃生，劉軍大獲全勝。

二月五日，護國軍會合劉存厚部進攻瀘州，劉軍由大道進攻藍田壩正面，護國軍繞道雙合場、牛背石、南壽山等處攻擊藍田壩的側面，戰至六日晨，袁軍大敗，渡江逃命。這一場大戰，袁軍死傷數百人，護國軍陣亡僅七八名，受傷十餘名，擄獲步槍卅餘支，子彈十餘箱。藍田岩、月亮岩均獲攻克。以後數日雙方苦戰，屢進屢退，袁軍大舉增援，而護國軍和劉存厚部的配合又不夠嚴密，二月十二日，護國軍乃退據納溪。

瀘納戰線百里苦鬥半年

瀘州、納溪之間的戰鬥，可說是護國之役的主力戰，護國軍高級將領蔡松坡、羅佩金、趙又新、顧品珍等皆親上火線督師，躬冒矢石，與士卒共甘苦，中級以上軍官金漢鼎、朱德（即以後中共軍的大頭頭）、楊森等亦參與血戰。

護國軍以寡敵眾，鏖戰經月，在火線上不眠不休，出生入死，傷亡將近千人，袁軍的死傷則在數倍以上。蔡松坡告人說：「此三星期之劇戰，實吾國自有槍炮後之第一場大戰也！」

蔡松坡文武全才，其詩文均可流傳，在瀘、納大戰時，有〈軍中雜詩〉二首，可概見其胸襟：

蜀道崎嶇也可行，人心奸險最難平；
揮刀殺賊男兒事，指日觀兵白帝城。

絕壁荒山二月寒，風尖如刀月如丸；
軍中夜半披衣起，熱血填胸睡不安。

瀘、納之戰，戰線延長百里，歷時半年，血戰凡四十餘日，其間的辛苦困難，實非言語文字所可形容。護國軍因為武器糧秣都很缺乏，所以打的是出奇制勝的戰爭，晚上把爆竹放在洋鐵罐中遍處燃放，使袁軍風聲鶴唳，草木皆兵。

蔡部糧餉兩缺窘迫萬狀

正當討袁的護國軍各線都有進展的時候，老袁則羅掘一切兵力增援四川和湖南前線，開入四川的袁軍主力集中在瀘州一線，計有第三師的吳佩孚一旅、第七師張敬堯全部；此外還有川軍第一師周駿之一部，第二師的熊祥生一旅。

至於護團軍方面仍是蔡松坡自雲南所帶出的三千多人。川軍劉存厚雖然投向護國軍；但打了一兩場硬仗之後，即作戰不力。蔡松坡曾說：「劉存厚所部號稱四千，但臨陣卻不見一人！」

蔡松坡面對增援強大的袁軍，他主張集中兵力突破一點，由綦江直衝重慶以斷北洋軍的後路，而在瀘州、納溪一線則接取守勢。但這個作戰計劃，卻被其他將領所反對，認為孤軍深入太危險。

在蔡氏來說，兵貴神速，曠日費時必然發生極大的困難，因為護國軍出滇時，只領了兩個月薪餉，入川後，雲南方面即無接濟，蔡氏希望唐繼堯坐鎮雲南，能每月補充兵力五百至一千人，其他糧秣亦能源源接濟；可是雲南方面也有它的困難，主要兵力都給蔡氏帶了入川，雲南地方防守亦要一部份兵力，而唐所兼領的護國第三軍亦未組成，因此接濟蔡部自然力不從心。這時蔡部在川苦戰，真是食無宿糧，衣不蔽體，每日伙食皆東挪西湊，我們可以從下面兩則蔡向友人的求援電中，即可了解當時的艱苦情形。

第一電曰：「洪江，周統領蔗生代譯，專弁送新化劉命侯、曾叔式，並轉新邑鑛界諸紳鑒：華密。國家不幸，致肇兵戎，滇黔首義，弟總師干，分出川湘，師行所至，幸不辱命；惟滇黔皆瘠鄉，兵額驟增，餉糈不給，故敝部出征以來，僅發口糧零用，而滇師自出省迄今，省政府僅發餉兩月，支撐至今，竭蹶可想。歷就黔川滇各紳商湊借挪移之款，已不下百萬，今已羅掘俱窮，不能不遠作將伯之呼，萬望兩公，為弟邀集新邑鑛界諸賢，認借軍餉二三十萬，以濟眉急，半年之後，可全數償還，息銀若干，照政府公債最優之數核給。募餉出力人員，當擇尤由中央給奬。務望於接電後，三星期後，陸續募集，隨時電告此間，當電飭黔軍赴湘護運。公等急公好義，當不後於他省及海外僑人也。如何？盼速復。滇黔護國軍總司令蔡鍔，由四川行營叩文。」

第二電曰：「萬急，寶慶，飛送新化華昌公司，劉命侯、曾叔式先生……敝軍窘迫萬狀，故遠作將伯之呼，在諸公不過騰挪一時，珠仍還於合浦；在敝軍藉資飽騰，不啻解燃眉之急！臨電無任翹企，盼速復。鍔，巧。」

蔡氏廉介自矢，取與至嚴，不到萬不得已，不肯以國家事累私人，觀上述二電，便可知其處境之艱苦已到何等嚴重地步。

眾叛親離氣死短命皇帝

雲南護國起義後，老袁的命運即走到了悲慘的末日，他已失去了當年得心應手，翻手為雲、覆手為雨的幸運。帝制自為，眾叛親離。

自從護國軍發動義戰後，老袁雖有強大的兵力；但面對兵微將寡、無餉無械的護國軍竟無能為力！此時老袁的北洋軍竟不支持袁，老袁被迫於民五年（一九一六）三月廿一日撤消帝制，廿三日廢除洪憲年號。可是河堤決口，洪水是不會停止的，反袁的洪流繼續前湧；三月十五日廣西宣佈參加護國討袁，四月六日廣東宣佈獨立，十二日浙江宣佈獨立，十六日江蘇江陰宣佈獨立。江南方面的馮國璋、倪嗣沖等在南京舉行會議，雖不是倒袁，卻也不替袁撐腰。廿二日四川將軍陳宧亦宣佈獨立，廿六日陝西鎮守使陳樹藩宣佈獨立，廿九日湖南將軍湯薌銘宣佈獨立。

陳宧請老袁退位，對袁是最大的打擊，他是老袁後期的寵臣，袁在洪憲時代，對北洋軍如段祺瑞、馮國璋之流都日益疏遠，對陳則特別垂青；他派陳宧赴四川開府時，特命袁克定和陳宧結拜，頗有託孤之意，所以到了陳請袁退位，袁是最傷心的。

老袁一生好權詐，不以誠待人，亦不輕信於人，自雲南倡義後，今日一個獨立電，明日一個勸退電，多年老友和親信幹部都來信把他罵得淋漓盡致，這種處境對於老袁真是慘烈無比的打擊。

袁本有糖尿病，五年五月下旬突然病倒，有人說是看了陳宧要求和他斷絕個人關係的電報，一氣竟暈了過去，半晌醒來，臉頰黑裡泛紅，兩行眼淚，喘息的對左右說：「人心大變，事不可為了！」

是年六月六日清晨，這位民國總統兼皇帝的大獨裁者竟在四面楚歌、末路時窮途中與世長辭！

蔡氏患嚴重喉疾兼肺腫

川軍周駿於六月廿六日趕走陳宧進入成都後，蔡松坡遂進兵成都，川軍劉存厚自告奮勇為前驅，周駿部下團長劉湘也抓住機會，率領一團之眾，脫離周駿，單獨加入護國軍，接著蔡部下大將羅佩金部由自流井進攻資中，劉存厚進駐新津，六月卅日周駿棄成都，劉存厚部入駐。

蔡松坡於六月廿八日由永寧啟程，廿九日抵大洲驛，七月一日抵瀘洲，這時蔡氏的喉疾非常嚴重，已至不能講話的地步，在瀘州請了一位德國醫生亞密思替他診視，服藥無效，又加上肺病加劇，肺葉腫痛，滴水難入，體溫高達卅九度，夜不能寐。蔡氏是個有責任心的人，雖然病魔困擾他，可是他覺得軍隊的欠薪，四川的善後，都是最關重要而又極傷腦筋的大事，非他本人處理不可，因此，他仍力疾從公，抱病任事，要求北京政府支付護國軍的欠餉欠薪二百萬元。

七月四日，北京的段祺瑞特派法國醫生趕來瀘州檢治蔡氏的喉疾，經這位法國醫生檢視結果，認為喉病延誤過久，聲帶已狹，病況嚴重，非迅速赴上海或日本就專科醫治不可。

只知為國家絕不為權利

蔡氏的可貴處在於：雖以身為天下先，卻功成不居，自始迄終堅定這個主張；袁世凱死後，蔡氏功業蓋世，名滿天下，然而他絕不汲汲於名位權利，從下面兩則電報，可看到蔡的抱負和人格：

七月十七日蔡電唐繼堯云：「滇黔此次起義，悉索敝賦以赴國難，雖達拯溺救焚之志，已陷額爛頭焦之勢；在我軍應亟謀善後以圖元氣之恢復，在政府及一般人士，浴共和之恩波，飲水思源，對於首義之軍，應有以安之勞之使之得所。以愚意計之，滇黠善著後尚不甚難，需款亦不甚鉅，政府對我萬不致有所歧視，各此區區而陰相掣肘也。所最宜注意者，我軍主張應始終抱定為國家不為權利之初心，貫徹一致，不為外界所搖惑，不為左右私暱所劫持，實公私兩濟。……」

七月廿日覆唐繼堯電云：「洽電獎飾溢量，感愧奚似。竊意鍔前者之出，秉諸良知，今茲之退亦然。儕輩中果有三數人身先引退，飄然遠，實足對於今日號稱偉人志士英雄豪傑一流，直接下一鍼砭，為後來留一榜樣，未始非善。而鍔處地位，純係帶兵官，戰事既了，即可奉身而退，斯亦各國所同然。務望蓂兄為大局計，為友誼計，切電在川滇軍各將領，以後一切善後問題當完全負責辦理，俾鍔得以剋日東渡。」

象徵式接受川督的任命

蔡松坡對於「治蜀」並不是沒有抱負，只因為他想以功成身退，不爭權利為天下倡，所以薄川督而不為。

七月廿一日，蔡率幕僚數人，輕車簡從，首途赴成都，在途中接到湖南耆宿父老敦請他督湘的電報，他分別回電辭謝。

八月一日，蔡松坡入成都，抱病暫就任四川督軍，成都人民額手稱慶，這時的成都，因為兵連禍結，人心浮動，物價飛漲，幣制不穩，松坡接事後，物價立刻回跌，鈔票價值上漲。川中有五老七賢不遠數百里趕來成都，願任顧問。

八月三日蔡電保周道剛為川軍第一師師長，熊克武以師長兼重慶鎮守使，劉存厚以師長兼川邊鎮守使，尹昌衡為政務廳長。

蔡松坡的本意，只是象徵式接受川督任命，加以他的喉病和肺病都日益嚴重，乃於八月五日致電北京段祺瑞總理，電云：「川省為繁劇區域，非孱弱病軀所能勝任。況鍔於起義之初，曾聲言於朋輩，一俟大局略定，即當悄然引退，以從事實業；今如食言，神明內疚，殊難自安。伏請代呈大總統俯鑒微忱，立予任命，抑或以羅佩金暫行護理川督。」

告別四川父老乘輪東下

八月七日，黎元洪准蔡氏辭職。八月九日，由蔣百里陪同，啟程離四川。動身之前特為文告別四川父老。原文如下：

鍔履蜀土凡七閱月矣！曩者馳驅戎馬，不獲與邦人諸友以禮相見，而又多所驚擾，於我心有感感焉。顧邦人諸友曾不我責，而又深情篤摯，通悃款於交綏之後，動謳歌於受命之餘。人孰無情，厚我如斯，鍔知感矣！是以病未能興，猶舁輿入蓉（按：成都又稱芙蓉城），冀得當以報蜀，不自知其不可也。乃在視事浹旬，百政棼如，環顧衙齋，森肅賓從，案牘藥鑪茶鼎雜然並陳，目眩神搖，甚矣其憊，繼此以往，不引疾則臥治耳。雖然蜀患深矣，扶衰救弊，方將夙興夜寐，胼手胝足之不暇，而顧隱情惜己，苟偷食息，使百事墮壞於冥冥，則所謂報蜀之志不其謬歟？去固負蜀，留且誤蜀！與其誤也寧負。倘以邦人諸友之靈，若藥瞑眩，吾疾遂瘳，則他日又將以報蜀者補今日負蜀之過，亦安其不可？鍔行矣！幸謝邦人，勉佐後賢，共濟艱難。鍔也一葦東航，日日俯視江水共證此心，雖謂鍔猶未去蜀可也。

蔡松坡由成都啟程，先至重慶，稍作逗留，然後換乘輪船下駛。他到宜昌時，會見了從四川退出的陳宧，這時陳已辭去一切職務，並把他所率領相當於一個師的軍隊解散。

蔡氏由宜昌乘「大元」商輪於八月廿六日抵達漢口，湖北督軍王占元派「楚信」、「楚義」等巡防艦駛往武昌上游迎迓，各機關各團體歡迎人群則分乘小輪在江干把「大元」輪圍在垓心。王占元希望蔡氏能在武漢多停留幾日，蔡則堅決辭謝；於是，王便在「楚材」艦上大張筵宴，盛大款待蔡氏和他的隨行人員。蔡并未登岸，當天晚上就換乘「江裕」輪繼續下駛。

由上海赴日已病入膏肓

八月廿八日，蔡氏抵達上海，下榻於哈同花園，僅到梁啟超所居的「禮盧」一行，師生二人把臂歡談，相對欷歔。

段祺瑞電請梁啟超轉勸蔡松坡到北京西山療養，不必遠渡日本；蔡氏沒有忘以前老袁召他去北京，便成為政治俘虜的往事，因此他推托說：「北京繁囂，不適宜於養病。」

九月七日，另一位湖南革命偉人黃興也抱病由廣東來上海，並專誠前往探視蔡氏，兩位偉人病中晤對，別是一番滋味。

九月八日，蔡由上海啟程赴日本，抵神戶時，日本記者群趨訪問，蔡氏以手指喉，不能作答，由蔣百里代為接談，蔣說：「蔡將軍之病，由於袁世凱而起，納溪之戰，將軍語言艱澀，到瀘州時全然不能發音，七月廿日由敘府赴成都，勾留九天，病情更加轉劇，北京政府曾勸將軍移居北京西山靜養，將軍以不能杜門謝客為慮，所以決計來貴國就醫。」

蔡松坡的喉疾和肺病，因拖延過久，抵達日本後已是病入膏肓，群醫束手，藥石無效。

十一月八日，蔡自知不起，由左右扶起看窗外飛機，黯然對好友蔣百里說：「我是不行了，我不能死於對外作戰的疆場上，真是死不瞑目。我死後拜托兄一事。」蔣問是何事？蔡已無氣無力，喘息的說：「千萬薄葬，讓我九泉無撼！」

討袁護國的蔡氏，竟在盛年病逝東瀛！

從黎明暉來港弔章喪說起——並記當年的黎錦暉與明月歌舞團

秋公瑾

章士釗乘坐中共專機來到香港之初，一時「和談」之聲四起，其實國共雙方，戰既不易，談從何來？殊不料行老在港僅三十五天，即與世訣別，以其高齡九十有二，總算福壽全歸，但到底沒有活滿一個世紀。章氏的身後事，由中共派要員來港料理，名單中有「人代」副秘書長連貫及章之子女外，尚有四十年前之「小妹妹」黎明暉。黎是以行老的「契女」身份南來弔祭，並排列於家屬陣中向弔客答禮。因黎之來，海外報章多載有黎當年在港的「情殺案」舊事，但當年的「小妹妹」如今已年逾耳順，就快變為「老婆婆」，歲月如流，往事怎堪回首！然無論如何，黎此來仍搶去了不少死人鏡頭。

始創流行歌曲風靡國內外

黎明暉，湖南湘潭人，在上海有年，乃父黎錦暉，為二十年代之兒童讀物作家兼作曲家，初期作品為〈月明之夜〉、〈小小畫家〉、〈葡萄仙子〉與〈可憐的秋香〉等十餘種，備受歡迎，若干中小學列為唱遊教材，如有懇親遊藝之會，輒以上列材料編排歌舞劇，作為會中之壓軸好戲，間由其女黎明暉擔綱演出，載歌載舞，頗獲好評，黎氏父女之名，在教育娛樂兩界遂不脛而走。

之後，黎錦暉的作曲路線逐漸轉變，由適宜於兒童而偏向於成人，如〈毛毛雨〉、〈妹妹我愛你〉、〈桃花江〉等，旋律尚稱優美，歌詞稍嫌肉麻，仍由黎明暉主唱且灌成唱片，此實為時代曲之嚆矢，當時稱為流行歌曲，以有別於民歌或藝術歌曲。時為二十及三十年代交替之際，歐西歌曲雖有東漸，然不若今日之普遍與瘋狂也，因此流行歌曲大行其道決非偶然。

黎錦暉頗具才華，而對唐詩宋詞亦背得滾瓜爛熟，將之移用於歌詞之間，常頗得體。黎氏在全盛時期，一晚能作詞譜曲達十八首之多，該說是始創流行曲的怪傑。唱片由百代公司灌錄，歌譜則由中華書局印行。猶憶當時之歌譜，十六開本，封面彩色新派圖畫，用以象徵曲詞之名稱或內容，內分二頁，刊有五線譜簡譜及歌詞，每本只刊一曲，售價小洋二角，在當時而言，可謂貴矣。

差不多就在那個時期，黎錦暉創組了明月歌舞團，除黎明暉為當家花旦外，另外招考訓練了一二十人，巡演大江南北，面目一新；繼而出征南方省港以至南洋四屬，四屬者即今之星馬、越南、印尼和泰國等地，當時尚為英法荷殖民地，故稱四屬。與明月歌舞團之同時，另有梅花歌舞團，亦稱譽於一時。梅花團有「五虎將」而明月團擁有「四大天王」，容後再敘。

黎明暉是歌影雙棲老前輩

就在一九三一或三二年間，黎明暉在省港巡演之餘，在香港鬧出了三角戀愛情殺案，富家子馮德謙、鄭國有同時迷戀明暉，結果是鄭國有買兇槍殺了馮德謙，鄭被判死刑，非但成為當年省港的頭條新聞，在國內各地，也大加渲染，記載其事。後鄭之家族會同名流上訴英倫，獲英廷改判終身監禁，於一九四一年日軍侵港時獲釋，鄭於十餘年前病逝香港，當時報章曾把此「舊事」重提一番。想不到四十年前的新聞人物，四十年後重臨斯地，仍為新聞人物，當為「小妹妹」始料所不及。

黎明暉返滬後，接受天一公司邀請，主演了一部名《追求》的影片，內容並無影射其事，然片名頗具吸引力，當時有人為文「如果小妹妹再追求……」，反過來講，「如果有人再追求小妹妹……」則其後果又如何呢？

越年，她又接受藝華公司之請，主演《女人》、《生之哀歌》兩片，直至一九三六年間，在明星公司與人合演了《清明時節》，此片由姚克編劇，歐陽予倩導演，以後就與影事絕緣，更遑論其歌舞生涯了。

其實，黎明暉從事電影工作甚早，一九二四年默片時代，在大中華公司拍過《人心》、《小廠主》，那時候當然以「小妹妹」姿態出現，在一九二五至二七年間，先後演過《透明的上海》、《殖邊外史》、《探親家》、《可憐的秋香》、《美人計》、《意中人》及《柳暗花明》等片，真正是歌影雙棲，如今說來，黎明暉不愧是此中的老前輩。

在黎明暉「情變」事件前後，直至棄歌從影那個階段，她頗喜交遊，常與銀行界「理」字輩人物出入，生活頗奢，服裝豪華，在社交界頗負時譽，與其後母徐來之活躍於社交界，路線雖異，一時有瑜亮之稱；徐來年齡較黎明暉為輕，名義上雖屬母女，實際上形同妹姊。

未數年，黎明暉下嫁籃球健將陸鍾恩，陸身材高大，儀表不凡，黎婚後即洗盡鉛華，摒棄社交生涯，相夫治家，過著恬靜生活，由絢爛歸趨平淡，真是一百八十度的轉變。二十年前曾寄居海隅，陸病故，黎返大陸，看來過著平淡生活於當朝以至於今。

徐來會晤梅蘭芳大鬧笑話

「黎錦暉夫人受前朝誥命」——這是當時上海一張小型報出的謎面，射成語一句，謎底是「清風（封）徐來」，足見徐來在當年的風頭為如何！她美而且艷，有「標準美人」之稱，原為明月歌舞團團員之一，黎錦暉以近水樓台之故，結為夫婦（年齡距離仿如父女），徐來曾受明星公司之聘，主演了《泰山鴻毛》、《華山艷史》等凡五片，因演技平平，看來形同木美人而已。她僱有一名女秘書，名張素貞，一時亦被稱「標準秘書」，其實結伴週旋於社交場合，有秘而無書。

黎錦暉習慣於夜間寫作，每屆華燈初上，始起身，斯時也，其夫人方盛裝艷抹，應滬上名流之邀請，外出遊宴，如王曉籟之輩、皆經常結伴之常客也，繼而婆娑起舞，直至子夜方興盡而歸，正是黎振筆疾書之際，黎不以為忤，習以為常。黎有時感於靈感窒息，間或借重阿芙蓉（似未上癮），藉增文思，及至體力不支，方圖就寢，而精神亢奮如故，乃服安眠藥助其入睡，此種生活大約過了三數年之久。

徐來所受教育不多，在社交場合，應對間窮於措辭，曾留下笑柄，傳為談助。某次徐來與梅蘭芳在宴會上相遇，有人為之介紹曰：「這位就是標準美人徐來女士。」梅蘭芳對之彬彬有禮，握手時頻謂：「久仰！久仰！」不料徐誤聽「久仰」兩字為「酒釀」，竟當場更正曰：「我們家裡不賣酒釀的，是賣秤的。」原來徐父在上海小南門開有一間秤肆，致發生了如此趣談。

不知是老夫少妻的難於相處，抑或是有人横刀奪愛，後徐來又轉嫁唐生明。唐亦湘籍，為唐生智之弟，似屬於少壯派軍人類，在汪政權時期曾任高職，二十年前也曾在香港居留過，聞生活頗拮据，下文無從得悉。

黎錦暉取藝名有神來之筆

黎錦暉自徐來離去後，旋與一關姓小姐結褵，並為之取名關山月，亦屬少艾，或謂此乃桑榆之收。黎對屬下團員改取藝名，常能畫龍點睛，頗有神來之筆，就其人之個性，借「姓」發揮，不若今日之歌舞影星之藝名，早置本姓於不顧；則徐來之名出諸黎之構思殆無疑義，其他如姓陳者取名「陳情」，姓張者取「張帆」，姓楊者取「楊枝露」，姓胡者敢「胡笳」，姓林者取「林琳瑯」。

諸如此類，不勝枚舉。

彼嘗有妙論，謂女屆十六年華，已屬破瓜之期，大有「有花堪折直須折」，毫無保留餘地，否則暴殄天物，豈不可惜！依其妙論而證諸彼之一再慕少艾，良有以也。因之在其後期作品，獨多「情哥情妹，輕憐蜜愛」之句，與彼創作兒童歌劇時代，不可同日而語，為當時「進步」人士，譏為靡靡之音。然譏者由其譏之，作者繼續作之，以其易於琅琅上口，歷久不衰，如「桃花江是美人窩」句，不知風靡了多少周郎，好事者迷其歌詞往訪桃花江，看看是否真有美人窩？桃花江在湖南益陽附近，緣溪行，夾岸略有桃樹，當地因處洞庭湖邊緣，魚米之鄉，物產豐富，女性因受自然環境之孕育，長得豐腴則有之，美則未必，所謂美人窩者，係黎之豐富想像力，一若陶淵明〈桃花源記〉中所云：「此中人語云，不足為外人道也。」

其後期作品〈漂泊者〉，根據舊詞意再加新意，詞中竟有南唐李後主之「簾外雨潺潺，春意闌珊，羅衾不耐五更寒，夢裡不知身是客，一響貪歡」以及「故國不堪回首，殘生無地居留……」之句，若作為今日散處海外的孤臣孽子之寫照，誰曰不宜。

明月歌舞團當年擁有的四大金剛，是王人美、黎莉莉、薛玲仙和胡笳，蜚聲大江南北，拜倒石榴裙下者不知凡幾；尤其前二人從事電影工作後，聲譽蒸蒸日上，她們比黎明暉已經晚了半輩，等於明月團末期時出了一個周璇，比她們又晚了半輩。

黎明健嫁郭沫若妻憑夫貴

最近某報載有「黎明暉、張靜、藍蘋、胡笳，皆為當時各歌劇少女之選，其後，張靜嫁郭沫若，……」實誤。黎明暉屬於前輩，已如上述，藍蘋在三十年代初自山東來到上海，曾在聯華公司的「王老五」等三數部片中露過頭角，後來直奔延安而去，成為今日之江青，與歌舞生涯搭不上一點關係。

嫁給郭沫若的並非張靜（按：張靜確有其人，其貌平平，不為觀眾所注意，後與團中音樂師賦同居之愛），乃黎明健，在歌舞團中時名于斯詠，因嗓音沙啞，致不能歌，祇有向舞方面求發展，每當團員們好夢正酣時，她已經起身動練舞蹈的基本動作了，但成就不太大，每屆登台演出，除參與團體舞表演外，偶而在《可憐的秋香》歌劇中扮演「可憐的小羊」。後拜黎錦暉為誼父，易名黎明健，屬明字輩。以其體格健美，為攝影界人士之獵影對象，後被前輩唯美派導演但杜宇賞識，邀之主演了《健美運動》、《富春江上》二片。彼對新文藝小說極感興趣，而對名作家尤為崇拜，故於民國廿七年春夏之交，在武漢與郭沫若過從甚密、以至以身相許，不是無因；並恢復其於姓，名於立群。妻以夫貴，對同道中人難免有頤指氣使之處。當大陸易手前後，郭氏夫婦寄居九龍樂家公寓，一般圖靠攏之藝術界人士，頻與接近，於則儼然為領導者，不時說出：「你們現在吃點苦算什麼？人家二萬五千里長征又如何如何？……」之語。

王人美離婚後改嫁葉淺予

至於王人美，亦湘人，其兄王人路亦為兒童讀物作家，在中華書局任事甚久。其在明月歌舞團為第二代人物，能歌善舞，灌錄之唱片頗多，從影後以一部《野玫瑰》便享譽影壇；隨後陸續主演了《都會的早晨》、《漁光曲》等。其所演角色，處處流露著野性難馴的野姑娘本色，一時有「野貓」之稱，後與影帝金燄結為夫婦，抗戰期間在重慶參加戰時電影工作，時金燄另有所戀，乃遭婚變；戰後在上海及香港間或參加拍片，後北上，不知擔任些什麼工作，聞與漫畫家葉淺予同居。王為人個性開朗，不尚虛華，服裝隨便，人緣亦佳，算來如今年已六十開外，願這一對在情海中飽經風浪的藝人能偕白首。

黎莉莉草裙舞開風氣之先

黎莉莉，早年在北平時代即投入了明月歌舞團，黎錦暉以其活潑可喜，收為誼女，一度易為黎明麗，亦屬明字輩，不知何故後來改了黎莉莉。原名錢真真，啟發了黎錦暉的作曲靈感，一曲〈特別快車〉中有「一個叫做真真，一個叫做愛愛，乖乖特別快……」便是由此而來。

黎莉莉善舞，歌稍遜，在舞台上擅演〈天鵝舞曲〉為人稱道，其參加電影之首部作品為《火山情血》，係根據名著《勇孝子火山復仇記》改編，孫瑜導演，片中就黎之特長，跳了一場草裙熱舞，開風氣之先；繼著演了《天明》、《體育皇后》等凡十餘部。此時追求之者大不乏人，她獨鍾情於聖約翰大學生朱果，朱為籃球好手，氣宇不俗，傳為朱啟鈐之後裔，抗戰前一年負笈太平洋彼岸，黎莉莉則參加抗戰陣營，不久，再嫁與中國製片廠副廠長羅靜予，育子女多人。在日軍未侵入香港前，她曾來港拍了一部《孤島天堂》，返渝後又演過《塞上風雲》、《血濺櫻花》等數片。復員後隨夫婿返南京，由於黎之最早家庭背景，在中共看來應列黎為「烈屬」，於是，很自然地夫隨婦唱共事紅朝了。

薛玲仙與胡笳，由於從影機會不多，知者較鮮。薛與團中音樂師婚後即退出舞台；胡笳也拍過一二部片子，在明月團解體後便沒沒無聞。

聶耳當年投身明月歌舞團

明月歌舞團在一九三二年間，曾與天一公司合作，拍過一部歌舞片《芭蕉葉上詩》，劇本出自黎錦暉之手，片名頗具詩意，片質差強人意。時值該團瀕臨解散邊緣，幸聯華公司新興不久，招兵買馬，乃羅致該團、改為聯華歌舞班，惟無表現機會，卻把團中台柱王人美、黎莉莉捧成了電影明星；此時黎錦暉已不理團務，由其弟黎錦光主其事。黎家本為大家庭，有兄弟八人，長為黎錦熙，因倡導國音字母而蜚聲文教界；最幼者為黎錦揚，即《花鼓歌》一劇之原作者，一度揚名於美國劇影界。老七黎錦光，亦喜音律，且受乃兄之薰陶，後來也成為作曲家，其作品至今仍在流行，惟大都忘卻其名焉。

在聯華歌舞班時期，有雲南青年聶紫藝，投荒春申，夤緣入團，碌碌無聞；惟此人有潛質，即後來擅寫「進步歌曲」之聶耳。聯華同人晚會席上，羅明佑以其姓名多耳，稱之為「四耳博士」。不久，聯華公司除與一二台柱簽訂拍片合約外，餘則解散，聶耳改任聯華劇務工作；時左翼活動甚盛，聶與金燄等來往頗密，思想亦趨一致，於是，大事抨擊「黎派歌舞」為靡靡之音，荼毒社會。對黎錦暉早期為中國新音樂之拓荒運動，一筆抹煞，黎氏則不加聞問，晏如也。

解體後之歌舞班中人，另組明月歌劇社以維殘局，仍由黎錦光領導，情況並不太好。此時來了一個小姑娘，年甫十四，楚楚可憐，名周小紅，即後來紅透影壇的周璇是也。

自詡「吹起新音樂運動」

末期的明月歌劇社，因大牌紛紛忙於拍片，小牌缺乏號召力，「跑碼頭」往往吃力不討好，端賴灌錄唱片收入也難維持，有解散跡象；不過在最後一次公演時，在上海確實轟動一時，若干大牌都回娘家共襄盛舉，因為她們多了電影明星頭銜，人人都想一睹廬山真面之故。

此時之黎明暉，蜚聲社交界，有意拉攏銀行界投資，重振明月聲威，推出黎錦暉來領導；無奈人心渙散，大勢已去，明月歌舞團終成歷史名詞。部份團員另組新月歌舞團，公演時成績平平，不過這時候卻使周璇的頭角漸現，雖未經唱歌基本訓練，以其天賦歌喉，善唱小曲，當時播音事業方興未艾，助長了周璇的歌唱機會，間或參加拍片工作，歌影兩棲，頓成大牌，後與團員嚴華結褵，在上海孤島時期，她紅極一時，卻不幸發生婚變。抗戰勝利後南來香港，受聘於「大中華」、「永華」，在《清宮秘史》中飾演珍妃一角，頗獲好評。後因遇人不淑，致人財兩失，返滬轉變環境，育一女，間有拍片，終以神經失常，養疴虹橋療養院以終。時黎錦暉正工作於電影單位之翻譯片組，對周之遭遇頗多感觸，繼而與同事大談其昔年創設明月歌舞團等等往事，自詡為：「一陣狂風，吹起了新音樂運動。」功過一概不論，就憑這陣風，似不無「自豪」之感。

由於黎明暉此次南來吊祭「乾父章士釗」，海隅報章雜誌都把「舊事」加以重提，本文之作，自亦為「回首話當年」之類。晚近數年來，台灣大量推出歌舞外銷品，歌詞內容，不外郎情妾意，恨心負心，哭哭啼啼，似通未通，而旋律大都抄襲日本韓國；反觀四十餘年前的「黎派歌舞」，或多或少洋溢著民族泥土氣息，而且早已推開了外銷的門。

梁士詒、盛宣懷與中國鐵路

雲從龍

我國之有鐵路，當始於前清同治十三年（一八七四），由上海英商怡和洋行請准地方當局所築僅長約九英里的淞滬鐵路。該路於光緒元年（一八七五）興工，翌年元月告竣，不料通車未久，撞斃行人，鄉人認為不祥，遂大起交涉，結果由政府備價款二十八萬五千兩將該鐵路贖回，全部拆毀。

迨至光緒七年（一八八一）十一月，由招商局總辦粵人唐廷樞（景星）所主持之開平鑛務局所築的唐山至胥各莊長約十八華里的運煤鐵路完成，是為我國自築鐵路之始。這一段鐵路開工於是年陽曆六月九日，到今已近一百年。

李鴻章提拔盛宣懷

唐胥鐵路完成後，越七年，方由直隸總督李鴻章奏准展築至蘆台，嗣復通至天津，稱唐津鐵路。其時，台灣巡撫劉銘傳亦正於光緒十三年（一八八七）開始興築基隆至台北鐵路。至光緒十五年八月，清廷議築蘆溝橋至漢口鐵路，旋又命緩辦，移款先築大沽至山海關一線，於光緒十八年十二月竣工，稱為關內鐵路。方擬展築至瀋陽，而中日甲午戰爭爆發，遂暫中輟。

及至光緒二十二年（一八九六）七月，以蘆漢鐵路商辦難成，乃由湖廣總督張之洞會同北洋大臣王文韶，奏請設立鐵路總公司，保薦津海關道盛宣懷為督辦，先從蘆漢鐵路辦起，滬寧、粵漢再次第擴充，即由該公司招商集股，暫借洋債墊用，以期速成鉅工。這是清廷準備大規模興築鐵路的開始；但距離一八二五年英人司梯芬生（George Stephenson）發明機車行駛鐵路，載運客貨，已相隔六十餘年了。

盛宣懷，字杏蓀，江蘇武進人，年二十三，始入泮為諸生，其後數應鄉試不第。同治九年（一八七〇），應直隸總督李鴻章之招入幕，因李與盛氏之父為至交，故為李所倚重，歷佐鴻章創辦招商局、電報局、開平煤鑛等事業，洊升至山東登萊青道，移直隸津海關道。中日甲午之役，宣懷奉命與按察使周馥辦理東征轉運，以採買軍米侵蝕浮冒，為言官所劾奏，經鴻章查覆，稱其僅司轉運，並未經手採辦，無從浮冒，始得無事；而論者仍糾彈不已，於是始命張之洞、王文韶會同查辦。朝旨嚴厲，盛氏禍幾不測。

經手借外債築鐵路

王文韶本袒盛，張之洞則素惡盛，宣懷因乞張氏保全。適張此時因辦漢陽鐵政局（即漢冶萍公司前身）糜費六百餘萬兩，而無成效，受戶部切責，乃謂宣懷曰：「汝若按辦鐵政局，為我彌補虧空，則保汝，否則劾汝！」

盛不得已允諾，並謂：「鐵政局既有虧空，所出之鐵又無銷路，則負擔太難，若能保舉宣懷辦鐵路，則此事便易辦矣。」

張亦允之。於是遂與王文韶聯銜保奏宣懷督辦鐵路，是為盛與鐵路發生關係之始。其後盛得以路鑛致鉅富者，亦即發軔於此。

張、王聯銜保薦之摺既上，清廷允其請，遂命宣懷開缺，以四品京堂候補，為鐵路總公司督辦大臣，自是以迄光緒三十一年（一九〇五），盛遂專負實際對外訂約借款築路及行車之責，總計其先後經手之鐵路借款，計有：

（一）蘆漢鐵路：借比國款四百五十萬英鎊；又續借一億二千五百萬佛郎。

（二）粵漢鐵路：借美國款美金四千萬元。

（三）正太鐵路：借華俄道勝銀行款四千萬法郎。

（四）滬寧鐵路：借英國款三百二十五萬英鎊。

（五）汴洛鐵路：借比國款二千五百萬佛郎。

（六）道清鐵路：借英國款八十萬英鎊。

其借款之鉅，至足驚人，而合同所規定的條件更奇：如借款的回扣，多係按照面額以九折實付；工程材料必須向借款國家購買，並給以百分之五的酬金；鐵路總工程師及總會計，由借款國家外籍人士充任，有用人行政之權，中國所派督辦或局長，不能過問；鐵路築成後若干年內，由借款公司代為管理行車；鐵路收入除各項經費及攤還借款本息外，其餘利尚須提百分之二十，作為外國借款公司的酬勞費。所以在盛宣懷主持鐵路總公司期間，雖然廣事借款築路，但路權的喪失，也以此一時期為最巨。

盛下台唐紹儀接辦

惟宣懷既大舉借款築路，而十年之間所成者僅蘆漢一線，其餘或修築未竣，或尚未興工，而粵漢鐵路則以與美國合興公司交涉廢約之故，陷於停頓，耗時糜費，殊為朝野所不滿。於是，清廷乃命外務部侍郎唐紹儀兼督辦京漢、滬寧鐵路大臣，以分其權。宣懷不自安，遂於光緒三十二年正月稱病乞休，並請撤銷鐵路總公司，清廷允其請，改命紹儀接辦。紹儀復任梁士詒為鐵路總文案（約等於今之秘書長），從事鉤覈清釐，掃除積弊，而舊日與盛氏有關係之人，無不啣之刺骨。士詒之與宣懷結怨不解，亦自此始。

梁士詒，字燕孫，廣東三水人。年二十六時，中式光緒甲午科進士。光緒二十九年（一九〇三），應試經濟特科，已獲初試第一，而為「梁頭康尾」之蜚語所中傷，遂不應覆試。旋由唐紹儀之介，入直隸總督袁世凱幕府，唐氏時任津海關道。翌年十二月，紹儀奉命赴印度議《中英藏印條約》，士詒亦隨往。及至歸國，遂因紹儀之督辦鐵路而參預路政。時士詒亦因辦理外交有功，奉旨以五品京堂候補，在外務部丞參上行走，仍兼鐵路總文案。光緒三十二年，清廷以預備立憲而釐定中央官制，專設郵傳部，主管航、路、郵、電四大政，以張百熙為尚書，唐紹儀、胡燏棻為左右侍郎，而士詒仍佐唐辦理路政如故。

按清末鐵路行政，初無統轄機關，雖派大臣督辦，而未設專官，僅為差使。自光緒十一年（一八八五）設立總理海軍事務衙門，派醇王奕譞總理其事，慶王奕劻及李鴻章會同辦理。李以鐵路築成可為軍事上之補救，奏准將鐵路事務劃歸總理海軍事務衙門管理，此為鐵路有隸屬機關之始。光緒二十二年，設鐵路總公司主持修築，而行政事務仍由海署主之。光緒二十四年戊戌變法期間，特設統轄鑛務鐵路總局，鐵路行政事務，始由海署移轉管轄。光緒二十九年，成立商部，鑛路總局撤銷，其事務改歸商部之通藝司管理；路鑛而外，兼管電航，然尚未立專官。迨郵傳部創設，所有商部及各督辦大臣所管之鐵路，均歸該部接辦。清末有關交通行政，至是在中央始有統一管理之機構焉。

梁士詒任五路提調

郵傳部成立未久，尚書張百熙即與侍郎唐紹儀因事齮齕，相互揭參，結果張受申飭，於光緒三十三年（一九〇七）二月憤恚病歿，其遺缺由林紹年暫行署理；唐紹儀亦因改授奉天巡撫，其侍郎遺缺則由朱寶奎繼任。嗣林紹年以郵傳部規模未備，鐵路對外借款交涉，至關重要，乃奏請於部內設立京漢、滬寧、正太、汴洛、道清五路提調處，並准將梁士詒調歸郵傳部，充任該處提調，其原奏有云：「鐵路一項，極為繁重，出入動關數千百萬，合同條款，尤非生手者所能洞其精微，稍不得人，貽誤匪淺。查有丁憂候補五品京堂梁士詒，品端識卓，材器閎深，前隨新授奉天巡撫唐紹儀辦事多年，……經理路政，均協機宜，於應付外交、維持權利諸大端，尤能規劃精詳，動中竅要，實屬不可多得。前此唐紹儀於路政極熟悉，亦深倚該員如左右手；現唐紹儀既已離署，是該員更為臣部必不可少之員，若以之贊助一切，實可深資裨益。」

奏入，奉旨依議。可見士詒之才幹，在當時已甚負聲譽；而其由外交界轉入交通事業之發展與整理，殆亦以此為契機。

惟林紹年署理郵傳部尚書時間甚暫，未幾即由岑春煊繼任。岑氏在職未及一月，為慶王奕劻所排擠，改由陳璧接任郵傳部尚書。是年十一月，陳璧奏撤五路提調處，改設鐵路總局，仍任士詒為局長。自是士詒由幕僚擢升而握全國路政之大權者凡四年。其間，李殿林、徐世昌、唐紹儀曾相繼任尚書，均信倚之。計其任職期內，初管京漢、滬寧、道清、正太、汴洛五路；後增京奉、廣九，共為七路；又經營展築津浦、吉長、株萍，多至十路。對外則更改合同，收回主權；對內則展拓路線，清理積弊；我國鐵路交通始基之能以奠立，實士詒之力。

梁獲保薦並未擢升

先是光緒三十三年九月，清廷詔命中外大臣薦舉人才，以備任使。次年三月，陳璧即保薦士詒：「才大心細，識力過人，講求時務，洞見本原，於路政財政，尤為綜核，卓然經世之才。」同時，外務部管理部務之慶王奕劻及尚書袁世凱亦奏保士詒：「心精力果，學識兼優，經郵傳部奏充鐵路總局長，綜核詳明，有條不紊，並將歷年與各國所訂借款造路合同，鉤稽得失，於事權利權挽回不少。」蓋俱言其實，洵非虛美。

同年四月，清廷詔命各省被保薦人員，來京報到，分別聽候查驗詢問；並派那桐、榮慶、梁敦彥、瑞良、嚴修、俞廉三為查驗詢問保薦人才大臣。士詒列入第三期應考，其奏覆之考語有云：「查得該員才猷練達，濟以學識，於鐵路之利病，財政之盈虛，竟委窮源，講求有素，故能殫心綜核，力挽利權。刻下調任部差，襄贊素政，尤見精能。」似均有褒無貶。然士詒於是年十二月十日召見後，「仍以丞參記名，奉旨簡放」，並無若何之賞擢，則頗為人所訝異。蓋其時清帝光緒與慈禧太后甫於十月先後病逝，溥儀以旁支幼沖入繼大統，其父醇王載灃為攝政王，綜攬國政，朝局變更，黨爭甚烈。袁世凱且於十二月十一日，以戊戌舊案首先罷黜，勒令回籍，平時不滿於袁系諸人者，至是亦乘機傾軋，力圖排斥。士詒素黨於袁，雖以人才保薦，考語極佳，終未獲膺升擢，其故即在此。

郵傳部尚書被彈劾

當袁世凱一系逐漸失勢之時，復有御史謝遠涵於光緒三十四年十二月二十三日彈劾郵傳部尚書陳璧一案發生，原奏長約三千餘言，羅列多款，而以虛糜國帑徇私納賄為最著，並牽連及於士詒及部員多人，其中有云：「……時至今日，財用之貧匱至矣！而以內外交迫之故，乃不得不設官籌款，以謀全國之交通。無論官款民資，同是國家膏血，孤注一擲，全在於茲。當其事者，應如何仰體時艱，力求撙節，涓滴皆歸實用。乃該部取之盡錙銖，用之如泥沙，即以部員薪水之最鉅者言之，如梁士詒每月一千九百兩，關冕鈞每月八百兩，關賡麟、葉恭綽等各六百兩，所分鐵路電政餘利，猶不在內。夫行政官吏，非若路鑛工師有專門之學，耗此鉅款，能勿疚心？該部又奏保丞參上行走者十餘人，到差者已有十人，每月薪水各支三百兩，有以順天府府丞兼充者；有以鐵路總辦兼充者；有以北京電政局長兼充者；其餘累月兼旬不到署，或間日一到署，皆隨眾畫諾，一無事事，掛名坐食，行路皆知。而循例供職，月得三四百金者，尚不在此數；別署有差缺人員兼支該部津貼者，又不在此數。薪水如此，他項之糜費可知！司員如此，堂官之飽饜可知！部中如此，各路各局之輾轉效尤侵公肥已又可知！所以郵傳一部，人人皆視為銅山金穴，趨之若鶩。其實此等款項，非得諸公家之息扣，即取之各局之分肥，隱隱之中，必有受其虧耗者。官款虧耗，期限屆而償本不清；商款虧耗，成本重而贏利無著，尤失國民信用之心。大局所關，實非淺鮮。……」

此摺既上，清廷即派大學士孫家鼐、那桐查辦，於宣統元年（一九〇九）正月十六日奏覆，長約五千言，大體為原參各款，「不為無因」。其結語中有謂：「……唯用人理財，為當今要務，統計該部出入款項，奚啻幾千萬兩，苟非國家擔任之借款，即為商民附入之股金，應如何慎重開支，涓滴皆歸實用。乃竟意為增損，迹近報酬，甚至一鐵路局長，月薪至一千九百兩，而各局總辦，亦有多至千兩者。以管理局務之員，其薪水優厚，至於如此，等而上之，又將如何？然使所用之人，果皆奇才異能，實心為國，則優給廩餼，以養其廉，亦未始非興利除弊之一道；乃綜觀前後所調各員，雖不無可用之才，而冒濫實所難免，私門叩謁，暮夜營求，臣等亦何從查悉。……至該尚書陳璧，才氣素優，勇於任事，甚有能名，惟德不勝才，往往失之操切，輿情不洽，聲名頓減，遂致謗議橫生。此次所參贓私各節，或未免人言之過；然濫費公帑，濫用私人，檢查該署官冊，皆所難免。徇情見好，殊愧公忠；職守有虧，實難辭咎。」

同日，奉上諭：陳璧著交部嚴加議處；尋議革職。而士詒等安然無恙，可見其對鐵路交通經營，已具潛力，殊不易動搖其地位。而謝遠涵摺奏中所指摘之關冕鈞、關賡麟、葉恭綽等，異日入民國後均為交通系之健將，群奉士詒為領袖，實即胚胎於此時，此則殊堪注意者。

競走內線盛勝梁敗

陳璧既革職，清廷初命李殿林暫署郵傳部尚書，旋即內調東三省總督徐世昌繼任，徐亦袁黨，故士詒仍能保其職位。先是盛宣懷卸任鐵路總公司督辦後，以度支部尚書載澤之力，得於光緒三十四年二月，再起為郵傳部右侍郎，未到任而又命其會辦商約赴滬，改以沈雲霈署理。至宣統二年七月，徐世昌升任軍機大臣，而且唐紹儀署郵傳部尚書；時唐方出使美國，未到任前，以沈雲霈暫署尚書兼署左侍郎，並命盛宣懷來京赴任。迨是年十二月，唐紹儀因病乞解職，始由盛繼任尚書，李經方、吳郁生為左右侍郎，沈雲霈則改調吏部右侍郎。此一人事調動，始於沈、盛互爭尚書，士詒且為沈雲霈劃策，結果盛宣懷勝而沈敗。據《凌霄一士隨筆》揭露其內幕云：

「唐紹儀之議印藏條約，梁士詒為隨員之長，甚見倚任。比歸督辦鐵路，所轄鐵路凡五，以士詒充提調。旋改郵傳部，紹儀為侍郎，復引士詒入部，授參議（後改右丞），主鐵路局。仕膴權重，謗亦隨之，遂有五路財神之號，其受攻擊始於此。後此大著財神之名，亦以此為權輿焉！載澤長度支部時，在政府中獨樹一幟，以集中財權為務，猶載濤之集中軍權也。盛宣懷希進用，厚結載澤，志在郵部。載澤以郵部為富有收入之機關，為擴張勢力計，遂言於載灃，召用宣懷，授郵部侍郎。宣懷初授事，即以裁抑鐵路局為第一著。沈雲霈以農工商部右丞署郵部侍郎，且晉署尚書，與宣懷旗鼓相當。蓋雲霈以慶王奕劻為奧援，而宣懷則挾載澤之勢，以敵雲霈，其勝負之數，決於尚書之誰屬。與沈雲霈進退有密切關係者，首為梁士詒。士詒為雲霈謀真除尚書，即所以自救，而尚書一席，卒為宣懷所得。」

「自載灃監國後，北府（俗稱醇王府為北府，以地點言之也）聲勢驟隆，太福晉（載灃生母）頗暗中干政。宣懷謀擢尚書，託府中管事人某通殷勤。士詒為雲霈劃策，亦留意斯途，且欲為特別設法；而宣懷捷足先登，兼有載澤之助。雲霈僅恃奕劻，遂相形見絀。宣懷擢尚書，雲霈乃授吏部侍郎。吏部昔稱六部之長，而此時已成閒著，且行將裁撤矣！雲霈由絢爛而平淡，覺雞肋之寡味，未幾即乞休。宣懷如願以償，意氣風發，遂貫徹其主張，以侍郎李經方接收鐵路局，並徹查士詒歷年經手之五路帳目，風行雷厲，不稍寬假。迨袁世凱入京組閣，士詒始恢復已失之勢力，且以葉恭綽承其在鉢。交通系之名詞，乃漸成立矣！」

此隨筆所記雖微有誤，但大體皆與事實相符。從而可知清末交通路權之所在，彼此爭奪之激烈。宣懷為報復計，甚至不擇手段以達其目的，怨毒之入人也深有如此！

梁雖下台安然恙無

按宣懷未接任郵傳部尚書之先，其時已有御史七人奏參該部官辦鐵路濫借濫費，以及梁士詒把持路政，任用私人，虛糜公帑等款。當時人稱此次奏參為「七煞除五路」。清廷命宣懷及吳郁生確切查明，認真整頓。及盛長郵部，於宣統三年正月覆奏附片中，請撤士詒鐵路總局局長差使，有云：「臣部左參議鐵路總局局長梁士詒，初隨前署尚書唐紹儀辦理鐵路，先派為五路提調，逮臣部奏設鐵路總局，梁士詒即經奏請派充局長，平時任事勇往，款項悉歸其動撥，路員聽命於一人，遂不免有把持之名，致煩聖廑，應請撤銷鐵路總局局長差使，……其經手路局銀行款項，歷年既久，頭緒繁多。……現擬暫設清查款項處，嚴其關防，寬其時日，遴派精於會計者數人，調齊路局銀行各項帳目，及歷來收支出入憑據，逐一核對，其不明白者，隨時責成該員申覆，方能界限劃清，水落石出。有無弊端，自當據實奏明，決不敢絲毫袒護，亦不能預存成見。……」

奏入，依議。至是士詒遂被撤職，由李經方繼任。梁交卸後，將經手帳目送交清查款項處，竟數十人日夜勾稽冊籍，凡三閱月，無絲毫出入，事遂得白。亦可見士詒平素治事之手腕，自有其高人一籌之處；否則以其樹敵之眾，結怨之深，焉能免於網羅，安然無恙？

鐵路國有竟釀巨禍

惟士詒去職未幾，清廷即於是年四月，宣布內閣官制，以奕劻為總理大臣，那桐、徐世昌為協理大臣，宣懷改任郵傳大臣。時值給事中石長信，以商辦鐵路，緩不濟急，弊竇滋多，奏請定幹路均歸國有，枝路准歸商民自辦之法。奉旨交郵傳部議覆。宣懷覆稱：「所籌辦法，尚屬妥協。」於是清廷乃有鐵路國有政策之宣示，所有從前批准商辦鐵路各案，一律取消，如有煽惑抵抗，以違制論。蓋宣懷意在報復前此所綰路政被奪於唐紹儀、梁士詒之怨，欲藉國有政策之名，以遂其私。矧鐵路國有，其本身固無可訾議者，不料軒然大波，竟由此起，甚且為清室覆亡之導火線，當為宣懷初議所不及。

前項鐵路國有政策之宣布，在當時原應先交由資政院妥議，再由內閣執行。清廷懼資政院授阻，竟未交議，而由宣懷單銜入奏，奕劻、那桐、徐世昌率行署名，逕予公布，殊不合實行內閣制之程序，足資反對者以藉口。宣懷復悍然不顧，又與英、德、法、美四國銀行團訂立粵漢、川漢鐵路借款合同，款額六百萬鎊，利息五厘，九五扣，不敷用時，得續借四百萬鎊，以為興築之用。而各省反對者前此之力主商辦，原為抵制借款築路而起，今宣懷之國有政策，仍一循借外債以修築之故轍，於是湘、粵、川、鄂各省士民，紛紛開會力爭，工商界且罷工罷業以為抵抗。朝議民情，各走極端，終以武斷操切的措施，激起四川爭路的風潮，寖假而促成八月十九日（陽曆十月十日）武昌起義的爆發。

罷職數月梁氏再起

當事急時，清廷推源始禍，為平民憤計，曾於九月初五日本人陽曆十月二十六日）詔革宣懷職，永不敘用。詔旨中有：「鐵路國有，本係朝廷體恤商民政策，乃盛宣懷不能仰承德意，辦理諸多不善，竟敢違法行私，貽誤大局，實屬辜恩溺職」等語，而以唐紹儀代為郵傳大臣，未到任前，由吳郁生暫署。時袁世凱已奉詔再起，初命之為湖廣總督欽差大臣，督師孝感，謀規復武漢；繼任之為內閣總理大臣，實行責任內閣制，並畀以全權，與民軍議和。是月二十五日（陽曆十一月十五日），袁內閣組成，以楊士琦署郵傳大臣，梁如浩授副大臣，未到任前，由梁士詒署理。時距士詒罷職家居，僅數閱月耳！

翌日，唐紹儀又暫行開缺，受任為議和代表，經鄂去滬，楊士琦亦隨之南下。十月二十一日（陽曆十二月十一日），士詒復兼署郵傳部郵政總局局長，而以葉恭綽繼李經方為鐵路總局局長。十一月十六日（陽曆一月四日），楊士琦解職，由士詒署郵傳大臣。自是以迄十二月二十五日（陽曆二月十二日），南北議和成功，隆裕后下詔遜位，士詒亦得以列名副署。觀此可知滿清末造，親貴專政，派系門戶之見已深，黨同伐異之風甚烈，馴致以是亡國而後已。盛、梁之爭奪路權，此其一端。其後，宣懷於民國五年三月病逝上海，士詒方為袁世凱之寵臣，然不久亦以附和洪憲帝制被通緝。想彼時冤親平等，雙方怨結，當一筆鉤銷矣！

民國史上兩財神：從梁士詒說到孔祥熙

白衣

在中國近代史上，有兩個人獲得「財神」的綽號：一個是梁士詒「梁財神」；一個是孔祥熙「孔財神」。說起來真是無獨有偶，他們兩個人，都先後當過我國的財政部長。中國人有錢的很多，做過財政部長的人也不少，為什麼祗有這兩個人獲得「財神」的稱號？說起這件事的原委，是頗有趣的。

梁士詒大賣風雲雷雨

在北洋政府時代，國庫的收入，異常拮据，海關和鹽務機關，都掌握在外國人手裡，對於關稅和鹽稅的收入，大部份被指定作為對外賠款或還債的用途，弄得國家軍政各費的支出，捉襟見肘。至於振興實業，從事建設等等，那就更談不到了。

至於附加稅，由於民國十餘年來，軍閥割據，各自為政，根本地方上就不向中央政府解繳，有時還要把國家的鹽稅擅自截留自用；那時北洋政府的威信不夠，政令無從推行，對於這些弊端，竟一籌莫展！

當時國家財政的困難，可說到了頂點，在這種情形下，無論叫任何人上台主管財政，都必須靠著借債過日子，天天向銀行界去作揖打躬，請求幫忙，才能勉強維持下去。因此，一方面只要稍為愛惜羽毛的人，都不肯接受這個財政部長的任務；一方面，若不獲得銀行界幕後支持的人，根本也不敢接受這份差使。

就在這個時候，有一位具有政治野心的政客，看到了當時北洋政府財政上困難的情形，於是乎就玩弄了一套很工心計的手法，這個人就是「交通系」的領抽人物梁士詒。凡是熟悉近代歷史的人，大概都知道交通系的發軔，是早在清末唐紹儀主管「郵傳部」的時期。那時梁士詒是「五路總提調」，這個職務就是後來的「全國鐵路總局局長」。梁氏便於此時籌組交通銀行，旨在發展交通事業及減少外商的剝削，用心原是很好的。不久之後，梁士詒便在金融界擁有頗大的潛勢力，他就想要利用這個銀行背景，進入北洋政府財政陣營裡去，於是有計劃的借別人之口，宣傳他有錢有辦法；在當時的報紙上，也公開出現了「梁財神」的捧場文章，大吹大擂，務要使當時的一班軍閥政客都認為他是一位「財神」，而且還強調的說：「必須梁財神上台，政府的財政，才會有辦法。」大賣其風雲雷雨。

坐上財政總長的寶座

像「中國」、「交通」這些銀行，當時在國內，可以算是銀行界的領袖，梁士詒已具有左右一時金融的實力，他這樣一放空氣，自然有人漸漸的相信；因為那時的一些小而殷實的銀行，如「金城」、「大陸」、「鹽業」、「中南」之類，又都以「中國」、「交通」兩行為馬首是瞻，尤其是中國銀行，它的前身，就是國營大清銀行。彼時北京尚有所謂「銀行團」的組織，這組織就和各國駐華使節所組成的那個「外交團」異曲同工，他們都是採取著步調一致的行動。政府當局如果需要借款，或推銷公債這些事，必須要找銀行團去接洽；銀行團的一切，又操在「中國」、「交通」這些大銀行的總裁、總理之手（那時中國銀行最高負責人呼總裁；交通銀行呼總理。後來到了國府時代才改稱總經理），他們如果表示不即不離的態度，這就不免諸多制肘了。那時政府袞袞諸公，雖然頭腦比較單純，政治上沒有多大雄心，但自私自利的觀念還是有的，為了他們本身的利害關係，所以北洋政府歷屆當局，對銀行團從來是百般遷就的。梁士詒深知此中曲折，於是他的部下更放出空氣，說是銀行團和梁如何有淵源，如何有來往，如何有信用，祇要梁士詒出山，替政府掌理財政，銀行團是會全力予以支持的。

這樣一宣傳，果然收效很大。碰上民國初年那些大總統和國務總理，如徐世昌、黎元洪、馮國璋、曹錕、王士珍、段祺瑞這些人，他們在政治舞台上，並沒有什麼很精幹的「班底」，有上幾個所謂「智囊」，也不過是幫閒的清客一流，叫他們在政治上拿出一種成套有系統的辦法來，不啻問道於盲；尤其在主持財政方面，誰能向銀行借得到錢，誰就可以當財政總長。所以像王克敏那樣的材料，都能兩度出長北洋政府時代的財政部，由此可見一般了。梁士詒這個人，在北洋軍閥時代，也的確算是有幾手的人，果然，他終於如願以償地登上了財政總長這個寶座，這是「梁財神」得名之由來。

因為梁士詒做過財政總長，而他本人又有「財神」之稱，所以後來凡是當過財政總長的人，大都被人家像開玩笑的叫聲「財神爺」，加以世俗相沿，慢慢就叫開了。就是宋子文在當財政部長的時候，也曾有人這樣稱呼過他，不過他在財政部長任上，總共祇有七年時間，而且中間還經過了兩次下野，七年時間，並不是一口氣蟬聯下去的。此外，更加上宋子文擔任財政部長期間，又是國府財政最艱苦階段，所以，他的「財神」綽號，也就沒有以後的孔祥熙那麼響亮。

國府財政到山窮水盡

當北伐成功之後，經過多年來的兵連禍結，國窮民困，國府在財政方面，並沒有什麼好的改善，比之北洋政府時代，雖然稍好一些，但仍舊不免入不敷出，天天靠舉債過日子，所以這個財政部長的職務，常常更換，諸如宋子文、古應芬、黃漢樑，甚而至於蔣主席自兼，都曾經幹過一個時期，到宋子文在一九三三年（民廿二年）正式辭職，他已經是再作馮掃了。一言以蔽之，不管誰幹也好，他們都拿不出成套有系統的理財辦法來，打開財政方面的困難。

古人說：「財政為一切庶政之母。」俗語也說：「萬事非錢莫辦。」有了錢，則百廢俱興；沒有錢，則一切停頓。於國於家於個人，何處不是一樣。但錯從那兒來？國家本身的窮困，已經不是一朝一夕了，中國這樣一個工業落後、農村凋敝的國家，就是讓真的「財神爺」下凡，也將有「束手無策」之感！所以當年宋子文在下台求去時表示：「三個月後，將索國府於枯魚之肆。」又說：「不管交給誰幹，也只能幹上三個月吧。」這並非是宋子文危言聳聽，而是因為國府當時的財政，的的確確已經到了山窮水盡的狀況。

孔祥熙上台出現奇蹟

在外國朋友的眼裡，那時宋子文是中國理財的第一能手，連他都感覺棘手的事，換一個人來幹，恐怕也是回天乏術！如果說從宋子文手中接下來的財政部長，要在困難中把它維持下去，又能使全國財政趨於統一，又要使國庫收入增加，又要使社會經濟欣欣向榮，又要清理舊債，維持國家對內對外的信用，又要應付國內建設，又要減除苛捐雜稅，以求減輕人民負擔，又要應付一場史無前例的民族抗戰，……這樣難做的財政部長，繼任的人如果不是孔祥熙，只要讓他幹上三天，他也就要「叫苦連天」了。但孔氏接任後，把這些大事小事，都竟應付得週到裕如，妥當適切，驚濤駭浪都平安的渡過來了。他一口氣就幹了十二年。到交卸之日止，庫存較抗戰開始時還增多了幾倍！

這樣一來，中外人氏都認為是奇蹟！所以，孔祥熙的「孔財神」之名，也就不脛而走！

一任十二年的財政部長，在我國歷屆擔任這項職務者而言，孔祥熙可以算是幹得最久的了，所以他這個「孔財神」的稱呼，也就因為他主持財政部的日子久，日積月累，叫得就格外響亮，中外咸知。當初大家這樣的稱頌他，本來是善意的，到後來國事蜩螗，人心苦悶，再由野心家如中共的陳伯達之流，加以惡意的煽惑和誣衊，就無形中變成是一種惡意攻擊了。

太谷票號實力最雄厚

孔祥熙是山西太谷人，家裡開設票號，原本是富家子弟。他家裡有錢、有產業，並不是靠當過財政部長而暴發起來的，山西的朋友們大都知道，在民國以前的滿清末造，山西太谷便是全國財政的中心；又如東三省、張家口、內蒙、熱河、綏遠、北京、天津、上海、漢口、開封、鄭州、洛陽、重慶、成都、西安、廣州這些地方的銀號、票號，也大都是山西太谷人所經營的買賣，當年的所謂銀號、票號，也就等於今天的銀行、錢莊，即以廣東來說，那時地方政府解往北京的餉銀，因為銀子笨重、交通不便的關係，每次解送，路程往返需要一年，所以為了省事節時，都是交給票號去撥匯；有時政府方面需款孔亟，地方上的餉銀還沒有匯到之時，各省官廳還要商量著票號代為先行墊付戶部。當時山西太谷票號實力的雄厚，由此可想而知。

那時山西太谷有三家票號，實力最稱雄厚，除了所謂孫家、孟家而外，孔祥熙家裡，也是其中的一個。

以這三家來比較，要算孫家最有錢，孟家次之，孔家又次之。孫家的後裔很不爭氣，有些兒孫染上了不良的嗜好，家道一天一天的中落了！民國初年，他們在本鄉本土，偌大的房子無人要，只好靠拆賣房子的磚瓦過活，每一千磚，售價十元，一直拆到民卅二年，他們的房子還沒有拆賣完，這孫家院落之大，房屋之多，於此也可以想見一二。

經銷火油每年賺百萬

說起來，孔家還要算是善於經營的，就是在民國以來，內亂頻仍，民生凋敝，孔家經營下的買賣，反而有蒸蒸日上之勢。孔的父親，雖是一個飽學之士，可是，因為家裡在地方上的買賣很多，乏人照料，他祇好棄儒經商，幫助家裡人照料生意。到了民國初年，生意傳在孔祥熙手上，他又自行經營了一種買賣，便是代理英商亞細亞火油公司，招牌叫做「祥記公司」，專門經銷山西全省火油的分銷事宜。彼時在窮鄉僻壤，或是較小的城市，電燈還未能普遍設置，使用火油燈，已經是很普遍的了，所以這種買賣，生意非常興旺。

孔家經營這種買賣，也並非是倖致而得，一來是孔有頭腦、有眼光；二來是他家家票號生意對外的信用素著，早已取得外國商人的信任；再說，他們的資金雄厚，運用靈活，譬如當時僅僅是代理火油的按金一項，就達英金二萬五千鎊之鉅，資本較小的商業，根本就不敢承攬這種生意。

只是山西全省，祥記公司的分銷場所，即有卅七處之多，除了火油之外，其他如洋燭、紙煙、白糖、火柴，也附帶經銷，零躉批發，營業的情況，是一天比一天的發展。

祥記公司興起到沒落

在一九二七年（民十六年）左右那幾年裡，祥記公司每年所得的純益，就達國幣百萬元之譜，所以孔在日本襄贊中山先生進行革命的時候，曾在活動費方面作過很大的幫助。在那段期間，山西省當局曾經願意出重價商請孔家出讓亞細亞火油在該省的代理權；但孔認為這是自己多少年經營下來的一份商業，買賣的情形又好，不願意出讓，婉言謝絕了。不過由於孔從事政治之後，在照顧生意上，無形中有了疏忽，後來祥記公司的營業情況就不進則退，難比從前，這也許是一個人的精力有限，顧此失彼，顧到了國家大事，就無法再顧私人利益了。

孔家由於大量投資商業的關係，等到七七事變，全面抗戰發生，這些事業都飽受損失；祥記公司每年盈餘之款，除一部份再投資外，其中大部份則存在銀行裡，在抗戰開始時，因為政府限制提存，又蒙受一次鉅大損失。迨至抗戰勝利，國共內鬨，整個大陸，天翻地覆，孔家的祥記公司就是這樣興起，和這樣沒落的。

上海聞人王曉籟傳奇

游離

從《亞洲畫報》一文中，驚悉王曉籟先生在上海病故，享壽八十二歲。風燭草霜，死亦其宜，脫身苦海，死更為福。

曉籟先生，名孝賚，行二，人稱王二哥，自號「得天居士」，浙江嵊縣人。他的長相，眉濃嘴闊，背厚腰粗，身材修短適中，丹田之氣特旺。養育男女公子，可計者三十餘人。而種玉藍田，子隨母去的「出口貨」，則如「隨地吐痰」，不易悉數，故又有「多子大王」之稱。生平無大建樹，獨於女人地面，別具風光，精力無虧，遐齡克享，則正見其「得天」之號，確為名實相符。

堂堂一秀才、紙行任交際

北伐後，上海新　的聞人中，王曉籟也是一條漢子。他的出身，卻屬正途，遠非紅眉毛綠眼睛之流所能望其項背。他的家庭為地主階級，擁有相當田產，岳家樓姓則為鉅富，在蕭山轉坡頭地方設有紗廠。上海孟德蘭路的樓宇，多半為其岳家的產業。他的老太爺望子成龍，自設家塾，延師課讀，他倒沒有辱沒乃翁，三場考過，取中一名秀才，雀頂襴衫，也算光宗耀祖。他的岳家後在上海開設一爿紙頭行，經營土紙，供應浙東一路需要。他到上海後，即在這爿紙頭行中掛了一個名義，作為活動的據點。人生的際合是微妙的，後此他的闖開局面，成為聞人，雖因他所備具的條件，足以適應當時的環境，而紙頭行的名義實為其進身之階。

從來老式商家，居積愈厚，胆子愈小，樹葉飛來，也怕砸破腦袋，對於外務，總是一味退縮，不敢聞問，以防損耗他的財富。然而人怕出名豬怕壯，如使你在某一行業中，營業範圍，相當開展，若仍緊抱閉關主義，事實已無可能，你不惹人，人會找你。重以那個年代，適值新陳變化之交，局勢變遷，法令改革，同業的相互關係，各行業的互為因應，與時推移，日臻繁複，雖欲雪掃門前，月推窗外，環境亦所不許，且於營業有礙。王二哥的文理，通與不通，屬於另一問題，畢竟秀才出身，作為一個商行的交際員，儘夠體面。外加他能言善辯，口才便給，在稠人廣座中，亦能應付自如。因此他由岳家的委託，以紙頭行名義參加紙業公會，旋以紙業公會代表身份，參加上海總商會的組織。經過一個階段後，憑著他的頭腦靈活、手腕圓通，居然爬上了閘北商會會長的位子，成為商界中堅人物。其時王彬彥為閘北保衛團團總，兩個民眾團體，一文一武，恰都是姓王的。彬彥，常州人，道士出身，不識字，但簽名寫的很好，頗有書卷氣。

商界作領袖、無業一遊民

王二哥的交遊甚廣，得力的朋友卻只有虞洽卿、杜月笙兩人。抗戰以後，他先與杜月笙發生隔閡，後與虞洽卿亦嘖有煩言，但友誼仍能保全，虞、杜對他的經濟援助從未停止，這是後話。

他的當選上海市商會會長，是緊接虞洽卿任期屆滿之後，從政治路線得來的果實。民十五年，他曾以上海商人代表身份到過廣州，恰於北伐前夕擠進了擁護革命的行列，既得風氣之先，又獲虞洽卿的維護，因此他便輕易地攫到了這把交椅。日本人所著的中國名人錄中，在他名下註有「上海市商會會長—無業遊民」的譏刺語，實情確屬如此，他一無商行，二無廠號，兩肩荷一口，正一是無業遊民。但就筆者看來，他以赤膊空拳，上陣爭鋒，竟能馬到功成，打開天下，這正是他的「偉大」。市商會為民眾團體的領導機構，擁有實力，舉足重輕。會長一席，逐鹿者不乏其人。王二哥卻始終未曾垮台，連選連任，一直做到全面抗戰爆發，無法繼續執行職務而後止，其間迴黃轉綠，則多出於杜月笙的支持。

在此將近十年的歲月中，會務進行，全賴秘書嚴諤聲先生居中把舵，他唯一具體而有成績的表現，則為抓女人、促生產，小公館越搞越多，或弄璋、或弄瓦，先先後後，養了一大群。岳家樓姓的產業，經不起他的大手筆，早在花天酒地中一掃而光。虞洽卿適因航業不振，本身成為泥菩薩，專靠「掉票」度日，對他已苦愛莫能助。當上海魚市場總經理未經取得以前，他的經濟背景，可靠的亦唯杜月笙一人，所有與杜有關，賺錢而不吃力的行業，他都能按月領到沉甸甸的一份伕馬費。到了年關，杜既張羅自己的開支，同時也給他措辦過年費，一個電話，他便興沖沖的趕來拜領了。

魚市場肥缺、險些落了空

談到魚市場，杜月笙幫足了他的大忙。民廿二年，南京實業部和上海市政府合作，在復興島創辦此一新的專業，目的是在減低漁民所受的中間剝制。他由虞洽卿的推薦，能籌備主任做到總經理，一路都很順利。這是一條生財大道，不須營私舞弊，單說每日貸款，挪移存放，收穫已屬可觀。王二哥久旱之餘。所寄希望自大，得比肥缺，自是躊躇滿志。卻不料開幕以後，情勢大非，漁民對於官辦事業，向懷疑懼，寧受中間剝削，不願受官方管制。魚行老闆，面臨「吃通庄」的威脅，所業被奪，更不甘心。漁行夥友，則因皮將不存，毛何所附，一家活計，行見陷於困境，無不憤怒。由於利害相同，漁民漁商乃聯為一體，同向魚市場杯葛抵制。王二哥首當其衝，鬧得爛額焦頭；虞洽卿暗中著急，深苦戰斡旋無法。最後幸虧杜月笙出面，商准實業部，修改章程，由官辦改為官商合辦，容納魚行老闆投資，雇用魚行夥友為市場職員，有飯大家吃，阻力始告消弭。至於漁民，只須看到進貨人手，還是老面孔、舊相識，彼此向有信心，也就不再疑懼了。由是王二哥安於其位，坐享其成。杜月笙亦取得了董事長的名義，遇有疑難事件，挺身而出，成為王二哥的護符。

避難走香港、王杜生疑忌

一聲砲響，戰火飛騰，上海國軍撤守，大家避難南來。香港雖為中國人的社會，而對王二哥等說來，仍為陌生碼頭，問禁問俗，又是一番局面。杜月笙因與「軍統」向有聯繫，又於淪陷後的上海尚通聲氣，置郵傳命，不失為一交通樞紐，用是近接遠交，氣勢依然未減。王二哥則原為空心大老官，雖掛商會會長頭銜，在港卻是半文不值，終日賦得一個「閒字」，只能孵茶館、坐餐廳，混著一批雌兒，打情罵俏，消磨時日，卻因阮囊羞澀，茶資也會發生問題。中國紅十字會在港設有辦事處，以接受華僑捐款為主要任務，在會長王正廷使美期中，杜月笙以副會長代理會務。其中高級職員，全為杜所任用，王二哥雖亦為常務理事，有時連公事也難看到，其他更難染指。人既無聊，錢復短缺，王二哥可耐不住了，不禁心懷嫉妒，口出怨言，又恰為耳報神聽到，加鹽加醬，轉向杜月笙報告討好。久而久之，彼此疑忌，貌合神離，迴異前此的融洽。好在大後方尚擁有半個中國，賣面子、吃交情，儘夠盤桓，王二哥乃離港而去。

批評王二哥、「革出人頭」

及至太平洋戰事爆發，大家又都到了重慶。杜月笙雖仍表面好看，實際並沒有錢；王二哥則捉襟見肘，處境益苦拮据。筆者曾看到他從昆明寄給杜月笙的信，密麻麻的寫了三十二行，自頭到尾，無非訴說窘況，甚至說他在渝時，連早晨吃油條燒餅的錢，有時也不湊手，故不能不如行腳僧的到處掛單，雲遊各地。這些話未必盡實，亦非全假，以往他在香港告羅士打喝咖啡，交際花交際草坐滿一枱，其實要不了多少錢，而他則常窘到不能付賬，必待遇到熟人，代為會鈔，才不致坐茶監、現原形，由此推知，他信中的話大半是屬實情。

直待虞洽卿和朱聯馥拍檔，由重慶開出百輛卡車，專跑滇緬公路，搶購物資，他在虞氏的照顧下，挨到份頭，經濟情形乃漸好轉。虞洽卿對於他的批評，只有四字：「革出人頭。」這是寧波人的土話，言其人工作屬於低能，無所取材，在一個組織內易為人所淘汰之謂也。其時虞洽卿搶購物資，不是一樁輕巧的事，虞氏以七十老人，在祁寒盛暑中，和司機並坐駕駛室，忍飢忍渴，顛簸長途，且須步步為營，以防局勢突變，這份精神，實在了不起，王二哥卻做不到。朱聯馥辦有西川實業公司，原屬老闆階級，擅英語，和緬甸人接觸，由他一馬當先，又會開汽車，遇到人手不夠，就由他登場承乏。這份能耐，王二哥根本不曾學會。以故虞洽卿的批評，雖含輕視之意，卻屬老眼無花，一語破的。但有一事始終「革」他不「出」的，即在昆明劉炳康的住宅內，陪虞洽卿吃吃喝喝，聊空天、搞女人，他倒是出色當行，噱頭不小。老鹹蟲一搭一擋，才能盡歡盡興。話說回來，王二哥對於虞洽卿的幫忙還是不滿意的，虞的手面有限；他的胃口則大，一意取盈，忘其不勞而獲。以致後來日軍進侵，滇緬路截斷，搶購物資結束，他們回到重慶，王二哥老在背後指摘虞洽卿，兩人關係，日趨淡漠。杜月笙聽到這些閒話，頗抱不平，他說：「虞洽老縱然看重錢，總是一株大樹；王二哥縱然本領好，到底是一枝紫籐。天下只見籐繞樹，那見樹繞籐。任便嘴頭來得，說長說短，徒自暴其淺薄而已。」

蕩然無所有、決意返大陸

抗戰勝利後，王二哥回到上海，徐寄廎取代了市商會，唐纘之搶走了魚市場，他從重慶帶回的只有一個「人事保險公司」。此一組織，全出於孔院長的調劑，由四行兩局投資，業務中心，為專代就業者負担人事上的保險，在中國實為首創。當第一次籌備會議時，錢新之代表交通銀行出席，發言中頗露杯葛之意，幸賴鍾秉鋒（代表中央信託局）等出面支持，始無異議。然而此項保險是不易打開出路的，除了極少數的人，誰都不知上海會有這樣一爿招牌。再說。即使王二哥恢復其在戰前的地位又如何呢？四載光陰，乾坤一擲，還不是捲入洪流，蕩然無有。

上海易手前，王二哥再度流亡來港。此時虞洽卿早經謝世，杜月笙重病纏身，「將伯助予」，每呼負負。猶幸鍾秉鋒的通融，得在交通銀行作有限度的透支。嗣又獲當局的維持，給他補上中國銀行董事的空缺，按月畀以可觀的伕馬費，客中澆裏，才有著落。難得的是他的海闊天空，百事不管，只須囊有餘資，仍在女人堆裏打滾。卻不料一聲「起義」，中交兩行同時易幟，鍾秉鋒卸去經理之職，中行伕馬費一筆勾銷，台灣尚在風雨飄搖之中，環顧四方，不啻疊嶺重山，層層圍繞，這時他才無法不向現實低頭，三十六策，走為上策，於是抱定決心，回到大陸，時在一九四九年冬，杜月笙送給他賻儀港幣五千元，另有一位紅粉佳人亦送了五千元。

窮病交攻下、幸為寄生蟲

據他對人說，他回大陸為了兩個原因：一為他與劉鴻生、吳蘊齋早有成約，以後行止，步伐一致。不料劉吳離港靠攏，竟然對他保密，連招呼都不打一個。世態炎涼，因而激起他的北旋之念；一因他接乃兄逖達來信，共幹對地主追索農業稅，窮於應付，希望他早日回去，共謀解決。他因手足之情，故亦不能恝然不理。此外又有一說，他因進行政治活動，已被視為不歡迎的人物，勢非一走不可。總之，他的返回大陸，無問真正的原因如何，其無力繼續支持在港生活，實為最大的原素。

他先到北京，坦白一番，再回上海，中共畀以上海市政協委員的名義，月獲生活費百數十元。後又取得胡慶餘堂經理的名義，月俸亦在百番以上。胡慶餘堂前經理陳楚湘原是他的嫖友，同跑神州旅社寧波堂子，並各揹了一個粉頭回去，也算連襟兄弟，此即為他與胡慶餘堂發生關係的契機。不久，他患中風，初頗嚴重，嗣經調理，漸復常態，惟說話行動，不甚方便。綜計前後，他回去了二十年，尚能安居，在「文革」期中，亦未受到抄家清算的惡劫，大約是窮的好處，也是中風的好處，中共就讓他過著時日可待的寄生蟲的生活了。

王二哥是喜歡動筆的人，抗戰期中，黃泥涌道潮州土商鄭子嘉的屋內掛有他的對聯，文曰：「不得了，了不得」；「做人難，難做人。」章行嚴看到了，嗤之以鼻。詈為「狗放屁，放屁狗。」的確，他的文理不夠高明，寫給杜月笙的信，我多過目，十有九封，屬於惡札。一次，重慶政府送給他一筆錢，他叫我代擬謝電，我用了「大賚」兩字，他拿筆勾改後指著我說：「我名孝賚，這樣寫，你犯諱了。」這倒是聞所未聞。

票演空城計、揮軍入西域

王二哥又是滑稽突兀的人，有一位紹興師爺的太太，患子宮瘤，開刀後取出像紫葡萄的一串，他便給她題上綽號，叫做「葡萄仙子」。他為第十二個兒子取名達仁，意思是別緻的，不能作正面解釋，他是表明養了「一打」兒子，達仁為Dozen的譯音。他和沈田莘合演《空城計》，飾司馬懿，竟揮軍直搗西城，搞得沈田莘的諸葛亮無法招架，滿堂哄然。

王二哥的口才不壞，雖是沙喉嚨，嗓門卻夠響亮，可惜他的說話，等於蛙聲，不是雞啼，言之無物，徒為聒耳。一次，國民參政會開會，他以參政員身份出席。其時國共猶未公開破裂，王雲五卻已看準時機，開門見山，首先向中共開砲。杜月笙聽到這消息，慨然說道：「可惜我們王二哥，當說的不說，不當說的卻是廢話連篇。王雲五的砲，難道他放不來麼?可是他偏偏想不到。你們瞧，王雲五這砲是打響了，將來還有將來。」以後，王雲五步步竄紅，果不出杜的預料，王二哥走的卻是下坡路。

然而他也有足以自慰的，洪範五福，身占其三。多少名「騎」，出其胯下，單說此點，做人已經夠本了。

記上海「黑白大王」盛老三

朱子家

在不尋常的時代中，往往會出現些不尋常的人物，所謂時勢造「英雄」也。一般亂世英雄，固不必定有什麼濟世匡時的能耐；吹得了牛，狠得起心，依靠一些憑藉，拼著一條窮命，不難際會風雲，出人頭地，特別在戰亂之際，這情形就更為顯著。歷史上本來就不乏其例；如一個微不足道的泗上亭長，一個皇覺寺裏的酒肉和尚，也且能稱王稱帝，則章士釗所謂「居然吾郡成豐沛」，適見其少見多怪。所以，等而下之，不論那一次易代，許多雞犬同昇的新貴們，也無非是些名不見經傳的屠沽之輩而已。

即以我為本刊所寫的那部《汪政權的開場與收場》一書而論，其中人物，除了極少數有些學識，有些抱負，尚不失為有志想創造時勢者而外，其他都不過是依違其間，夤緣謀食，儘管有些人僥倖得志，而好夢易醒，竟是黃粱未熟！我一生所目擊的芸芸眾生之中，都逃不出「眼看他起高樓，眼看他樓坍了」的命運。其中，使我想到了盛老三這個人。

盛宣懷「留園」留去思

在抗戰時期淪陷後的上海，幾乎人人都知道有一個手握鴉片與食鹽兩大利藪，被稱為「黑白大王」的盛老三，很少人知道他本來的名號，而別人卻並不如此，如同一時期，同樣受日人卵翼而紅極一時的「蘇浙皖統稅局」局長邵式軍，人們且絕不知他的排行為第幾。

盛老三名文頤，字幼　，是前清郵傳部大臣盛宣懷的胞侄。盛宣懷的幾個兒子，藉了先人的餘蔭，又當宋子文初自美國返抵上海，曾一度進入盛家事業圈的漢冶萍煤礦公司任事，因此淵源，在抗戰以前，盛氏諸子，有些得在國民政府財政部所屬的稅收機關中出任肥缺，而以排行為人所稱，似是盛家的特徵。如盛老四、盛老五、盛老七等人，都曾經是上海「上流社會」中的一時知名人物。可是好景不常，戰後情形大變，老七於一九五一年去了日本，不久逝世，身後蕭條，他的一位由如夫人扶正的妻子，還是在香港時期補行了一次簡單的婚禮，而由我證婚的，聽說現在在東京竟屈為一家中國菜館的女僕。老五前數年遠住在香港英皇道，已是貧病交迫，連醫藥費也至無法張羅。我與他本不相熟，因他自知將不久人世，由朋友約我去為他寫一張遺囑。有一天，方告落坐，剛好他家裏叫來了幾斤白米，一罐火油，總計不過十餘元港幣，而戔戔之數，竟訕訕地要向我告貸。老五死了以後，他的那一位遺孀，情形之慘，更甚於老七的那一位，她最近的遭遇，就不忍言了。

現在比較得意的是老四的兒子毓度，十餘年前他在香港時，同樣一籌莫展，結果遷地為良，去了日本，因他祖父的關係，得到了日本人的幫助，在東京開設了一家規模不小的「留園」中國菜館，名宦之後，卒以吃上海人所謂「油炒飯」為生，每次我去東京，有時也往那裏進食，看到他對主顧們卑躬迎送，口中還不斷喃喃地多謝連聲，見此情景，心中自有說不出的一種滋味。「留園」原是盛宣懷生前在蘇州所置的一所頗有亭台花木之勝的花園，而其令孫卻移作為食肆的招牌，而且在大門入口處還懸上了一幅他令祖巨大的遺影，朝服輝煌，儀容肅穆，儘管這地位有些像是司閽模樣，但總是出於這位賢孫的光輝門庭，孝思不匱之意。

宏濟善堂是販毒機構

我並不知道盛老三過去的經歷，在交往以後，才在他口中告訴我曾經在民初出任過京漢（？）路局的局長，因此，熟識了不少華北方面的日人。數十年的時間很快過去，他相識的日本人，到了抗戰時期，都已躋身高位。盛老三正值窮愁潦倒的時候，日人想到了他，而要他辦的卻又是一件專賣鴉片的發財事業。這對他當時的處境而言，自是求之不得之事。

戰時，日本人在軍事佔領地區，不但搜括物資，以戰養戰，而且大開賭禁，販賣鴉片，以毒害中國人民來籌措特務經費。被人稱為「歹土」的上海滬西區外人越界築路地帶，以及南市的華界，日人發動許多「白相人」開設賭館，規模宏大，無數市民為之傾家蕩產。至於鴉片，則委由盛老三組織了一個機構，而名字怪得很，銷售害人的毒品，反而叫作「宏濟善堂」。那時因為交通中斷，雲土、川土，來源不繼，日軍負責自古北口及安徽亳州出產的烟土，源源南運，向華中各地傾銷。街頭巷尾，吸食鴉片的所謂「談話所」，到處都是。

「宏濟善堂」是淪陷區中早期唯一專營鴉片的機構，除總堂設在上海之外，各省各縣，下至各鄉各鎮，無不有分支機構來經營其事。鴉片這一項生意，向來就是一大財源，儘管中山先生在他的遺教中指出：要靠鴉片來籌一文錢的，就是賣國賊！但「特貨」一向成為國家除正當稅收以外的一項最大收入。過去數十年中，秘密經費以至內戰費用，無可諱言，都仰此挹注。各省的武人們更視此為生財大道，甚至戰前上海幾個所謂「大亨」也者，也以此起家發跡，居然由草莽而成為廟堂中的人物。盛老三一旦獲得專營，財源滾滾，利潤之高，自可想而知。

薩多米是最高主持人

盛老三對鴉片原是一個外行，但在上海租界內鴉片公開時代，經營此業者以潮州幫為最具實力，鄭家木橋一帶，鱗次櫛比，掛滿了金字招牌的鴉片字號，都掌握在潮州幫手裏。盛老三在經營鴉片方面，也以潮州幫中的藍芑蓀為他手下的第一大將。但日本人總是利用中國人來為他們的傀儡的，對盛老三也並不例外。一個名叫薩多米而有著「李劍父」中國姓名的日本浪人，才是真正的「宏濟善堂」的主持人，盛老三完全受他的指揮監督。

「宏濟善堂」固然以籌措日軍在華的特務經費為主要目的，但因收入過於龐大，於是由李劍父經手，在華的軍部以外，連日本國內的大臣及國會議員，都按月獲得分潤。太平洋戰爭以後，日本又成立了一個「興亞院」，事實上等於過去英國的殖民部，而院長鈴木，又是盛老三在華北時代相識的朋友，有此奧援，聲勢更是不凡。

排場豪奢超過汪精衛

他家住在上海法租界金神父路，是一處佔地二三十畝的大花園洋房，論氣派之大，是那時中國人中的第一，連汪精衛、陳公博、周佛海等的住宅，也遠不足與比擬。房屋四圍一帶圍牆，兩扇烏黑的大鐵門常年緊閉，有人往訪，汽車開到門前，喇叭一響，大門上一個小洞開啟了，因為門後的右側，就是傳達處，不但有司閽，而且有四名日本憲兵經常駐守。來客取出名刺，日本憲兵記下了汽車號碼，用目光向來客仔細端詳，認為並無可疑之處，才以電話通報。准許進見的，大鐵門開啟，汽車緩緩駛入，兩個日本憲兵緊握手槍，立時分左右跳上汽車兩旁的腳踏板，像押解犯人似的，通過長長的花園通道，在花木扶疏中，直送至大廳階前，那時早有屋內的傭僕接應，送入樓下的大會客廳，恭坐等待。

盛老三預約的普通賓客或宏濟善堂的職員們，往往許多人約在同一時間接見，他居中上坐，放言高談，來客們屏息而聽，連聲喏喏。有特殊身份的人，才被延至樓上他的烟榻畔相見，他一面抽烟，一面談話，房中也只有一個姓羅的心腹長隨，隨侍在側。前見近人在報上所寫的記述中，說看到周佛海的大廳上，竟然放的是金質痰盂，這才是天大的笑話。姑不論周佛海的政治立場如何，他到底還是個讀書種子，又何至庸俗一至於此？況且，即使是一個金質痰盂，試問又所值幾何？如要以金痰盂來炫耀他的財富，不但顯得庸俗，亦見十分愚蠢。倒是盛老三的鴉片盤中，確然放著一個金痰盂，但也不過高兩三吋的小小一具而已。

我認識盛老三時，他已經六十七八歲的年紀，大約由於染有太深的烟癮，清癯瘦削，體重不會超過一百磅，望之儼然一頭猴子模樣。但當他過足烟癮之後，發音清朗，精神健旺，談數小時而娓娓不倦。他家中只有一位如夫人，本出身於長三堂子，一個弱冠的兒子，又是螟蛉而來的。如此簡單的家庭，不但房屋寬敞，而且陳設豪華。一九四四年前後，上海因煤斤缺乏，實行節電，而盛家卻自置發電機發電，整日燈光燦爛，全上海不知有多少巨紳富賈，能夠有如此排場的，也恐只此一家而已。

向周佛海提出兩計劃

我與盛老三從相識而合作的經過，說來話長。原來當周佛海隨汪精衛氏由渝輾轉來滬，發動「和平運動」，進而作組織政權的準備時，他邀我參加。他告訴我，他的職位，雖是財政部長，但他將協助汪氏展開全面的政治工作。意思很明顯，他所負的責任與所處的地位，是僅次於汪氏。我忽然心血來潮，以為搞政治，第一就是要錢，沒有錢，則一切無從談起，基於他將出任財政部長這一點上，我作出了兩個計劃：第一、創辦一家銀行，讓他可以有所運用而放手幹去。以後我所主持的南京興業銀行，不但開辦還遠在「中央儲備銀行」之前，而且領到了財政部的第一號銀行執照。

第二、我想到食鹽非但一向為大利所在，而且在淪陷地區中，中國的鹽政與鹽業，早已被日軍所攫奪，他們不但控制了產鹽最多的華北長蘆鹽場，也佔有了淮北鹽場。過去經營鹽業的場商、運商與銷商，分得很嚴格，不得兼營，而這時早已紊亂不分。在東南地區，由日軍直接卵翼下，成立了一個通源鹽公司，主其事的為丁劍橋（伯雄）與周吉甫兩人，為華中地區的唯一銷商。

佛海這個人，確是有些氣度的，他常常自誇「用人不疑，疑人不用」而確能勉力做到；而且他也決不斤斤於細節，只要你能言之成理，無不坦然採納。我的兩項建議，一經得他的同意，在汪政權建立之前，即已著著準備。此後，銀行業務依賴他的支持，辦得很有成績，南京總行，在中華路自建了一所戰後最具規模的大廈（勝利後被接收而成為中央信託局局址），以後在上海又開設了分行。迨佛海兼任上海市長後，事實上成為上海市的市庫。佛海為重慶工作，從未領過一分經費，這銀行多少給了佛海一些政治上運用的便利。

在周吉甫家坐冷板凳

對銀行我已經是門外漢了，而對鹽業，更是一竅不通。我先收買了一些還是前清遺留下來運鹽憑證的引票，就開始籌備。佛海同意將來淮南、松江、餘姚三個產鹽區域的食鹽，因日人尚未染指，交給我一家收買。這應該是之個最優惠的條件，無如我本身已是外行，而延聘來的專職人員，又了無經驗，如此，豈非是盲人又騎瞎馬？因此，一直等到汪政權的建立，雖然分在三個產鹽區成立了三個公司，而業務仍然無法開展。名義上我是三公司的董事長，但事實上卻又一直無暇過問。

事有湊巧，不知怎樣周吉甫走通了佛海的門路，又時常出入於佛海的私宅，而佛海對他，也有著不壞的印象。有一天，佛海突然問我鹽公司的情形，我只有據實答覆。佛海遲疑了一陣對我說：「通源公司幾年來已辦得有些成績，周吉甫為人尚還幹練，他也想擺脫日人的羈絆，重新改組，我以為你不如和他合作，較之另起爐灶要有利得多。」既然佛海的意思很堅決，於是事情就決定了下來。

我開始與周吉甫商談進行合作的事，在我這一方面，參加談判的還有担任常務董事的楊惺華。惺華的參加，因為我想到如鹽公司辦得好，將會有龐大的利潤，佛海雖信任我，但我覺得總也有所交待，因此拉了他的妻舅楊惺華担任常務董事，以示清白。更因為惺華與周吉甫為上海交通大學的同學，在談判時也許可以格外方便。吉甫表面上是一個十分圓滑的人，而實際卻見風駛帆，無孔不入。初次的商談，就在吉甫跑馬廳畔的卡爾登公寓他的私寓中。他認為惺華與佛海的關係，遠較我為親，拉得住惺華，就可以抓得住一切。因此入座未久，他就拉了惺華進他的臥室中閉門密談，反而把我這個名義上的董事長冷清清地擱在客室中，儘管我感到他的做法過份淺顯，還是不露聲色，枯坐了一小時有餘。吉甫給我第一個印象，就引起了我對他的警惕。

通源公司終宣告結束

以後，合作雖然還是勉強談成了，並簽了合約，由雙方各半出資。我這一部份的資本，全由南京興業銀行撥付。改組後的業務尚未開始，而吉甫忽然向佛海獻策，他說：湖北方面鹽價很高，那裏雖也在汪政權的管轄之下，但對於鹽政，向由當地的日本軍人包辦而政府無權過問。吉甫向佛海担保，已疏通好日本軍人，今後的運銷，可以改由通源公司承辦，只要經過再度形式上的接洽，即可實現，這是他對新公司的一項獻禮。

佛海是性格極端衝動的人，對吉甫的話，也就深信不疑，他立刻找我去，欣然對我說：「吉甫確有辦法，我正為湖北方面的鹽政而頭痛，他居然能輕輕易易地辦好，這機會就不容錯過。他要求雙方各派一個代表同往武漢，向日軍作最後接洽，你就物色一個人與他派出的代表一同啟程。」佛海的話，不無使我有懷疑之處，因為通源公司雖然完全以日軍為後台，而力量也僅在蘇浙皖地區，我不以為吉甫真會有此辦法，或許有錢好使鬼推磨，他向日本人答應了一筆很大的代價，來換得這項權利，若真是如此，就不能不考慮到條件的內容。

吉甫的代表是蕪湖分公司的經理，姓名已記不起了。我則派了一位向無人知的李正兆同去。正兆是一個日本留學生，外表看來十分拘謹而老實。我給他的指示，要他裝成完全不懂日語，任何與日人交涉，他只要靜坐傾聽而不必參加任何意見。但要把每天的工作情形與談話內容，詳細紀錄。

半月以後，他們從武漢回到了上海，正式向我報告，在與當地的日本駐軍與特務機關談話中，證明了吉甫事前與日軍方面並無任何接觸。他向佛海說的話，不但是一種買空賣空的手段。而且竟然為一項投機行為。他派去的代表向日本方面的說辭，明言通源公司最近改組了，由周部長參加了一半資本，因此希望日本方面看在佛海的面上，讓出經營食鹽的權利。而這次接洽的結果，事實上也並未獲得任何進展。

我不清楚吉甫是怎樣向佛海搪塞的，因為他們由武漢回來以後不久，佛海又找了我去，我知道定然為了湖北銷鹽的事，就携帶了李正兆的一份武漢之行的談話紀錄。佛海似乎還並不會知道此事已經失敗，自然更不知道與日人談話的內容，他表示出吉甫的報告，僅為尚未獲得預期的結果。我笑笑說，這一件事，在我表示意見之前，我想先請你看一份在武漢與軍部等談話的紀錄。他取來看了幾頁，臉上就表露出非常憤怒的神色，把這份紀錄一擲說：「周吉甫這傢伙真是豈有此理，不但把我來招搖，又豈能向日本人說我一個財政部長而可以參加投資食鹽經營之理?」佛海說完，立刻呼喚他的副官厲聲說：「今後再不准周吉到我家來。」經此一幕，我不必再有所說明，與通源公司的合作，自然就此完結。

以後，通源公司也終於結束了，照理，通源在東南地區的統營食鹽，還在汪政建立之前，不論從歷史上及與日人的關係上說，都已根深蒂固，這是否受了佛海的影響，我不得而知。但繼起經營鹽業的，就是盛老三，這卻給予佛海以更多更大的麻煩。

盛老三對佛海不賣賬

由盛老三主辦的，叫作裕華鹽公司，也許由於他辦理宏濟善堂，為日軍開闢了一大財源，因此取得了進一步的發展。正因為他有這樣的靠山，於是就不把汪政府看在眼裏。形式上，鹽政應由汪政權的財政部管理，一切業務，都要經由財部批准。但裕華常有不合理不合法的事向財部呈請，佛海就予以批駁，而批駁之後，日軍駐華司令部卻又以種種軍事上的理由，行文財部，為盛老三支援。這樣，常使佛海陷於非常狼狽之境。這種磨擦，而且在逐漸如深，竟形成了一個私營公司與一個政權對立的狀態。盛老三又常於得意之餘，公開對佛海加以口頭上的攻擊。儘管如此，在他的內心上，為了財政部到底是他的一個主管部門，他不能事事向日軍聲訴，也不能事事仰仗日軍出頭，軍部更未必能使佛海件件屈服。這情形的延續，使雙方都感到了無比的困擾。

佛海曾經派人向盛老三那裏暗中斡旋，但數易其人，而迄未能有何改善。一天，佛海向我赤裸裸地談到了這一件事，而且希望我能打入盛老三的圈子，使他能夠就範。我對盛老三雖並不相識，但鑒於佛海的處境，也覺得不容推辭。

在有意無意間，我終於結識了裕華公司的兩位大將周旭初與惲藝超。他們當然知道我與佛海的私人關係，而他們在平時，總也聽到盛老三談起財政部所加給裕華公司的掣肘，因此，相識未久，就深入地談到了這種種問題。終於有一天他們為我介見了盛老三。盛老三平時架子很大，平常人輕易莫想見他，這次主動約我，我已知道對這一任務有了幾成希望。初次在金神父路與他見面時，在我面前，他還故意恭維了佛海一陣，但又明顯地表示出他與日人間的密切關係。但既然他約我是有目的的，也就不能不透露出辦理鹽務上的困難，而希望我能向佛海有所解釋。

到了這關鍵所在時，我就老實不客氣地單刀直入說：我知道你和周部長之間，過去不免有些誤會，這只是由於雙方隔膜之故，我以為只要有人能從中解釋，那什麼事不可解決？但中國的內政，如鹽務那樣由你經辦的事，而要事事由日本人來出面代向當局進言，即使成功了，也將使日人懷疑到你的力量。我以為這與你的面子，多少有些不太好看。他聽了我的話，倒並未老羞成怒，反而表示出一副誠懇的態度說：「那麼，你肯不肯作為今後我與周部長之間的橋樑呢？」我自然答應將盡力而為。

利之所在乃化敵為友

果然，此後盛老三與佛海之間，由我從中奔走之後，居然在表面上化敵為友了，這發展而且是出乎意料之外的快。因為盛老三知道我也在淮南、松江與浙東地區辦有三家鹽公司，他也明知道這與佛海有些關係。因此他建議三公司與裕華合作，統一辦理，以收事半功倍之效。我轉告佛海，取得他的同意之後，就實現了這一計劃，我在裕華公司又投下了該公司百分之五十的資本。

裕華不僅資本額大，而且每當鹽汛，就得向鹽民大量收購，流動資金的需要尤多。投資裕華是由我銀行籌付的，但我這家銀行也並非力量雄厚得可以經受得起任何風浪的。因此我與佛海有個約定，投資由我負責，如有贏餘，全部移作為佛海政治工作上的運用，特別因為他所負起重慶政府的工作，總不能開支到南京政府的賬上。但如一旦我銀行因投資而出現現金不敷時，不能不請他全力支持。因而他曾經寫給我一張給中央儲備銀行各局處長的手諭，要無限制供應我這家銀行的頭寸。這事無疑會使中央儲備銀行的人感到驚詫，但誰也不知道他的動機與真正的內幕。

佛海的作風也確是可愛！他絕不拖泥帶水。自從我與盛老三在鹽業方面合作之後，他告訴了財政部的鹽務署署長阮毓祺，任何鹽政要先與我商酌，各地的鹽務管理局長，也幾乎全由我保薦。這樣使我取得了無限便利。裕華最重要的問題，就是食鹽的加價，過去爭執得最厲害的，也是為此。自從由我居中聯絡，每一次要加價，均由裕華先於事前提出一個數字，經我與阮毓祺商酌後，依實際情形加以核減，再報告佛海而定案，裕華等侯我的通知，才正式備文向財部呈請。說來可笑，佛海大刀闊斧，不避嫌擬的作風，又往往使我受到了若干不虞之「毀」。因為裕華的正式呈文，是先由我逕交佛海，由他核批後，再送財政部收發室，等主辦人員看到，部長卻早已在上面批示決定了。為此，財政部方面，又對我作出了種種的猜測。

收購食鹽竟血本無歸

事情已過了將近三十年，到今天已再無將內情掩飾的必要了。在裕華每一次加價中，是暗中約定了每担提出若干數額交予佛海的。因為我是經手人，不能不在手續上搞得清清楚楚。辦法是這樣的：裕華在我銀行中開了一個化名的戶口，解款簿在裕華，支票簿交佛海。每月再由裕華交給我一張銷售清單，鹽務署也憑各地管理局的報告，製成銷鹽實數的表格，用以作為兩者的核對，我再將銀行的月結單一併送交佛海，這樣做，數額不會錯，經手人自也無從中飽了。

勝利以後，各方對佛海不斷有聚歛的傳說，這因為他主管了汪政權的財政、金融兩大部門，就不免有想當然的成份在內。即以我所清楚知道的這一戶口而論，卻時常會出現赤字。我行裏的職員不知這是誰的戶口，記得簽字是寫的一個「飛」字，竟有過因存款不足而退票的笑話。佛海並非是一個聖人，白骨早枯，我也不必定要為他掩飾，但到底他還有一些書生的氣息，又自恃與蔣先生的關係，又正在為重慶冒險工作，他一直對未來存有天真的幻想，又何必於此時搜括以自毀其前途？

說來慚愧，合作以後的裕華鹽公司，無可諱了，曾經賺過不少錢，但對我來說，結果卻遭到言鉅大的損失。參加的資本當然不能半途收回，而收鹽時的流動資金，又需要各半籌墊。一九四五年勝利的那一年，餘姚場食鹽增產，裕華一口氣就收了上千萬担，以戰時交通關係，都擱在當地鹽場。而兩顆原子彈迫使日本投降了，這許多收來的食鹽，也自不及搶運。使我代佛海投入的資金，以及臨時墊付的款項，全部血本無歸。

一紙字條「請來救命」

盛老三這個「黑白大王」，在當年的上海，真是無人不知，無人不曉。記得勝利上一年的冬季，他剛逢七十生辰，就在他金神父路的寓所，大張壽筵，邀來了南北名伶，日以繼夜地整整唱了三日三夜的堂會，滿院笙歌，人頭簇擁，好一派的榮華景象也！這只成為他一生中的迴光返照了。

勝利以後，他的住宅不久即為中統所接收，那年的十月中旬，也被拘捕後羈押在上海軍統拘留所的楚園，百足之蟲，死而不殭，軍統對他也另眼相看，知道他煙癮深，特許他在內公然吸食，依然一榻煙霞，橫陳笑傲。但數月之後，又與楊揆一、羅洪義、沈長賡等四人，解往南京，最後判處了無期徒刑，終至瘐死獄中。

一九四八年當我出獄以後，一天收到他托人轉來的一頁紙條，上面僅僅寫了六個字：「雄兄，請來救命！」我特地去了南京，往老虎橋監獄探望。見到他更老、更瘦、更憔悴了，以當時他的健康情形而論，即使恢復自由，也將活不了多久？他要我為他向當局疏通，早謀出獄。試問我這劫後餘生，還會有什麼力量？說了幾句空言慰藉之後，就匆匆告別，這是我最後一次見到他了。

「一品老百姓」虞洽卿二三事

水一亭

上海租界內，以中國人姓名命名的馬路，自始至終，僅有兩條：其一為朱葆三路；另一則為本文所談的虞洽卿。在其七十大慶時（民廿五年），由公共租界華董陳霆鋭、奚玉書、江一平等的活動，工部局的捧場，將西藏路改名虞洽卿路，作為他旅滬五十五週年的紀念。以世俗的眼光看來，這確是一種光榮。

清末年間，虞洽卿捐了一個候補道，戴過紅頂，拖過花翎。北洋軍閥統治期間，他由孫傳芳委充淞滬商務督辦公署會辦，袍笏登場，商而鉅則仕。抗戰末期，他由上海經港去渝，曾經串演過類似於「齊桓下拜受胙」的一幕，一時聲名陡起，友好間因進以「一品老百姓」的徽號。此三者中，後一項較有趣，事詳後文。本文以〈一品老百姓虞洽卿的二三事〉為題，即由此而來。

諢名赤腳財神的來由

虞洽卿，名和德，字瑞岳，洽卿是他的號，寧波三北龍山人。他的父親名成文，號晚峰，在上海與寧紹間設民信局，專為同鄉遞寄家信及承劃款項。這是郵政未開辦前民間自辦通郵通匯的機構，無需大本錢，但以誠實可靠為主，而成文則為同鄉所信賴，營業頗佳，據說後來曾自備沙船兩艘，以供海運。洽卿幼年，雖未受相當教育，而其家庭環境，卻不如人們所想象的困苦。

一般談者，多謂洽卿幼時家貧，當其父送往上海某錢莊當學徒時，先一夜，錢莊當手（經理）夢一赤腳財神闖入客堂。次日大雨，洽卿到店，因無錢備雨具，赤腳而來，門檻高而人矮小，滾跌而入。當手見了大喜，以為恰符夢兆，逢人必告，由此洽卿獲得赤腳財神之名。此項傳說，講的既是夢話，我們就以夢話聽之好了。按之實際，則情形迥殊。洽卿於十五歲時，由同族虞鵬九的介紹，來滬經商，同行有某姓子弟，年齒相若。事先說妥，洽卿入南市大王廟小錢莊習錢業，某姓子弟則入英租界山東路瑞康顏料號為學徒。及抵上海，事忽變卦，某姓子弟入錢莊，洽卿入瑞康，適成相反之局。以故，洽卿根本不由錢莊出身，所謂夢境，倒確是一個夢境。

由學徒到股東到買辦

瑞康顏料號，範圍不大，資本僅八百両，老闆奚潤如，雇有夥友三人。學徒中除洽卿外，尚有一個貝潤生。這家店，店運出奇，不發老闆，獨發夥計，後來虞洽卿固已出人頭地，貝潤生亦以顏料大王稱雄上海。若論財富，則潤生居積極厚，遠非洽卿所能及。

洽卿初到店時，先任雜役，後始學習「跑街」。由於他的咀頭甜，腳頭緊，心頭靈活，未滿師前，其經手買賣已賺進萬餘両，潤如許為後起之秀，極為器重。當時商舖舊例，學徒終歲勞動，年底僅得鞋襪費十二元，潤如以其有功於店，加意籠絡，增給四十元，以示奬勵。在那個年代裏，鞋襪費提高到半百之數，已是破天荒的創例了。

及既「滿師」，成為夥友，同業舒三泰見其年才弱冠，卻已滿腹經綸，亟欲延為己用，曾以優惠條件相許。潤如當然竭力挽留，洽卿亦不忍於離去，彼此為作進一步的結合，乃由潤如讓出股份兩成，過入洽卿名下，洽卿則另投資二百兩，作為新增資本，由賓東關係轉為合作局面。自是而後，瑞康營業日益發達，而洽卿之名亦日振。

如是歷十二年，洽卿始入魯麟洋行為買辦，繼入道勝銀行為買辦，最後入和囒銀行為買辦，並創辦私人企業，經營航運。這些經過，筆者無意給他寫傳，不須敷陳，所要說的只是在他事業以外的一面。

得外人器重市民信任

洽卿由商界脫穎而出，成為海上聞人，一半基於才具的開展，一半則為時勢所造成。其時租界雖為華洋雜處之區，實際不過是周圍十里的洋場，人才畢竟不多，圭角易於嶄露，何況寧紹幫的勢力頗大，洽卿在先天上已佔便宜，再加前輩提携與本身的進取，在商界自易得一相當地位。重以華洋交涉事件，不時發生，在租界當局的壓力下，謹願者只能抱恨於心，激烈者亦難以強項自逞，眾議紛紜，莫衷一是，其間如果有人，能以不卑不亢的態度，出面周旋，據理辯論，爭回幾分面子，這人便為人望所歸，而洽卿即曾有此表現。反之，租界當局亦樂於見到在法律上並無根據、在利用上頗具價值的代表人物，作為官民間的橋樑，俾能避免若干行政上的杆格，洽卿既與租界當局時有接觸，自亦成為他們探路的手杖了。就當時情形而言，得市民的信任尚易，得外國人的器重則難，洽卿兼而有之，宜其聲名日立，氣勢日雄，而取他人金錢，發展本身事業，亦日見其週轉靈活了。

四明公所案初試啼聲

虞洽卿在華洋交涉的表現，一次為法租界四明公所土地爭執案；一次為英租界因誣指黎黃氏拐帶人口而引起的大鬧公堂案。前者是他參與地方事務的開始；後者則為參與地方事務的成功。其以配角躍為主角，從而打開以後的局面，即以此為始基，茲述其涯略如次：

清光緒二十四年，法國人第二次侵奪四明公所塚地，於是年五月十三日關聖誕辰，法租界公董局致函公所，謂善鐘路（？）一百八十六號與一百九十一號地，公所佔用已久，應當交還，以供建設公學、醫院及屠宰場云云。公所董事嚴筱舫、葉澄衷、沈仲禮等嚴詞拒絕，法領事白藻泰悍然不顧，於五月二十八日遽調軍警，摧毀塚垣，進行掘墓。寧波同鄉聞而大憤，相率罷市，法人仍贏之不理。洽卿於軍警進佔時，已自告奮勇，聯合同鄉，抵拒糾纏，至是又別出心裁，遊說專為法人服務的寧波籍男女傭工，同時輟工。寧波人的團結力是堅強的，果皆應命，一鬨而散。法人生活豪華，享受已慣，一旦廚空灶冷，澣濯無人，始猶忍受，終苦不便，乃自動讓步，除將軍警撤回外，並轉頭向公所董事，表示願意調解。公所董事見洽卿年輕有為，一口洋涇浜英語，講得亦夠流利，乃著其參加交涉之事，至十一月始告結案，所爭回的面子，為塚垣內的墳墓，由其子孫自動遷讓，法公董局不得迫遷，更不得掘墓。

黎黃氏一案大獲全勝

光緒卅一年正月，英租界發生大鬧公堂案。緣有粵婦黎黃氏，隨宦四川，夫死回籍，道經上海，因攜帶婢女多名，捕房探捕誣指為販賣人口，拘解會審公堂審訊。承審者為副會審官金鞏伯，陪審者為英國副領事德為門。金於訊問之後，判令暫羈於女押所，而德為門則判送女西牢囚禁，因而發生爭執。值堂西捕頭不僅於金的諭令，抗不執行，且將公堂大門關閉，取出警棍，向金指指劃劃，大聲叱責，意欲行凶。旁聽人激於義憤，群起不服，於是釀成大鬧公堂的一幕。風聲所播，次日又釀成罷市的風潮，一般激烈份子，且有糾眾圍燒巡捕房的企圖，被捕者夥，但不久租界巡捕，亦起而響應，一律罷崗。其紛亂情形，除咸同間太平軍兩度進襲上海時外，直為開埠以來所未見。當時蘇松太道為袁海觀，正會審官為關炯之，雖經交涉，不得要領。而奉命出洋考察憲政大臣載澤等，適抵上海候船，寓靜安寺路洋務局，亦以風潮擴大為慮，主張派公正紳商，出任調停，以期較富彈性，能使事機轉為圓滑，當經推定朱葆三、周金箴、施子英及虞洽卿四人，以商人名義，同往工部局接洽，往返多次，亦無眉目。朱、周、施三人旋因事釋手，不再過問，剩下虞洽卿，獨挑大樑。

這是一個沉重的負担，也是一個發展的機會，洽卿既以一身繼續折衝，自然成為各方矚目的人物，無形中他的地位已是抬高不少。同時他又邀集旅滬各界各幫各業領袖，交換意見，集中力量，於團結一致之中儼然成為領導人物。經過相當時間後，工部局已見勢不可侮，且感僵持無益，始願收篷改舵，轉趨妥協之途，接納下述條件：（一）由總領事撤去德為門陪審官之職；（二）由工部局向中國官廳道歉；（三）撤懲侮辱華官之西捕頭；（四）黎黃氏一案，打破向例，以後不歸英領續審，改由德國領事陪審。黎黃氏以及在罷市時所拘華人五百餘人，一律釋放。（五）在同一日內，商店復市，巡捕復崗。

自海通以還，中外交涉，不問道理如何，總是中國人大大吃虧。這回地方性的華洋交涉，卻能差強人意，結果總算打了一場小勝仗。

當復市的一天，虞洽卿身穿公服，翎頂輝煌，以候補道的身分，偕同蘇松太道袁海觀、正會審官關炯之，從南京路東頭走到西頭，挨家挨戶，勸導開市。各商店亦即欣然承諾，紛紛卸下排門。回復熙來攘往的盛況。他的腳頭是辛苦的，心頭卻有說不出的高興。經過二十五年的磨礱（他由光緒七年到滬起，至此恰滿廿五年），他由顏料店的小學徒，一躍而為上海的巨擘，居然和朝廷命官，聯袂同行，在大馬路大亮其相，這豈是他始料所及的麼？

自英租界之「大鬧公堂」案結束後，虞洽卿的聲望既已展開，故凡關於華人與工部局的交涉事件，和他幾於分不開來。其中具有建設性的交涉，一為萬國商團中華隊的創立；一為工部局加入華董；均由他的不斷折衝，達成共同的願望，茲分述如次：

萬國商團中添設中華隊

當大鬧公堂案引致巡捕罷崗時，地方秩序，工部局派由萬國商團出動維持。該團構成分子全屬外商，不但因語言不通，習慣不同，與路人及居民時啟糾紛，且自炫其優越性，以彈壓姿態，對華人的正常行動亦加干預。洽卿因而意識到華商自衛力的不容忽視。非在萬國商團中佔有一定地位不可；但亦意識到自衛力的組成，非先有經過訓練的商人不為功，否則為烏合之眾，決難取得工部局的承認。於是洽卿先行創立華商體操會，邀請各界領袖加入發起，分擔經費，闢操場於閘北華興坊華安坊的舊址，聘請曾在外洋肄習兵操的商人為教練，經登報徵求會員後，一時報名者甚眾。無如趨新有意，積習難除，要這批人脫卻長衫，穿著黃布操衣操帽，則仍忸怩作態，趦趄不前。洽卿乃與會董胡寄梅、袁恒之等現身示範，裝束齊全，高視闊步地在街頭來回行走，以開風氣，眾始踴躍，參加兵操者迭增至四五百人。如是經年餘的訓練，步伐行伍，均有可觀，洽卿乃進而商准工部局，在萬國商場中添設中華一隊，其隊員即就體操會會員中遴選充任；又由洽卿出具保單，擔保其人品性行為，符合於工部局的規定。但工部局仍有兩種限制：㈠中華隊隊長由英人充任；㈡華隊向工部局所領槍械，操畢仍須繳回，隊員不得持回家中。合埠商人及全隊隊員，均以此項條件，顯見工部局有意歧視，表示不滿。洽卿則認為此係資格及信用問題，非一時口舌之爭所能收效，事在人為，惟各加勉而已。自是而後，隊員服務成績均合標準，其個人品性行為亦皆表現端正，洽卿乃再向工部局交涉，所有華隊槍械，自行保管，不再繳交工部局，取得了與他國商團同樣的待遇。由是閘北南市，亦皆仿效，各組商團。辛亥革命時，南市商團於維持地方治安外，且於上海光復，參加作戰，以服務社會團體而為國家效力。洽卿個人，則會以中華隊的名義，出過風頭，穿起「兩尺半」，掛起指揮力，前往日本，作為日軍演習中觀操的一員。

工部局內終於有了華董

光緒三十二年二月間，虞洽卿會致函工部局總董，提議設一華人代表委員會，以租界市政，華人無權參與，殊失其平，且與同治五年領事團的提議，和同年十二月工部局總董公布的意見不符。當時清廷積弱，民氣不振，工部局當然置之不理。及入民國，工部局有增加市政總捐由一二至一四之舉，界內居民，紛紛組織各馬路聯合會，群起反對。又組織華人納稅會，以為選舉華董參加市政的準備。交涉結果，雙方讓步，總捐照加，工部局允設華籍顧問委員五人。民十四年五卅慘案發生，激成全埠罷市罷工罷課風潮，各地亦起而援助。北京外交部向使團提出抗議，派員到滬調查，公使團亦派員到滬接洽，幾度會議，對於我方所提條件十三條，迄無成議。此時北京政府任命孫寶琦為淞滬區督辦，虞洽卿與李平書（鍾珏）為會辦，故在交涉中，洽卿與外交部所派的鄭謙、蔡廷幹、曾宗鑑等同為負責之人。十三條中有關工部局的一條，為改變組織，加入華董。延至次年，始獲工部局同意，加入華董三人，但為上海總商會所拒絕，聲言華人應享有完全市民權，華董名額應照納稅多寡為比例，不得由外人任意支配，於是又成僵持之局。民十六年，租界當局復加市政捐二厘，商民一致抗拒。法租界旋獲和平解決，公共租界則採用嚴烈手段。對抗捐不繳商店，禁止營業，因而被迫關門者四十一家，情勢頓感嚴重。洽卿鑒於北伐尚未完成，國家統一有待，不宜以一隅得失之爭，影響大局，乃出而調停，接受所增總捐二厘，但以額外為名，以示與正規有別。同時又以工部局接納華董五人與委員六人作為條件。此時漢口九江租界均經收回，工部局當局見我民氣發揚，大非昔比，亦知勢無可遏，事在必行，乃於民十九年五月達成協議。從此華人正式參加市政，洽卿以首席華董地位出席於工部局會議，聲價自又攀高了。

活躍租界結納中國官場

前此華人在租界執有的地產，多以道契委由洋商出面掛號，故華人雖納地稅，而納稅人的權利則為洋商所攫取。經過納稅華人會的組織，大家方才明白華董的產生，基於納稅人的票選，事關權利，不能放棄，始將道契收回自管，以本人名義註冊。此為收回權利之一端。

又工部局的行政最高層，華人向被擯於組織之外，自華董參加市政後，始增設華籍會辦一員，由洽卿保舉何德奎担任。告朔餼羊，誠無足重，但在體面上畢竟好看些，不失其象徵性的價值。此外又因研究工部局現行制度，聘用中國法律顧問一員，亦由洽卿介紹吳經熊應聘。

洽卿既在租界展開活動，同時又結納中國官場。由滿清官僚以至革命黨人與北洋軍閥，他都能因風乘便，隨機應變，名利兩途，多所收穫。最後，他又由擁護北洋軍閥轉而擁護國民政府，侈言其在辛亥即已參加革命，宗旨始終不變。實則他的行徑，與今日投靠紅朝的章士釗正復相同，章氏所寫「居然吾郡成豐沛」之詩，不啻為他當年的心境咏也。

洽卿結交滿清官僚，是以南洋勸業會為進身之階。宣統初年，勸業會開幕於南京，徵集全國物品陳列展覽，為我國舉行博覽會的嚆矢。當時兩江總督端方，為滿員中思想較新之人，頗能留心工商業，因創是議。而事屬首創，人力物力，需助良殷，洽卿乃乘機投效，並籌墊開辦費用，故得端方激賞，自任會長，而以副會長名義相畀。以一候補道躋身於現任制軍的行列，確屬殊榮。不意正當積極進行之際，端方忽調北洋，繼任者為張人駿，卻是一位不甚投機的官僚。幸虧洽卿善於伺應，而勸業會又是奉旨辦理，人駿不敢公然掣肘，故仍如期展出，如期結束。在此役中，洽卿除得表面風光外，蘇省文武大員，由於他的長袖善舞，均已結為朋友，彼此交孚。據說辛亥革命時，他曾遊說蘇撫程德全，輸誠易幟，即由勸業會的線索而來。又他在龍山家鄉敷設的輕便鐵道，其中若干器材，據說即為勸業會的「剩餘物資」。

與老段交歡以負債出名

民十四年，洽卿接受孫傳芳的委派，充任淞滬商務會辦。此一經過，只能視為他向北洋軍閥投靠的小節，因孫氏並非北洋嫡系，而商務會辦這類的官，他早做過，亦不自此時始也。洽卿所投靠者實際為段祺瑞，當執政府成立後，孫中山為謀國家統一，主張召集國民會議，段氏則先舉行善後會議作為抵制，其所延聘的會員中，虞和德的大名即在其內。洽卿欣然應聘，出席會議，這是他對北洋軍閥表示擁護的重大表現。反之，段氏待他亦很厚道，既給他官做；又送給他航業公債兩百萬，雖為表面價值，畢竟不是廢紙，至少總有幾十萬可以白撈。看重現實，人之常情，他又不是吃政治飯的，事秦事楚，不為詬病。民廿五年，洽卿七十大慶，友好假寧波同鄉會舉行公祝，段氏時在上海，親臨拜壽，這又見他倆的淵源深厚了。

在上海商場中，洽卿又以負債出名，一年到頭，多賴「掉票」調度頭襯，而且所掉的票，等於

「興隆票」，不發財不會還錢，發了財也未必還錢。上海人多數吃面子，講虛榮，有的人覺得洽老開口，不好意思推卻；有的人則認為由此交結大好佬，破財也還值得，並非完全落空。因此他的掉票倒不十分困雄，儘能週而復轉。然而曉曉向人，借債應急，到底是辛苦的，所以他常對朋友說：「你不要以為我坐汽車寫意，我坐的其實是『九更天』裏的滾釘板哩。」這是實話，仰面求人，即使不遭白眼也很雄過。

三北輪船公司是無底洞

他的身邊，最大的漏洞就是三北輪船公司。當時我國長江航運，及南北洋航運，幾全為英商的「太古」「怡和」與日商的「日清」所壟斷，招商局只能餂其餕餘，三北更何足道。它雖擁有大小船隻三十二艘，合計噸位四萬餘，無奈船是舊貨，速率甚低，客運貨運，難於招攬。外加班期並非鐵定，往往為了貪圖較好水腳，寧可移期就貨，甚至拒裝依照公議納費的貨物，以致影響信譽，營業越發不前，包袱卻越背越重，又為顏面攸關，不能不維持下去。如此情形，除舉債應付外，自無其他法門了。三北公司有一老茶房，對他是忠心耿耿的，有時看到日已沉西，職工散盡，他還獨個兒賴著不走，老茶房經驗多了，知道他還在為當夜買票的錢大動腦筋，便自動地「奉獻」一番佛十二尊，打發他早點走路。所謂買票錢者，應邀吃花酒之纏頭費也，為數戔戔，偌大老板尚待籌措，可見他的處境之窘，有時殆非常情所能言喻。

物品交易所與勸業銀行

話說回來，洽卿在投機倒把上卻曾撈過肥錢。他所創辦的物品交易所，每股五十元，實收四分之一，僅為十二元五角。他們即就本所股票，烘抬操縱，炒足輸贏，每股居然漲起四五倍之多。交易所既無資產，又無貨物，除了傢俬裝飾，四大皆空。專在本所股上，拋空套利，等於翻戲，即無信交風潮，亦難存在，其後於一夕之間，宣告停業，乃為勢所必然。就事業言，洽卿是失敗的，但就利益言，則其先後所撈，數不在少。尤以交易所的經紀人所繳百來萬的保證金，由他一手捲去，更屬可觀。按之規章，保證金原應繳存國庫，以資保障，但由於政府的顢頇，官商的勾結，竟憑他的一面之詞，移花接木，撥充他所另設的勸業銀行官股，並予以發行權。此一金融機構，與交易所原是分割不開的，交易所既告倒閉，銀行自亦不保，隨而崩潰，若干客戶，經此兩項打擊，一時自尋短見者大有其人。而洽卿的身邊漏洞，則賴此填充彌補，稍舒喘息。至於事件本身，經過長期清理，輾轉分化，其後亦皆不了了之。

為米蛀蟲的渾號而自辯

洽卿的經濟環境，直待抗戰發生，國軍從上海撤退，始見好轉。但惜世事難全，他又背上了

「米蛀蟲」的臭名。事因上海成為孤島後，民食即起恐慌，米價視前騰貴，米源且有中斷之虞。當時洽卿主持救濟難民工作，商獲工部局同意，由他向香港滙豐銀行，貸款購船四艘，專駛仰光，採辦洋米，運滬調劑，而以工部局所徵救濟捐作為辦米資本。事屬義舉，人人稱頌。不料他的洋米上市之日，米價隨而加高，求平反貴，大出意表，群起指為囤積居奇，因而錫此「嘉號」。但據洽卿剖釋，則漲價亦自有其理由。他首先指出「囤積居奇」四字，應當分開來說，「囤積」不一定是壞事，「居奇」才是真實的罪惡。現在上海民食，是一個「有」「無」的問題，「囤積」是「有」，「有」比「無」總強得多。米價貴點，但仍有米可買，其害不大。若「囤積」而又「居奇」，非待價錢漲足，不肯上市，這才是「米蛀蟲」的行徑，而我虞洽卿並不如此，隨到隨賣，有何過犯？次言米貴原因，並非米的本身起價，水腳加重其一，外匯漲價其二，沿途損耗其三，成本既高，那有不漲之理？若必以此責難，只有停辦一途。等到那時，米源斷絕，貴米亦無買處，那才是大問題呢。老實說，我今經手辦米，水腳外並無沾光。即以水腳論，亦不如運棉花的好。目前上海棉荒，視米尤甚，如我想賺大錢，船是我的，改航巴基斯坦，裝運棉花，一次水腳好過運米三次，又不會被人咒罵，豈不更為有利。然而我不願如此做，專門運米，捨厚逐薄，這樣的「米蛀蟲」，似應嫌少而不嫌多吧。悠悠之口，爭辯為難，只要問心無愧好了。

當軸邀便飯身價大不同

民三十年，日本軍對於上海租界控制益嚴，其令婿江一平及親友等，深恐治卿艱於應付，力促轉往內地，他始離滬，經港去渝。當他在珊瑚壩飛機場下機時，天適微雨，迎者仍極踴躍，交通部長張嘉璈一手持傘，一手摻扶他從機廂著陸，自是一派風光。但他抵渝以後，並未向最高當局投謁，而最高當局亦未加以接待，於是好事者流，紛致猜疑，以為兩人之間，容有隔膜，否則不致如此，因而他的聲光，一時較為遜色。

及至次年元月，最高當局邀往便飯，身價便大不同了。這像證券市面一樣，稍經烘抬，便成熱門股，一路報漲，究竟是否物有所值，反而不成問題。據治卿告人，同飯諸公，如以前清官階比擬，皆屬一品大員，天威咫尺，肅靜無聲，只有他和最高當局略事攀談，但亦著語無多，他所說的不過是「路遙知馬力，日久見人心」等老話而已。好事者流，於是錦上添花，奉以「一品老百姓」的徽號，以昭光寵。回首「米蛀蟲」的封贈，曾幾何時？早晚市價，信乎其不同也。

嘴說大西北腳走滇緬路

其時抗戰正入於艱苦之境，政府號召開發大西北，藉以轉移人民視線，治卿揣摩風氣，獨著先鞭，親往西安，調查規劃，以表響應之忱。一路驚官動府，氣象堂皇，來則洗塵，去則餞別，洽卿飽啖而歸，一炁化三清，所謂開發云云，早從褒道溜走，渺無踪影。但在滇緬路上，他以望八高齡，高踞「財神堂」（此為洽卿為貨車司機鄰座特定的名稱），為了搶運物資，抵受寒暑飢渴，往復馳驅，歲無寧日，則特見其樂此不疲，老而忘倦。尤其在敵機投彈下，烈火延燒中，他一面與店主論價，一面指揮搬運，寄生死於呼吸之間，而猶從容不迫，則其要錢不要命的精神，直是驚人，倍見「偉大」。王曉籟批評他「咀頭開發大西北，腳頭走的滇緬路。」意存譏刺，語卻切實。然而平心而論，不管北進南進，肯幹總比不幹的好。對於民生日用，在戰時物資缺乏之際，固不能謂為無所裨助也。

民卅四年三月，勝利之光，依稀在望，洽卿卻於此時病故，享壽七十有九。夢境荒唐，誠難憑信，但他以空拳打開局面，陶朱事業，老益光輝，其果為赤腳財神轉世乎！

王正廷、顧維鈞失和數十年

樸民

王正廷與顧維鈞兩人，在民國外交壇坫上久據要津，非但為國人所熟知，而且蜚聲於國際；遠在民國七年第一次世界大戰結束，次年（一九一九）舉行和平會議於巴黎，北京政府派遣代表團前往參加，由於席次的問題，造成王、顧二人的失和。此一民初政壇秘辛，早已成為談助。雖係王、顧二人個人的失和，而對於我國外交亦有相當的影響；今特追溯其淵源，撰成此文，供留心近代外交史者之參考。

王顧學歷．頗為相似

王正廷字儒堂，浙江奉化人；生於光緒八年（一八八二）；顧維鈞字少川，江蘇嘉定人，生於光緒十三年（一八八七）。王長顧五歲。

王正廷在國內畢業於天津國立北洋大學堂，與王寵惠為上下班，先留學日本，後轉學美國，入耶魯大學。

顧維鈞在國內畢業於上海聖約翰大學，後赴美入哥倫比亞大學。

兩人均為對國際公法研究有素之法學博士，其後又同為我國享譽國際之外交家，王、顧二人均於辛亥革命前夕學成歸國，獻身於外交事務。

王正廷在日本留學時已加入同盟會，參與革命工作；迨自留美歸國後，先執教於長沙湘雅書院，武昌起義時即逕往參加，任黎元洪都督府外交司長，負責與駐漢口外國領事團辦交涉，並草擬中央臨時政府組織條例，其後以湖北省代表資格，赴南京出席十七省聯席會議，並膺臨時參議院議員；唐紹儀組織首任內閣，王任工商部次長代理部務，因總長陳其美（英士）未到任，王即真除總長。民國二年四月第一屆正式國會成立，王以浙江參議員出席國會，被選為參議院副議長（議長為張繼）。

民國二年，二次革命失敗，袁世凱下令解散國會；並逮捕國民黨籍之議員，王即率領議員南下。民五年袁世凱洪憲稱帝失敗，黎元洪繼位恢復舊國會，王與張繼等在國會中又領導國民黨議員，與段祺瑞及梁啟超之進步黨奮鬥；嗣因段祺瑞非法解散國會，王又南下廣州護法，歷任軍政府之國會議長，外交次長、部長。

排名顛倒．王顧失和

顧維鈞由美留學歸國後即到北京，得其鄉前輩時在滿清政府以辦洋務著名之唐紹儀賞識，在總理各國事務衙門任主事（科長），並得唐選為東床快壻；入民國後，顧由科員而僉事、而科長，袁世凱為總統時，顧升為外交部秘書參事，民國四年奉派為駐墨西哥公使；後調任為駐美公使兼駐古巴公使，顧由此走向職業外交官之路，亦可謂為科班出身。

民國八年（一九一九）一月十八日，歐戰和平會議在巴黎開幕，美國由威爾遜總統親自率領代表團出席（國務卿蘭辛則為第二代表）與法國老虎總理克里蒙梭，英國首相勞合喬治因有最後決定權，號稱大會三巨頭，其他各團代表團亦多一時之選，均為老練之政治家外交家，並具有實際之國際事務經驗，冀能各為其國家爭取權利；如義大利之奧蘭圖首相，日本之西園寺親王及珍田牧野等，我國尚係首次參加大規模的國際重要會議，代表團人選自不能不加慎重：惟彼時南北政府尚未統一，南方革命政府仍與北京政府對峙中，因而遴派代表時不能不邀請南方政府派人參加，南方政府為表示對外一致；遂派王正廷為代表，並事前商定，由北京政府前國務總理現任外交總長陸徵祥為首席代表，王正廷為第二代表，駐美公使顧維鈞為第三代表，駐英公使施肇基為第四代表，駐比公使魏宸組為第五代表，實際上全銜均為特命全權代表。北京政府於一月二十一日明令發佈時，忽將王、顧二人之排名顛倒為顧、王；南方政府與王正廷以陸徵祥食言，憤而拒絕參加，王並準備束裝返粵，惟既已明令發佈又不便更改，陸徵祥無奈，只好將我國送交和會秘書廳之代表排名改為王、顧，因此又引起顧維鈞之不滿，更進而形成王、顧二人之失和。

出席會議．僅限二人

巴黎和會之組織，有全體會議及特設委員會，另有美、英、法、義、日五大國各派代表二人組成的十人會議及美、英、法、義四國首席代表所組成的四國會議，可以說整個會議都操在這幾個強國手裏，比利時、巴西、賽爾維亞尚得派代表三人，我國僅得到三等國的待遇，故雖派有全權代表五人，而出席會議時僅以二人為限；至於每次會議何人出席，代表團可以自行決定，因此開會期間，我國出席會議之代表，時而為陸、王，時而為陸、顧，陸徵祥因其他公務繁忙或身體不適時，則為王、顧或顧、王，又加以我國南北各地紛紛打電報到代表團，有攻擊指摘者，有打氣聲援者；且有專對某個人讚揚者，旅法人士勤工儉學生以及由國內歐美各地趕往之所謂國民外交代表，都先後雲集巴黎；以國民資格從而鞭策監督之，每日包圍代表團者絡繹於途，有時對於代表愛之深責之切；有時又像捧明星一樣為之大吹大擂，我國代表團出席最多者為王、顧二人，他倆又有南北政府之分，因而極易造成一些不愉快的事情，顧之回憶錄曾言及某二代表與陸徵祥首席發生不可思議之衝突，陸曾一度失蹤他去，惟未明言所指何人，亦未透露陸之領導能力究竟如何。

顧氏發言．語驚四座

巴黎和會中之十人會議，訂於是年一月二十七日討論山東問題，會前日本及英、法、義四國，均主張擯斥我國參加；後經美國總統威爾遜及國務卿藍辛疏解，始勉強邀請我國參加，是日適我國首席代表陸徵祥臥病在床，遂推定王、顧二人代表出席，輪到我國代表發言時，先由王正廷以代理首席資格聲明，本次會議由顧維鈞代表發言，顧即席力陳日本與我國訂立的所謂二十一條件，完全是被脅迫的，其後又乘歐戰熾烈德國無暇東顧之際，趁火打劫出兵佔領山東；我國既對德宣戰，成為協約國的一分子，戰勝之後收回膠濟主權理所當然，遵照和會所揭櫫之尊重各國民族自決及領土主權完整之精神，更應該收回山東半島的一切權益。顧初次發言，語驚四坐，博得各國代表的鼓掌，並紛紛趨前道賀。日本代表雖感相當難堪，則仍強稱膠濟程地已因日本向德宣戰予以佔領；因此日本應當先行獲得自由處置權，方能談判交還中國之條件。日本代表更強調關於山東各項權益問題，中日兩國以前曾有換文，中國並曾表示「欣然同意」。一味搪塞，雙方代表爭執激烈因而陷於僵局。

日本蠻橫．舉國憤慨

美國總統威爾遜對我國雖深具同情，由於和會五強勾心鬥角，意見分歧，三巨頭更無法一致。威爾遜在和會內受到義大利以阜姆問題而退會困擾，與美國國內反對黨的雙重壓迫：共和黨參議員公開杯葛他，前總統老羅斯福更聲言威爾遜的民主黨政府不能代表人民意見，美國因同情我國同時亦不願見日本在我國過分伸張勢力；尤其是久據山東不還，雖在困難重重中，仍繼續出而調停，四月二十二日曾提議將青島暫交包括日本在內之五國保管，否則即規定日本自行歸還之確期。日本代表則拒絕接受，威爾遜及勞合喬治深恐日本步義大利之後塵再行退會，影響對德和約簽字及國際聯盟之創立，至是反勸我國讓步，准許日本依據《中日條約》，承認日本在山東之地位，享受其租借權利；我國則由陸、顧兩代表聲明不能接受，並提議將德國在山東之權益先交與五大國，自和約簽字一年內歸還我國。不料三巨頭會議竟不顧我國意見，決定承認日本之要求，日本僅片面允諾將政治權歸還我國，有名無實；至於鐵路權、採礦權及經濟權仍要保留不放。此一消息傳到國內，舉國上下無不憤慨萬分，因而激起現代史上著名之北京學生五四運動，全國各地聞風響應，紛紛罷課罷工以為聲援。

我代表團．拒簽和約

是時巴黎和會已預定在凡爾賽宮簽約，我國雖已面臨簽約與不簽約之重大關頭；但代表團仍作最後之奮鬥：起初要求和會在關於山東三條下，加添最後歸還中國字樣未獲應允。五月六日陸徵祥與王正廷兩人在和會全體會議中正式要求保留；主張在和約內我國代表簽名下面，聲明對此三條之保留案未獲通過；繼又提議將保留案改為和約附件亦不允許；再退而要求在和約條文雖隻字不提，但在簽約前由中國代表團致函和會主席，聲請再予考慮山東問題，仍不允；僅允諾於和約簽字後可致函主席。如此則事前易為事後，失去時效，於事無補。最後更要求在和約簽字前所致之函再行斟酌字句仍不獲准。以事實言，我國代表團唯有拒簽和約之一途，否則便為千古罪人。

國內外同胞對日本之蠻橫無理，及各大強國之一味敷衍日本，雖然群情激憤；然而有強權無公理，國力如此亦莫可如何。不過已藉此使世界各國深知我國國民之愛國心，並鼓舞國民奮發圖強。事實上北京政府總統徐世昌，曾密令我國代表團簽字，既而鑒於全國民情憤慨又令代表團相機辦理；至五月二十五日又命令不要簽字。可謂舉棋不定自相矛盾。又圖推卸責任諉過於代表團，藉以向國人交待。不過我國代表團也有正反兩種意見：主張不簽字之理由一為尊重民意以免南北政府加深分裂；主張簽字者認為對德和約如不簽字，則對奧和約可能不允我國簽字，奧租界不能收回，關稅不能自主，賠款亦不能解決。主張簽字者以陸徵祥為代表，陸原為二十一條件之簽字者，對政府命令又向來奉命唯謹，但最後終於拒簽。陸之回憶中似對違背政府命令很感愧疚，此正足證明北京政府確曾命令簽字及陸之不願拒簽；而且迫於國內外之情勢不得不爾。

至於王正廷與顧維鈞二人，均是始終堅決主張不簽字的，《凡爾賽和約》終於在民國八年（一九一九）六月二十八日簽字了，我國最後仍是拒絕簽字。我國在巴黎和會顯然是失敗了；不過卻因此激起全國同仇敵愾的民氣，國民的愛國心亦不可輕侮；更使得國際間亦知道我國亦有卓越的外交人才。我國終因沒有簽字不受束縛，使山東問題成為懸案，終於在以後的華府會議中獲得解決。

載譽歸國．大受歡迎

在巴黎和會我國五位全權代表中，風頭最健者厥為王正廷與顧維鈞二人；因首席陸徵祥時在病中，又加以賦性柔弱，謹小慎微，不敢有所作為；王、顧二人則出席會議及發言機會較多，故極為世人所注目。更因二人之表現不同，予國人之觀感亦有異，因而好事者繪聲繪影，更從而推波助瀾，使王、顧二人因席次之誤會益不易冰釋。國內外報紙電訊復加以渲染，我國參加和會雖然失敗，但由於全權代表能在會議中滔滔雄辯據理力爭，可以說雖敗猶榮。更為維護國家主權與尊嚴，堅決拒絕了簽字，博得國內外同胞一致讚揚；所以當王、顧等載譽歸國時，上海北京各地均有熱烈的歡迎場面，如歡迎凱旋英雄一樣。顧維鈞返國後不久仍回駐美公使任所，民國十年調任駐英公使；王正廷則仍回南方政府，民十年受聘為國民黨人在北京所創辦之中國大學校長，既又受聘為浙江省制憲會議議長(褚輔成為副議長)。民國十一年六月北京政府總統徐世昌受直系之壓迫辭職，黎元洪復出而繼任總統，顧由英調回，出任顏惠慶、王寵惠內閣之外交總長。十一月汪大燮組閣，王則繼任外交總長。汪辭職王並兼代理內閣總理。民十二年任張紹曾內閣之司法總長。顧又繼王任外交總長，後於孫寶琦內閣一度兼代國務總理。

山東問題．達成協議

在此之前即民國十年（一九二一）十一月十二日，美國召集英、法、義、日五國會議；討論限制海軍比率問題，並涉及巴黎和會未了之山東問題與太平洋問題，因邀我國及比、荷、葡共九國參加，時顧為駐英公使，與施肇基、王寵惠、伍朝樞同為全權代表，施肇基為首席。自民國八年六月我國拒簽凡爾賽和約，迄至華府會議開幕，歷時兩年半中，山東問題始終為中日兩團所堅持的懸案；在此次會議中，卒以美國代表休士及英國代表白爾福之斡旋、及日本駐美大使幣原喜重郎之出面，由美英兩國派員觀察；中日兩國華府直接談判，幾經周折，終於達成協議：中國以同庫券贖回膠濟鐵路，十五年為期，並完全收回膠濟主權；十一年二月四日簽字，是年六月正式生效。至年底膠濟租借地及青島先後交還我國，日本駐軍亦分期撤退完畢。

北京政府為準備接收山東一切權益，特設立魯案善後督辦公署，特派王正廷為督辦（時孔祥熙博士任該處政務處副處長），王與日本折衝樽俎達成接收山東權益之一切任務，北京政府特派王正廷為青島商埠督辦，猶之今日之院轄市長（孔任電話局長），並兼膠濟鐵路理事長。民國十一年國際聯盟正式成立後，我國遂即加入；北京政府特派顧維鈞為赴歐專使，並屢次膺任我國出席國聯代表，爭得非常任國理事席位。王正廷則於民十年五月起任海牙國際常設公斷法院公斷員。民十一年十二月顧任關稅特別會議籌備處處長。旋因案辭職，北京政府特派王繼任。民十二年四月顧又於張紹曾內閣任外交總長。是年蘇俄政府派加拉罕代表來華，欲與我國建交，北京政府特派王正廷為中俄交涉督辦，並設立督辦公署，達成協議，並公佈中俄解決懸案大綱草案。顧維鈞接任外交總長後則予全部否認。其後王正廷繼任外交總長，終於實現中俄復交，並由兩國互派大使，加拉罕為蘇俄首任駐華大使。

中俄兩國．斷絕邦交

民國十三年十月第二次直奉戰爭正酣之際，馮玉祥忽然聯合胡景翼、孫岳等倒戈，推翻曹錕、吳佩孚之北京政府。黃郛出而組織攝政內閣；王正廷任外交總長並兼財政總長及交通總長。民十四年至十五年元月，段祺瑞任臨時執政時期，許世英組閣，國民黨人除王正廷任外交總長外，另有于右任任內務總長；馬君武任司法總長；易培基任教育總長。民十五年五月奉軍入關，張作霖控制北京政府，顧於顏惠慶內閣任財政總長；民十六年張作霖稱陸海軍大元帥組軍政府；顧受命組閣並兼外交總長，至六月北京政府已搖搖欲墜，遂辭職赴天津居住。民十六年國民黨人李石曾、李烈鈞與王正廷均在馮玉祥軍中；策動其參加國民革命軍，馮尊之為上賓，馮率大軍出潼關參加北伐，王亦參與戎機，攻克鄭汴後，因隴海鐵路係比國投資涉及外人，特請王暫任隴海鐵路督辦以便負責對外交涉。民十七年一月蔣總司令復職後繼續率軍北伐，二月國民政府任黃郛為外交部長，北伐軍攻抵濟南時；日本出兵企圖阻止，因中日軍除衝突發生「五三慘案」，黃郛負責交涉，王正廷與馮玉祥於五月五日抵濟南以北之黨家莊，蔣總司令命王參與對日交涉，黃郛以日軍蠻橫，交涉未得要領，任外長甫三月即行堅辭，王於是年六月十四日奉命繼任國民政府外交部長，至民二十年「九一八」事變後十月辭職，歷時三年有餘，中經解決民十六年程潛部攻克南京騷擾外僑所造之「寧案」，與各國交涉修改不平等條約；收回天津比租界及英國租借之威海衛，以民十八年中俄因中東鐵路發生衝突事件最為棘手，終致兩國斷絕邦交。

八十高齡・丰度不減

「九一八」事變後王正廷以頻年主持外交，身心交瘁，請辭外交部長，國府先以施肇基繼任未能到任，乃改派顧維鈞接長，此為顧首次任國府官員，但為時僅月餘，十二月即由陳友仁繼任。顧、施奉令參加由英國李頓爵士率領之國際聯盟滿洲調查團赴東北調查事變真相，後經政府任為駐法大使。王正廷卸任外交部長後，出任中央政治會議外交委員會主任委員，主持國民黨外交決策與設計工作。民二十五年奉令繼施肇基為駐美大使，以老母在堂請辭未准。民二十六「七七」事變發生，此時美國孤立主義氣氛仍極濃厚；國際對日本侵略雖多予譴責，並予我國同情，惟真正以物質援助者則絕無僅有；美團雖然表示支持，但仍不斷以廢鐵汽油等戰略物資售日，王於民二十七年九月回國述職，旋即辭職，返回陪都重慶，以國民黨中央委員及國府委員繼續翊贊中樞；嗣應政府之聘主持行政院戰罪調查賠償委員會，積極蒐集資料以備向敵國提出賠償要求。顧則於民三十年五月調任駐英大使，民三十四年三月任我國出席舊金山聯合國創立會議代表，民三十五年調任駐美大使，民四十五年辭職被聘為總統府資政，民四十六年一月被選為國際法庭法官，民五十三年被選為國際法庭副主席，民五十六年任期屆滿後即偕其續弦夫人寓居美國，為哥倫比亞大學口述現代史資料。顧雖八十餘高齡，精神仍極矍鑠，丰度不減當年。

王顧生平．巧合甚多

王正廷於抗戰勝利前後無官一身輕，繼續從事其素所愛好之社會事業，如出任中華民國紅十字會總會會長，世界紅卍字會總會會長，與孔祥熙同任世界奧林匹克委員會崇高榮譽之終身委員，中華全國體育協進會理事長，數度率團參加世運會，後任北京中國大學校長，國際扶輪社遠東區會督，交通銀行常董兼菲律賓交通銀行董事長，上海時事新報董事長。王為基督教徒，故曾任中華基督教全國青年會總幹事，又與錢新之、許世英、杜月笙等在滬渝各地辦理慈善賑濟事業；大陸易色後偕續弦夫人息影香江，民五十年五月二十二日以喉癌病逝香港九龍寓所，享年八十歲。

綜觀王正廷與顧維鈞二人的生平，他們巧合之處甚多，同為早年留美學生，同於辛亥革命前夕學成返國，均曾任北京政府之國務總理及外交、財政、交通、司法總長，均曾任國民政府外交部長及駐外大使，曾因巴黎和會及中俄交涉發生不愉快情事，且屢次為前後任又此起彼落，惟顧之一生所任職務，幾全為外交官或與外交有關之國際法庭法官，可謂徹頭徹尾之職業外交家；王則出身國會副議長，除外交生涯外尚參加社會、慈善、文教、經濟等事業，王、顧二人對國家社會各有其重大之貢獻，其勳業鴻猷可謂各有千秋，據種種傳聞，王、顧二人自巴黎和會失和後，終王之世未能恢復，自巴黎和會迄今已逾半個世紀，白雲蒼狗，世易時移，一切均成過往的雲烟，失和的著事亦為悠悠的歲月所沖淡否？

徐悲鴻・蔣碧微・廖靜文

滄海客

徐悲鴻已逝世了二十年之久，《大人》刊過兩篇回憶他的文章，令人棖觸前塵，感慨無量。對於這一代大師的繪畫藝術，已有專家為之論定，恕我勿再贅述。祇是，他生前在婚姻上戀愛上，頗多恩怨是非的傳說紛紜，莫衷一是。他與前任夫人蔣碧微，究竟因何故而感情破裂宣告離異？他與後任夫人廖靜文，又究竟如何結合？其身後情況又究竟如何？在此，手頭都還有些可以證實的種種資料，所以有意要把徐悲鴻、蔣碧微、廖靜文這三個名字連串在一起談談，也許不失為藝苑逸聞罷。

說起來，徐悲鴻與畢加索，兩人的遭遇情況倒有些彷彿。記得有一位佛朗索亞・姬羅女士，寫過一部《我與畢加索一起生活》，此書出版後，畢氏發覺對自己聲名不利，便訴諸法律，要求禁止它的繼續發行，可是，法官卻認為該書無傷大雅，未准所請。另一位便是蔣碧微女士，寫了《我與悲鴻》、《我與道藩》上下三冊自傳，也引起世人的矚目，而其反應也頗不一致。這兩事東西遙遙相對，一時輝映，可不是巧合之至！

祇是，碧微的自傳問世，悲鴻則已墓木久拱矣，當然他在地下無法有所申辯了。忝屬老友，不能不為之說幾句公道話。關於碧微的部份，即根據其大作可以一一引申；關於靜文的部份，本來資料不多，幸而陳之初先生自星洲寄來她前後寄他的信稿，其中可資參考，相信不至於使本文形成「一面倒」。

平心說，大抵徐悲鴻之為人和性格，既具多方面突出的特徵，亦復變化多端，令人離於捉摸。有其明朗的一面，亦有晦澀的一面。有人舉例數項：「服父喪，白布鞋裏卻穿雙紅襪」。「在宜興城內外兼授三間學校的課，來回要走三十里路，但過家門而不入」。以至慧山先生回憶文中，提及北平警察普查戶口那天，悲鴻竟大發雷霆等情，即可知平日精神頗呈不平衡狀態。所謂「應毋庸議」，「獨持偏見，一意孤行」，這種夫子自道式的自我標榜，正說明其不近人情之處，但若吟味其弦外之音，卻有一身傲骨，不屈不撓之概。

不幸的是，徐悲鴻既如此，而他的對手蔣碧微亦復如此。本來一對人人艷羨的佳偶，結果卻凶終隙末，變成了一對怨偶，所以在徐的身後，猶復對其罪狀那麼擢髮難數、罄竹難書似的。

棺材逃婚

且說徐悲鴻與蔣碧微第一次邂逅，是在民國五年，他到上海拜訪宜興同鄉她的父親——蔣梅笙先生，一見面便留下良好的印象。他對蔣家非常親切隨和，她父親作一首詩，他會擊節稱賞，她母親燒一道菜，他也會誇讚一句「天下第一」，所以闔家喜歡他，不久並變成家中的一份子。可是，蔣碧微這位十八歲的少女，早已許配查紫含其人，臨時她被悲鴻打動了芳心，居然來個私訂終身，最後偷偷搭上去日本的博愛丸，留書詭稱厭世自殺。結果蔣家祇得向查家通知，說是女兒得了急病，不治而已死亡。特地買了一口空棺材，裝些石塊，暫時瞞過。民國初年，一般人還很守舊，何況蔣家又是書香門第，這件事漸漸被人拆穿了，鬧得滿城風雨，譏評四起，誰都知道實際上蔣碧微已跟人逃走了。

第一次歐戰發生，悲鴻在日本不很得意，即由康有為介紹到北京，去拜訪北京大學校長蔡元培，請為他開設了一個「畫法研究會」。當時狄膺（君武）是學生會總幹事，乃一活躍份子，為之多方揄揚。剛巧梅蘭芳在紅氍毹上大紅特紅，羅癭公特請悲鴻畫了一張《天女散花圖》，從此其藝術才華，漸為世人所知。

歐戰終結，悲鴻準備以官費生資格赴法留學，先去了上海，見到哈同總管姬覺彌，慷慨地送了他三千元程儀。碧微這時跟悲鴻聯袂而去的，覺彌見到她很年青，而具有圓姿替月之美，還稱讚過她：「好一位福相的徐太太」。

悲鴻碧微到了法國，住在著名的拉丁區，戰後巴黎食品缺乏，天天把馬肉當牛排吃。有天悲鴻去羅佛宮看畫展，身上衣服穿少了些，中途又碰上一場大雨，就此寒氣侵入胃部，病了很久。這樣在巴黎住了幾年後，悲鴻刻苦學習，從素描已進而為油畫人像，且為當代寫實派大師達仰所賞識。這時國內藝文勝流負笈歐洲者甚眾，他們別開生面的組織了一個「天狗會」，公推謝壽康為老大，徐悲鴻為老二，張道藩為老三，邵洵美為老四，軍師是孫佩蒼，郭有守被派為「天狗會行走」。而碧微則為會中唯一女性，被戲稱為「壓寨夫人」。這一陣的生活，可以說是輕鬆愉快，一天要坐好幾次咖啡館，大家幾乎座中無她不歡。

到民國十四年，悲鴻碧微兩人，在歐洲已撐過了六七年光陰。國內政局動盪不安，留學生官費停發，大家狼狽不堪。由駐巴黎趙頌南總領事的介紹，認識了福州望族黃孟圭，亦即黃曼士的令兄。這時曼士在新加坡華人社會裏，名氣響亮，很有地位。孟圭便把實情函告曼士，覆信是請悲鴻去新加坡替幾位僑領畫像，於是碧微暫留在巴黎，跟李璜先生的胞姊李琦女士等，共同縫衣維持生活。有次碧微病了，病中祇想喝一碗蘿蔔燉肉湯解饞，吃了湯以後，結果病也霍然而癒。後來，她一個人啟程赴新加坡去看悲鴻，誰知悲鴻卻又先回了上海。她再追踪到上海，住在霞飛路新居，長子伯陽誕生，大開湯餅筵，一時賀客盈門。

這時的碧微也真躊躇滿志，她說：「如今悲鴻已是一位聲譽鵲起的畫家，身體健康，精力充沛，他就像一位精神抖擻的鬥士，站在他未來康莊大道的起點，用他這支如椽畫筆，闢出他的遠大前程，那時，我將分享他的成功果實，並且為他驕傲。」

筆者與悲鴻伉儷識面，亦在此際。悲鴻才三十多歲，確也風度翩翩，胸前常打一個黑蝴蝶結，據說有次還把碧微的絲襪權充領結。而碧微當年更是婀娜多姿，神采飛揚，粉靨鮮艷像桃子一樣，悲鴻屢次拿彩筆寫入畫框之中。這時一對佳偶極盡唱隨之樂，見者無不羨為神仙眷屬。

師生戀愛

但曾幾何時，這一對佳偶竟一變而為怨偶，不斷地吵起架來。原來，悲鴻担任了中央大學藝術系主任，忽鬧師生戀愛，新聞傳遍遠近。碧微從廬山返京的當晚，悲鴻即坦白承認，他最近在感情上有了波動，他很喜歡一位在他認為天才橫溢的女學生，她的名字叫孫韻君。

有一天就在悲鴻畫室之中，碧微一進門，一眼就看到兩幅畫：一幅是悲鴻為孫韻君畫的像，一幅題名〈臺城夜月〉，畫面是悲鴻和韻君，雙雙的在一座高崗之上，韻君項間有一條紗巾，正在隨風飄揚，而天際一輪明月皎然，這意境美極了。碧微便悄然一手取了回去。

從此，引起了悲鴻情感的橫決。漸漸的，他終於無法克制自己，任由氾濫的情感一天天的發展，到了最後階段，「自以為是」的觀念牢牢掌握了他，他不覺自己的心理和行為已變得十分離譜，而碧微除吃醋撚酸，竟別無他法。

悲鴻向來有一項譽人癖，他發現了什麼人是天才，照例必捧足輸贏。對於孫韻君，既是他的學生又兼愛人，逢人便宣揚她的天才智慧了不起。由於他自己既毫不隱諱，好事之徒再加以渲染附會，轟動一時的花邊新聞，便在南京《朝報》上再三刊載出來。被吳稚暉知道了，他老人家搖頭太息，寫了一封長信給悲鴻，諷勸他懸崖勒馬，善為自處。信中略謂：「尊夫人儀態萬方，先生尚復何求？……倘覺感情無法控制，則避之不見可乎？……弟家中亦有黃臉婆，亦頗自足，使弟今日一摩登，明日一摩登，伺候年輕少艾，吾不為也。……」

從此，徐蔣兩人雙方的冷戰與日俱增，同床而已異夢。中大藝術系的學生，也一度貼滿標語，大意說，「老師只教孫韻君一個人算了。」全班同學如同「陪公子讀書」而已，對悲鴻顯然表示不滿。不久，為了中國畫畫在巴黎舉行展覽會，政府又派悲鴻赴法一行，碧微也跟在一起去，一般人認為或有彌縫過去裂痕的可能了。

誰知一到法國，有一回請國際友人吃飯，地點是借留法畫家常玉（四川人，居巴黎已五十年）的工作室，當碧微和常玉一同出去購辦菜肴未歸，他打了半天的門，裏面一毫無回音，竟醋意薰天，錯怪自己太太和人有什麼曖昧，一怒之下，跑回自己住處，緊鎖房門，睡了整夜的覺，置自已邀請的賓客於不顧，害得碧微和常玉去應付那鑑尬的場面。這場誤會，蔣碧微在她的回憶錄中都盡情描述，似乎令她一直耿耿難忘。

從歐洲回國以後，考試院長戴季陶為他倆洗塵，在席上忽問悲鴻：「你有這麼理想的一位夫人，為什麼要取名悲鴻？」回答是：「我取這個名字，是在認識碧微以前。」後來戴季陶就在碧微的紀念冊上，畫了一幅《松柏長青圖》，居然很生動有神，足證此公對繪畫也有一手，不過不為人知罷了。此後，徐蔣二人，又訂期談判離合問題，悲鴻祇帶點感傷的說：「我知道，能夠娶到你這麼一位太太，我應該滿足。但是你未免遇事過於挑剔，使我無法應付。」這也是實話。

實在，蔣碧微也是「天性剛烈，女生男相」的一個人，往往為了一些芝蔴綠豆的事，便非與悲鴻鬧盡彆扭不休。例如他坐火車時把孩子買了三等票，她就一路吵。誠如她說：「這許多莫名其妙的事，沒有人可以理解，而他卻是一樁一樁的做去。彷彿冥冥中有魔鬼在支使他，一直要做到我們的感情全部破裂為止。」其實，誰都可以看出，其間感情所以全部破裂的原因，無非是兩人的性格決定了自己的命運而已。

而況，此際碧微對於張道藩，卻漸漸有了好感，她認為：「張先生是一位很重感情的朋友，我們在柏林相遇，巴黎聚首，以至於同時住在南京，平素交往密切，一旦遠離，能毋依依！……」直到後來，她與悲鴻離異之後，與道藩果然非常融洽投契。原因是道藩的性情，確乎比悲鴻要「溫柔敦厚」得多，處處肯忍讓她。在她的筆下，《我與道藩》寫得儼然細膩瀟洒之至，也許是當局者迷罷？在別人看來，可又不是那麼一回事了。

且說抗戰發生，悲鴻遷居到了重慶，「光第」佈置了好好的家，碧微竟又斷然下逐客之令。此後愈演愈烈，雙方又在報上登出廣告，聲明脫離關係。當年鶼鰈雙雙，一起亡命東京，想不到而今卻又落得如此悲劇的收場。

而事情的演變往往出人意外，後來，孫韻君以家長反對，結果並未下嫁與徐悲鴻，所謂駝子跌交，兩頭落空了。有次，悲鴻因為要赴美國去舉行畫展，又寫信邀請碧微同行相助，也許正是復合的一線朕兆，但碧微對之，絕不肯接受，且斬釘截鐵，堅決肯定地拒絕了，甚至說出了即使將來睡到了棺材板上，也不能忘記的沉痛語。「一事不遂，終身不忘」，這還不是她自己的性格決定自己命運又是什麼？

悲鴻有一封信，寫得也很沉痛：「碧微女士慧鑒：汝傷痕太深，有如銅鏡破碎，不能再治，我自知每次見面，必致汝增加憤恨，抑吾並知關於我之一切，亦令汝厭惡。我之於汝，將成一魔，便令吾自責，亦徒然也。吾此往當力知自處，然此半關命運，非全屬人事。……」同時附上了一筆錢，直到最後，他倆的簽字離婚儀式，由沈鈞儒證明，悲鴻携了一袋一百萬塊錢的鈔票，和一卷沒有裱過的畫，並包括若干齊白石的贈畫在內，才了卻這一段孽緣。

對於蔣碧微《我與悲鴻》那篇，一般人的看法，正如薛慧山先生〈也談徐悲鴻〉中很公允地指出：「……兩人的恩怨是非，旁人無法置喙。其中對畫藝述及很少，而一片勃谿之聲，充滿紙上。但同時拜讀了她寫的《我與悲鴻》，令人感到女性的感情微妙，愛憎過於分明。據我所知，道藩固是一個溫文可愛的紳士，悲鴻也不見得真是寡情薄義之徒。其間釀成悲劇的主因，是彼此個性都相當強烈，誰也不肯忍讓誰。……」這些話倒是一言中的，兩人的反目與離異，確實應該各負其一半的責任，凡熟知內幕者，都該深韙其言。

送舊迎新

在悲鴻晚年的得意作品上，往往題款有「靜文愛妻存」的字樣。那就是他的後任夫人廖靜文女士，是湖南籍，大概比悲鴻年輕了二十多歲，人也長得相當漂亮。悲鴻還幾次替她作了畫像，看來面型很甜，且多少帶些靈氣。我在北平第一次見她的時候，即為之一楞，她可不就是年輕時的蔣碧微和孫韻君兩人的綜合體嗎？

廖靜文是怎麼一個來歷？民國三十二年，悲鴻專程再到桂林，登報招考中國美術院圖書管理員，規定只收女性。筆試由其學生張安治主持，口試由悲鴻親自評審。報名者多達五十餘人，最後便錄取了一個十九歲高中程度的廖靜文。

當時廖靜文因不滿他父親所娶的後母，離鄉謀生。她應徵投考，目的在得到免費赴重慶的機會。上火車的時候，她的行李即由悲鴻幫她提著。而到了重慶，住入中國美術院不久，兩人便公開同居。據蔣碧微的描述：「悲鴻一向不善於處理生活，凡事雜亂無章，靜文大概是年紀太輕，也不懂得如何料理，因此他們的生活起居便更亂了。他們床上墊稻草，稻草不曾紮束，東一根西一根的掛著。帳子是黑黝黝的，因為沒有帳鈎，所以帳門永遠不開。枕頭被褥更是狼藉凌亂，從不鋪疊。最妙的是牛奶用鍋子熱，端上來連杯子也沒有，兩個人輪流的捧著鍋子喝，鍋子的四週還被柴火燒得一片烏黑。……」

這描寫或許不算過份，因為後來在北平所見到的悲鴻臥室，似乎也整潔不了好多。悲鴻因早年勤苦，中年虛弱，身上既有胃病，腎臟又不行，漸漸影響到心臟，最後更形成了血管硬化。吳稚暉老先生聽了，喟然太息，他曾向蔣碧微說：「這叫做一樹梨花壓海棠，只怕一壓就壓死！」究竟怎樣也很難說了。

因兩人隨便同居，毫無保障，廖靜文提出要求悲鴻正式結婚，並登報聲明一次。於是貴陽的《中央日報》，再度出現這則廣告：「悲鴻與蔣碧微女士因意志不合，斷絕同居關係已歷八年，中經親友調解，蔣女士堅持己見，破鏡已難重圓，此後悲鴻一切與蔣女士毫不相涉，茲恐社會未盡深知，特此聲明。」蔣碧微見到別人寄給她的剪報，真是氣得發昏，在一個集會裏發表了這一段談話：「……徐先生的舉動不但輕率，而且缺乏常識，他令我最氣憤的是，第一次為了追求孫韻君，片面刊登啟事和我脫離關係，如果那一次的啟事具有法律効力，他又何必再登第二回？如果第一次的啟事不能生効，那再登一百次也沒有用！可恨的是，他連這種最簡單的法理都不懂。」難怪那時的教育部長朱家驊也說悲鴻恐怕是有神經病了。而他與碧微所生的女兒麗麗，寫信教訓老子道：「爸爸，我要問你，為什麼你每次追求一個女人，就要登報跟媽媽脫離一次關係？假如你還要追求十個女人，你豈不是遠要登十次報嗎？」

此際的悲鴻，受盡刺激，亟思有家室安定下來，所以不惜接受一百萬塊錢、一百張畫的條件，藉此送舊迎新，一了百了。勝利後回北平，廖靜文已懷了孕，先後生一男一女，悲鴻則於民國四十三年九月，終因病深不救而逝世，得年五十九歲。

撒手塵寰

由於大陸變色，北平易手，在一場天翻地覆的變亂中，作為藝術家註定了命運要遭殃。雖然悲鴻很被重視，卻免不了因此加重了他的負荷，日以繼夜的不停的趕畫，因此他因高血壓已臥倒床上，忽然又因腦中樞血管受損而致半身不遂。此時遠在新加坡的老友陳之初先生，即收到廖靜文親筆代替徐悲鴻寫的一封信云：

之初先生：

去年夏天，曾承先生數次致函外子，並惠寄任伯年畫照片三次，均已收到。外子自去年五月因高血壓臥病，至七月廿日深夜突因腦中樞血管受損而致半身痲痺，當即送往中央人民醫院治療，情況極為嚴重，有廿餘日不進飲食，經過許多專家會診始漸脫險，已於上月月底出院返家。現仍遵醫囑臥床靜養。外子病中，曾屢囑靜文寫信給先生，靜文因受刺激太重，神經緊張，且因日夜看護外子，極感疲憊，故延至今日，方得握筆，抱歉萬分，敬請先生原諒。外子囑將下列數事奉告先生：（一）先生曾寄款囑外子代購任伯年畫，因未見到佳幅，該款暫存銀行。（二）上海有某人收藏任伯年畫甚多，已託人前往攝影，如有精品，當即與之商購。（三）外子病癒後，當繪『懶貓』奉先生。（四）先生寄來之三次照片，以最後一次最佳，其中尤以紫藤一幅，不僅是任伯年的傑作，堪稱古今繪畫之奇珍。外子因左邊肢體尚嫌軟弱，行動仍不十分方便，不能親自寫信給先生，想先生當能原諒。此間已降雪，正歲暮天寒之際。謹遙祝

先生健康。徐廖靜文拜上，一九五二、元、七、悲鴻附候

此後，悲鴻逝世，靜文又把悲鴻臨終前所撰的遺稿——任伯年畫序寄給陳之初先生，並附函云：

之初先生：

手教敬悉。悲鴻因腦溢血症驟發，痛於九月廿六日逝世，這不僅是國家的損失，也是我

們幸福家庭的悲劇，年幼的孩子失去了父親，我也失去了相依為命的人，內心的沉痛是無可比擬的。

悲鴻最推崇伯年先生之畫，他替先生所作伯年序文，還望保存，當為極貴重之手稿。畫集如出版，盼寄一些來。我們住的房子將成為悲鴻的紀念館，樹立他的塑像，懸掛他的作品，室內佈置將與他生前無異。希望將來先生有機會返國參觀。

悲鴻生前和死後都承先生深切關懷，我和孩子都將感念不忘。謹致謝忱，並致敬禮。

廖靜文十月廿日

看廖靜文的信上的書法，相當流麗，可知她也多少有些文化，不輸於蔣碧微。蔣碧微學過鄭文公碑，廖靜文筆下似乎也近於泰山金剛經韻味，且與悲鴻的字體略有神似之點。

接著，陳之初先生郵寄任伯年畫集與廖靜文，又收到兩次回信，內稱「悲鴻雖死猶生」「很敬重先生這樣熱愛藝術的精神」等語。看來廖靜文對於徐悲鴻，卻也一直琴瑟和諧，伉儷情深。時光悠忽，等到又隔了十年之後，她撫育遠孤，含辛茹苦，在其再致陳先生信中，讀者即不難由此而知道悲鴻身後的情況。原信云：

陳之初先生：

韓槐準先生轉來先生寄贈黑布一匹，深感故人情誼，不知何以為報？

時光流逝，悲鴻辭世瞬將十載，故園草木依舊，而物是人非，倍增悽切。所幸小兒女已漸成長，男兒今年十六歲，就讀中央美術學院附中，專習繪畫。女兒今年十五，入中央音樂學院附中，專習鋼琴，兩人俱能勤奮、節儉，此可告慰悲鴻於地下者，想亦為先生所樂聞。先生如需北京何物，請來信告知，當為購寄。匆匆即祝　健康，並問闔府安好。

廖靜文五、二

現在把這些信刊出，藉此可知故人有後，堪以告慰。而徐悲鴻、蔣碧微、廖靜文三人之間這一重歷史公案，也該已到了「曲終人散後，江上數峯青」的一天了。

梅蘭芳、胡蝶香港避難記往

和久田幸助著惜萍譯述

本文作者和久田幸助，是日本的廣東語文專家，戰時被徵服役，以諳廣東語文，被編入香港佔領軍，在報導部任「藝能班」班長，故與當時留港之影星伶人多所接觸。因有袒護中國人的嫌疑曾遭日本憲兵隊拘捕。本文即回憶其戰時與梅蘭芳、胡蝶交往的經過。雖屬明日黃花，但所述梅、胡二人在戰時的處境和生活，極饒興味，值得介紹。

一位戴白手套的男人

我（和久田幸助自稱、下同）初次與梅蘭芳會面，記得是一九三八年（民國廿七年）春天在香港。

一九三七年（民國廿六年）七月，發生蘆溝橋事變，中日戰爭開始之後，上海、南京、徐州、武漢、廣州等中國各大都市相次落於日軍之手，各地的難民麕集戰火未波及的香港。

有一天，我到香港中環告羅士打酒店去飲茶，發現在鄰桌，有一位帶著雪白手套的中年男子，和三四個人也在飲下午茶。因為在不知寒冷的香港，不需要戴手套，我覺得很稀奇而注視那個中年男子，他原來就是梅蘭芳。

關於白手套的事，後來我曾問一個懂得京戲的中國人，他告訴我說：「因為是男人唱旦角，所以對於雙手必須妥為保護。」

香港是一個狹小的地方，以後又在過海輪渡上、街上，見過梅蘭芳好多次，就在那個時期，利舞台貼出梅蘭芳上演收山戲的廣告。連著幾晚演出的如《天女散花》、《霸王別　》、《西施》等劇，全都是梅的拿手好戲。因為要看這個絕代名伶最後的舞台表演，我每晚都沒放過。一位京劇行家的中國人告訴我說：「梅蘭芳現在已經四十四、五歲了。他巔峯時期是十六、七歲。現在所看的，可不是當年的虞美人和西施啦！」

他雖然潑了我一頭冷水，可是我對梅蘭芳的表演依然津津有味。我學的中國語文是廣東話，雖然並不能充分欣賞京劇的歌唱和道白，可是我似乎能夠領略梅蘭芳藝術的博大和他的品格；在連聲叫好的熱烈彩聲中，那情景很像日本的歌舞伎，使我大為陶醉。

命運把我們拉在一起

就在數年之後，不可知的命運之繩，把我和梅蘭芳牽連在一處，是我做夢也沒想到的事情。

一九四一年（民國卅年）所謂「大東亞戰爭」（按：即太平洋戰爭）爆發，十二月二十五日，日軍佔領香港，我因為研究廣東語文而被徵用，參加佔領軍。我被編在報導部工作，掌管與廣東語有關的工作，即統制電影戲劇及其他藝術活動。報道部下設一「藝能班」，我被任命為班長。

我担任的「藝能班」，最初所做的工作與藝術活動毫無關係，而是配給糧食。

英國當局為了準備戰爭，曾存貯了大量的糧食，甚至有的劇院都改做了糧倉。日軍佔領香港後，控制了全部倉庫，市面上一粒米也不見了。

當時香港居民開始陷於缺糧的災難，可是日軍當局並沒有設法解救糧荒。

我因為有許多中國朋友，市面上發生的事情，很快就傳到我的耳裏來。不管其他部門怎樣，我將「藝能班」有關的人士，如電影製片廠、電影院、劇團、戲院的員工和家族，全部實行登記；在日軍佔領的第五日，即開始了配發糧食。

為了配糧的事情，我曾與報導部長和佔領軍參謀長，進行了頑強的交涉。我對他們說，如果連這點表示善意的事情都不作，便無法得到居民的合作了。

於是梅蘭芳也在這一措施下領到配給的糧食。當時我曾想過怎麼對待這個舉世聞名的藝人，我認為必須自己直接先和他談談。

向梅氏提示三個條件

當時日軍的方針是很清楚的，那就是集中一切人和物，協助「大東亞建設」。我負有這個責任，也必須向梅蘭芳提出這種要求；結果我向他提示了三個條件：

一、妥切保護他的生命和財產。

二、尊重他的自由。如果他感到不能接受日方的作法，想去重慶的話，即時無條件放他到重慶去。

三、不損害中國人的自尊心；中國人和日本人，站在平等立場互相合作。

以上三個條件，並非上峯的指示，乃出於我個人的考慮。在中國生活這麼久，對中國和中國人如此親熟，我深感到如果沒有這些條件，經得不到中國人的合作。同時，這並不是單對梅蘭芳一個人的條件，而是對當時所有與我合作的中國人，都表示了這些條件。

對我的要求，梅蘭芳這樣回答：「我所以來到香港，是因為不願捲入政治漩渦。……為了這個緣故我才來到香港，今後我仍希望過安靜的生活。如果要求我在電影舞台或廣播中表演，那將使我很為難……」

我充分瞭解了梅蘭芳的立場，並且照他所說的互相約定，使他過安靜的生活。那以後，我堅守彼此的約定，從來沒有要求他演戲或廣播。

還有，我去拜訪他，都儘量的審慎從事；可是後來我與他仍在一起吃過好幾次飯。他有一次在閒談中表示：「我的家原來在上海，想回上海去，希望替我辦手續。」

我很快的就為他辦了手續，備妥了護照，讓他回上海去了。

與梅同看李少春演戲

梅蘭芳去了上海之後，我因為工作忙碌，對他的事情就逐漸淡忘了。翌（一九四二）年春天，我因公去到上海。當時從香港到上海，要坐三天的海輪。在船上遇到了一個年及花甲的中國人，和我攀談起來。

「這位是和久田先生吧？我是梅蘭芳的朋友。從梅蘭芳那裏常聽到你的事情。」

他在談話中曾問我，在上海住多久，住在那個旅館等等。

到了上海，下船的時候，我曾說：「請代我向梅蘭芳先生問好。」遂與他分手。第二天早晨，我在旅館中才睡醒，正在洗臉，聽到有人敲門。打開門一看，只見梅蘭芳一個人站在那裏，白淨豐滿的臉上浮著微笑。我立刻請他進來。他說道：「昨天晚上，朋友告訴我，你來到上海，我就趕著來看你。」

我受到溫文有禮的歡迎。

問過我停留上海的期間及情況之後，他又說道：「希望在一起吃個晚飯，順便領你逛逛。你對什麼地方有興趣請告訴我。」

我不客氣的說道：「如果現在上海有京劇上演的話，我想去看戲。」

「恰好，最紅的李少春正在『大世界』演唱，我們一起去看吧！」

第二天吃過晚飯，我們一同去看李少春的《孫悟空大鬧天宮》，當時李少春還很年輕。第二天下午，我就離開了上海。

殷勤道別送自畫梅花

當早晨我整裝待發時，聽到有人敲門，開門一看，又見到梅蘭芳的笑臉。

「來向你道別。」他說著話，手中遞過來一卷東西。又說道：「這是我亂畫的一個扇面。我姓梅，所以畫的是梅花。在戰時，沒有什麼好東西送給你，非常不好意思，如不嫌棄請收下。」他在說話時表現得十分誠懇。

我雖然早知道中國人講究禮儀，可是我仍深被這樣鄭重的禮貌所感動，當時不禁用力回握他的手。從那次以後，我就再也沒有見到過梅蘭芳。

梅蘭芳為了抗日留了八字鬍鬚，是有名的佳話；可是我所認識的梅蘭芳並沒有鬍鬃。留鬍鬚是那以後的事情。

梅蘭芳畫的梅花，並未被戰火燒掉，仍掛在我的書房裏。一九五六年（民國四十五年），梅蘭芳以中共所派「訪日京劇團」「團長」的身份來日本的時候，我曾聽到一個傳說：據說他在來日期間，曾企圖留在日本。梅蘭芳曾與一個相知的日本老友商量這件事，那位日本老友告訴了某一日本政治家，那位政治家通知了警察當局，警察當局曾進行保護梅蘭芳，可是沒有成功。

因為此事與我無直接關係，很難辨別事情的真偽；可是其後我在香港，從好幾位中國人口中聽到同樣的消息。如果單純是謠言的話，中共必定會否認的了。

胡蝶託我買幾枝口紅

當時如果梅蘭芳是京劇大王，那麼胡蝶可以說是電影女王。

當時的胡蝶是一個保持一貫風格，馳譽國際，並曾被蘇聯邀請遊覽的，與眾不同的大明星。胡蝶女士為了避開戰火，很早就來香港。當然也因為配給糧食的問題，與我發生過交涉。

她住在九龍塘一所幽靜的住宅裏。同住的有她的母親、丈夫和兩個孩子。

與梅蘭芳相比較，胡蝶是一個非常坦率的人。久聞其名的日本記者們，每託我接洽去見她，她都很輕鬆的接見，因此見面的機會很多，彼此相處得很熟。

因為她是廣東人，我又懂廣東話，所以常常通電話。有一次她在電話中託我一件事：「有件事麻煩你，等你下次來舍下的時候，請替我買些唇膏好不好？你知道，我一向是不出街的……。」

她所說「我一向不出街」云云，含有不高興日本人的意思。

因為無論是廣州或香港，在日軍佔領的都市，各街角都堆起沙袋，由憲兵站崗放哨，中國人通過步哨之前必須鞠躬敬禮；如果步哨看著不順眼，還要搜身檢查。

雖然設哨的目的在防備游擊隊，可是對於通行的中國人，每因忘記鞠躬或態度不夠恭敬，而遭日本憲兵毆打；單是這一件事，即酷烈的損傷了全體中國人的尊嚴。

胡蝶有兩部轎車，都被日軍徵用了，以至不能出街。這本是大可憤慨和非難的事情，可是她卻笑著說：「因為是在戰爭，這些事只好忍耐。」

有一次我去拜訪她，看見一個日本兵的影子，從後門跑出去。

我就問道：「那些日本兵跑來這裏幹什麼？」

她笑著答道：「是來要手錶的。我若是有的話，就給他們了；這附近駐了好多日軍，所有的錶都已經給要光了。」

我以一個日本同胞的立場，對此深感恥辱，於是說道：「不能容許這麼亂來，佈告上明令禁止的事情，我將去調查一下，看是那一部份的兵，把拿去的錶送回來。」

相反的，她以安慰我的口氣答道：「因為是在戰時，這種事情，任何一國的軍隊都難免的，我覺得沒有什麼。你也不必介意了。」

日本將軍很想見明星

在上述情況下，約在一年之間，胡蝶家中較值錢的東西，都送給了不請自來的日人。在快過年的時候，一天佔領軍參謀長打電話給我：「一位從東京來的將軍，無論如何想見見有名的女明星胡蝶，要請你安排一下。今天晚上為將軍設宴，胡蝶如果能夠參加是最好的機會。」

當時我答稱：胡蝶住在九龍塘，通常完全不出街，如果請她來香港參加宴會，希望派車去接她。另一方面我立刻把消息通知了胡蝶。胡蝶和往常一樣自然，非常輕鬆的答應了。

當晚七點鐘，在一廣東酒樓為將軍的設宴，照預定時間開始，我也出席了宴會，在座的人都為一睹胡蝶的豐采而翹首盼望。可是時間已過七點半，眼看就要到八點了，不知為何仍不見胡蝶的影子。參謀長不消說直向我使眼色，我也等得焦急，就打電話到胡蝶的家中，並向各處打聽連絡，都不知她的下落。

就在這種情況下，大約等到八點半的光景，胡蝶才出現了。

經過修飾的胡蝶，愈發顯得雍容華貴，使沒有女性的宴席，立時增加了光彩。她先向參謀長和將軍說了幾句應酬話：「到得太遲了，真抱歉。因為途中感到不舒服，休息了一下。幾乎想折返原路回家去，因為已經約好了，所以還是趕來與各位見個面。對不起，只能與各位乾一杯，我就得回去了。」

說完，她拿起酒杯，向在座的人逐一敬過酒，即匆忙的走了。

在碼頭罰站一小時多

我從背影看出來，她的神情非常的緊張，完全沒有往日那樣輕鬆和易的氣氛。這使我益發感到不安。等宴會完了，我就在酒樓中給胡蝶打電話。她好像劇烈的哭過，以從來沒有過激動的聲調，反覆的說著兩句話：「馬上請你來一趟。有話要向你說。」

等我一到了她家裏，見了面她就突然對我說：「照我們的約定，請讓我們到重慶去。我向來以為處在戰時，所有的事情，我都忍受了；可是今晚上的事，我不能忍受。我有生以來，沒受過那樣的侮辱。」

她以無法控制的激動，半哭著這麼說。

胡蝶在憤怒、哭泣和激動之下說出來的受辱事件，大概情況如下：「照著約好的時間，參謀長的車在六點半鐘到了胡蝶的家。打扮好了的她，即該乘車離家而去。

「從九龍到香港來，必須先到油蔴地的過海碼頭。當車子通過油蔴地的日軍哨崗，後面突聽日本憲兵喝令停車的聲音。

「車停之後，憲兵走過來，以半吊子的廣東話，命令胡蝶下車；於是責問她，為什麼在通過哨崗時，不像其他中國人一樣，先下車鞠躬敬禮再通過。

「她嚇得用結結巴巴的日語、英語加上廣東話解釋說：『今晚是應貴國參謀長的邀請，很久完全沒有出過街，什麼地方有哨崗都不知道，因為坐在車裏邊，沒有注意到這件事。』又連說了幾次請原諒的話。

「可是對她的解釋愈來愈生氣的憲兵，用她聽不懂的話痛罵她，不予寬恕，並加處罰，命令她：『站在這裏！』

「她被罰站的地方，在油蔴地渡船碼頭的前面，時間正在香港九龍人們往還最頻繁的日暮時分，憲兵監視著這個盛裝赴宴的女明星，四週築起人牆圍觀。

『那是胡蝶呀！』

『發生了什麼事情？』

……

「人群中紛紛這麼議論，引起了極大的騷動。

「在這種情況下，她被罰站了一個多小時，並反覆受那憲兵惡作劇的騷擾，好容易捱到『你可以走了』的命令，因為受了太大的羞辱，哭都哭不出來了。到此她結束了談話。」要知，在場的參謀長的司機，則始終袖手旁觀。

憲兵隊長說有人造謠

這真是萬萬想不到的事情，我完全與胡蝶有同感，當時我對她說道：「請給我一天的時間，一定要把鬧事的人找出來加以懲罰。之後，如果你仍要去重慶的話，你可以完全自由行動。」

為了向參謀長報告，我立刻又趕回香港來。我回到香港的時候，已經過了十二點鐘，馬上與參謀長取得連絡，向他報告了事情的大概情形。參謀長也大為震驚，立刻就打電話給憲兵隊長——命令調查胡鬧的人，並限令明天上午回報。當時我感到，即使處分了胡鬧的憲兵，也難使胡蝶息怒了。

第二天上午，參謀長在電話中告訴我說：「憲兵隊長說，憲兵隊沒有這樣一個人。他還說，一定是對憲兵隊有惡意的人，在製造謠言，表示非常憤慨。」

我大為吃驚，忙把事件經過又說了一遍，力言確是事實，絕非謠言；參謀長夾在我和憲兵隊長相反的意見之間，對這事件感到很難處理了。

在事件尚未廓清的情況下，約近正午時間，我想起應向胡蝶連絡一下，於是打電話給她。可是只聽到嗚嗚的電話鈴叫，很久很久沒有人接。我心想：「難道真的已出發去重慶了嗎？」

靜悄悄的逃出了香港

我所以想到「真的」二字，因為我對胡蝶所受的屈辱感估計得太經。就在當天早晨，胡蝶和全家，動身去了重慶。

她在銀行的私人保險箱裏，存有很多的金子和貴重品，不用說都來不及取出，幾乎是身無長物，如被追捕一般的走了。

九龍半島三面環海，她大概設法避過日軍耳目，在某處坐了漁船，拚命掙扎逃出去的。

事實上胡蝶是化裝成一個貧家女，有如賽珍珠在《大地》中所描寫的阿蘭，脫出虎口逃到重慶方面廣東省政府所在地的韶關。五天之後，這個消息就傳遍了全世界。

高興的重慶當局派一架專機把她接到重慶去，並予盛大的歡迎，使之成為激動情緒的新聞。

這個消息震動了東京的參謀本部，並責問香港總督，為什麼讓胡蝶從香港逃走。

試問這是誰的責任呢？在這個時候，我又把她受辱的那件事提了出來，可是憲兵隊長再以惡意造謠反咬一口，並且說管轄胡蝶是我的職務，她的逃走全是我的責任。

深感戰爭的摧殘人性

戰後，胡蝶曾來東京多次，與我在一起吃飯，並談起往事。我曾對她說：「當時，我的處境苦惱極了。結果，類似的事件一再重演，我雖然是日本人，也被日本憲兵抓了起來。現在，你可以為我作證了。」

她聽了我的話，看起來只有二十歲那麼年輕的臉上，浮著爽快的笑容說道：「現在，我和你仍和從前一樣以朋友相見，這不是很好嗎？……」

在她的話裡含有這樣一段事情。當日軍戰敗消息傳到香港的同時，蜂湧闖進憲兵隊的香港居民，以私刑把憲兵隊長殘酷處死。

我記得胡蝶確實說過這樣的話：「你和我雖然被戰爭分成了敵我，可是我們一直都是朋友。逮捕你的憲兵隊長，戰爭結束時，被拿當敵人來制裁了。在人世間有好多事情，不經過時間考驗，就不能水落石出……」

如我對胡蝶所說的：「類似的事情，一再重演……」，在日軍佔領期間的香港，中國著名的影星伶人幾乎都聚集在香港，我對於每個人，幾乎都做過類似為梅蘭芳、胡蝶所做過的交涉，可是在日軍的驕橫統治下，任何人都免不了被傷害，我當時只能把同情中國人的心情隱藏胸中，眼看著他們陸續去了重慶。

雖然如此，我仍不斷的責備自己，因為很多中國人同意我所提出的三項條件，而與我合作，戰後皆被戴上「漢奸」的帽子，陷於苦難的處境。事後看起來，我自以為正當的三項條件，成了陷害人的甘言了。

日軍戰敗之初，新聞界的人士勸我把自己所知道的事情，作為日軍的一項罪行寫出來，當時我並沒有發表的心情。我曾想須等十年二十年之後，日本人能夠冷靜考慮問題的時候再寫。

現在把以上所寫的看一遍，深感到戰爭除了直接相殺之外，是怎樣的摧殘人性，和產生不必要的不幸和罪惡！而這種罪惡在戰爭之後仍永遠拖著尾巴，使人類受多少痛苦和虐待；我們能不深加思索嗎？

紛擾局面談林長民

文雪

清社覆，民國建，自袁世凱僭位總統一直至張作霖自立為大元帥止，十幾年中紛亂的擾攘的局面，談往者多歸咎軍閥的胡為，但平心說來，一般讀書人出身的政客，多少也要負些責任！這些人何嘗沒有才幹？沒有懷抱？卻只是想把老虎當坐騎，要想馳騁一場，不是給甩了下來，便是膏了虎吻，落了個虎倀的譏誚。林長民之與郭松齡，便是典型的例子。

林長民字宗孟，所居門前有一對枯樹，因自號雙栝廬主人，籍福建閩縣。父伯穎是晚清浙江的名縣令，故自幼隨宦杭州。長民是個絕頂聰明的人，文章書法，少便蜚名，一度進過上海聖約翰大學，隨後留學日本，入早稻田大學，專攻政治法律。因為他文筆好，所以在留學界中，很早便有盛名，日英語都很熟，又好交遊，亦樂與人接近。梁啟超、楊度、劉崇佑諸人，和他都很交好，和犬養毅、尾崎行雄，也每有過從。

當年留學生中分「共和」、「立憲」兩派，林氏屬於後者，雄談善辯，黃興、宋教仁和他政治主張雖有不同，但基於憐才一念，和他交誼卻還不錯。

在早大畢業後，赴浙省親，東三省總督錫良，擬招林赴奉。將行，得劉崇佑電，邀其返閩，逐赴福州。當時，各省設諮議局，劉當選議員，擁高登鯉為議長，自己也當選副議長，所以力邀長民做書記長。林伯穎官聲頗好，鄉譽亦佳，長民是他的長子，又蜚聲於留學界，回閩之後，官紳對他爭先延納，並兼官立法政學堂的教務長。他瘦骨削面，長髯飄拂，雙目炯炯如電，而襟袖濃香馥郁，見者怪之，未幾以「危言讜論，動驚長老」，給提學使免去教務長之職。

辛亥光復，國父從海外歸來，林以福建代表身份，赴南京參加臨時約法會議。在下關車站，忽有流彈飛過，他幼年曾從他父親習技藝，槍聲乍響，他機靈得很，便向地上一扒，彈從頭上飛過，幸免於死，他便星夜離寧。在上海逗留些時，和議既成，清室退位，袁世凱任大總統，林當選第一屆眾議院議員，任秘書長。他本與湯化龍、劉崇佑等組有民主黨，至是與王家襄、梁啟超諸人共和黨，合併為進步黨，自後他便在政治漩渦裏打滾，以迄於死。

劉劭論人物，把人的流品分為十二類，有所謂「伎倆」與「智意」，即：「似法家而思不及遠，務在成功」，「似術家而權智有餘，公正不足」。章太炎把它分作十六種，對於「通人」中之「外學」，指為「所恃既堅，足以動人，各因時尚，以取富貴」的官僚政客，罵得最苦。不幸清民之交，那些才智不凡之士，很少不傾心蘇張之術，想依傍實力派來幹一番「事業」，圖博取個人的功名富貴。這類人物，真不勝一一枚舉，說來也是時代讀書人的悲哀。

林自負才華，亟求有以表現，袁世凱籌建帝制前夕，林因楊皙子進言，被封為上大夫。太和、保和、中和諸殿，改稱為體元、承運、建極三殿，命林寫進呈，林仿瘞鶴銘體勢，大被嘉許。民國五年丙辰元旦，袁龍袍加身，林是日適生一子，奏稱「聖主當陽，春和四被，臣幸誕一男，伏懇賜名，以為光寵。」袁執筆即書「新華」二字付之，林氏表謝，詡為殊榮。

蔡松坡在雲南起義時，湯化龍辭教育總長，林亦悄然出都，至南京，馮國璋欲聘為秘書長，林依違而已，逗留江南若干時日。一直到民國六年，對德問題發生，進步黨和段祺瑞結合，張勳復辟，馬廠誓師，再造共和，黎元洪辭職，馮國璋繼任總統，段為國務總理，這時進步黨與段愈益融洽。林與梁啟超、湯化龍、汪大燮、范源濂諸人，同時被邀入閣；林長司法，湯長內務，梁長財政。但漸招段左右的嫉忌，合作不堅，雙方情感反日趨疏渙。及馮段失和，段辭，林與梁、湯等亦同去職，表面似相終始，其實早已貌合神離了。林任司法總長，洽為三個月，因鐫有「三月司寇」小印，頗用自喜。

馮段齟齬的結果，造成了徐世昌出山之局。段派擁徐，原欲徐擁其名，而段握其實。可是水竹邨人之性格，怎肯甘為傀儡，一登上寶座，即與舊交通系密切聯繫，對進步黨亦深示好感，月助黨費。進步黨人遂封段閣的借款政策，猛加抨擊，昔日膠漆，今成水火，以利害程結合者，很少不是隙末凶終的。徐世昌與林伯穎本為同年，長民於徐，應稱「年伯」的，於是應邀入京。時第一次世界大戰告終，巴黎和會開幕，我國被邀列席，外長陸徵祥奉派赴歐。徐特於總統府內設置外交委員會，聘汪伯唐（大燮）為委員長，長民為事務主任，熊希齡、孫寶琦諸名流耆宿為委員。遇有和會代表團請示事件，都交該會擬議，權在外交部之上。巴黎和會各國代表額五名，中國係列席會員，出席只限二人，陸徵祥自任首席外，曾電京以王正廷、顧維鈞、施肇基、魏宸組四人名次，請示核派。案交外委會，林以陸體弱多病，次席代表實同首席，不欲由王充其次，遂顛倒王顧之次序而為顧王，由會呈府發表。王憤然求去，陸大窘，不得已稱病，遂使王顧二人均出席，這一次小波折，幾弄成僵局，各方多以責林，蓋王代表西南，非王無以示南北一致。

在巴黎和會討論山東問題時，日方堅欲繼承德國在華權利。英法先受日本運動，默予左袒，美仗義執言，日稱中國已同意，且指換文中有「欣然」二字，為非壓迫之證。威爾遜總統問於顧維鈞，顧電國內報告，外交會向交通總長曹汝霖詢查，乃悉不特青島問題，尚有濟順高徐鐵路敷設權密約。朝野驚憤，汪伯唐最為激昂，長民將此約換文內容，及在和會中之影響，以〈山東亡矣〉為題，把它登在《晨報》。

山東問題的秘密揭載報端之後，群情憤激，各大學相率罷課，要求懲辦交長曹汝霖，駐日公使章宗詳，以及參預秘密借款的陸宗輿。遷延了十天來，釀成了所謂「學潮」，天安門之遊行，趙家樓之焚燬，民族自覺之「五四運動」繼之。徐世昌責長民為「放野火」，召他到總統府切責，且有「愛惜人才，未予嚴懲」的話，外交委員會因此撤銷，徐和林的交誼，至此中斷。林遂漫遊歐洲，在英年餘，勤習英語，並研究社會主義，一時又傳「林長民左傾了。」

林歸國以後，蟄居天津，那時，聯省自治之說，甚囂塵上。林是福建人，頗思歸主閩政，段系的曾毓雋，頗想幫林的忙，允為相機進行，囑其少安勿躁，林疑為推宕。適閩省代表晉京請願，請以閩人治閩，推他任省長。但梁鴻志和林素來不睦，從中作梗，事便擱置，林悻怒見於詞色。

段祺瑞入都執政，設善後會議，聘林為秘書長。又置國憲起草委員會，草擬憲法，由各省市推代表二人，另外選聘才碩學者若干人任委員，特聘林為委員長。憲草僅至二讀，而戰雲瀰漫燕京，段執政的政權又要垮臺了。

段祺瑞臨時執政，是在二次直奉之役馮玉祥倒戈幽曹之後，名為各派協推，實際是建立在奉馮兩軍的槍尖之上，要維持均勢，自不容易。

十四年八月，段發表姜登選督皖，楊宇霆督蘇，同時發表馮玉祥督甘，及孫岳督陝，實現奉馮兩系利益均霑的計劃，即以東北東南為奉系勢力範圍，西北中央為馮系勢力範圍。但馮與奉方摩擦日甚，孫傳芳、周蔭人對奉軍猜疑日深，二次江浙戰事，遂由雙方鬩牆而爆發。

十月十五日，孫自任五省聯軍總司令，上海奉軍邢士廉部不戰退卻，十八日楊宇霆棄蘇北走，廿三日姜登選亦棄皖而逃。奉方不戰而退，固由於戰線太長，怕給人「剪線」，同時也因為馮玉祥態度可疑，吳佩孚更在這時設總司令部於查家墩。到了十一月奉馮形勢益形惡化，段居間斡旋，以京漢線歸馮，津浦線歸奉，長江歸舊直系，自詡均勢政策得收宏效，卻不知馮系勢力近在肘腋。自己因人成事，無錢無兵，京師衛戍司令鹿鍾麟，名為戍守，實即對段監視。不久曾毓雋白晝被囚，梁鴻志夤夜出走，一切陰謀暗殺之事，接二連三發生，政海人物，人人自危，「身繫天下蒼生之望」的段芝老，至此竟成了一籌莫展的孤寡老。馮玉祥錦囊妙計——策動郭松齡灤州倒戈，密鑼緊鼓串演出台，段的苦心遂盡付東流。

段祺瑞有兩個智囊：一為徐樹錚，二為曾毓雋；徐方漫遊歐美，獨曾在京。這人頗機警，段任執政時，他不參與實際政治，但梁鴻志之執政府秘書長為其所薦，寄與耳目而已。但曾和奉方較為接近，所以馮玉祥疑忌他最深，命鹿鍾麟將其逮捕，梁鴻志膽子更小，恐禍將及，故先出走。林長民本來敏感，得訊寢食不安，同時也接到好幾封恐嚇信，更覺得惶惶不可終日。有一日，日本公使請他吃飯，座中有金拱北，也有某些玩政治的朋友，長民到時，這位朋友對金暗地裏說：「像宗孟這樣一把瘦骨，滿臉死灰色，真活該幹掉了事。」拱北聽了這話，私下又告訴了他，他益發恐慌，真感到危城不可一日居。

碰巧這時郭松齡正在倒張作霖的戈，看中了他是搞政治和對日外交人才，幾經轉折，由京漢路局長王範庭（乃模）以及李孟魯（景龢）、蕭叔宣（其煊）雙方介紹，達於林氏，慫恿出關，許以事成之後，郭主軍，林主政。範庭為接近馮軍人物，叔宣與郭陸軍同學，孟魯曾任總統府秘書早在郭幕，三人皆與林為同鄉。林正擬離開北京，巴不得有此機會，匆匆便行決定，而郭派之專車已在前門東站候發了。當時親友多半不贊成他去，他臨行通知親戚某君到家，告以「兩三日，將有一新發展，本晚即離京，茲留上段執政一書，行後，可交汪伯老（大燮）託其轉呈，憲草委員可請湯斐予（漪）商結束。」某君仍請他再斟酌，他道：「吾與郭非素識，答應了又變卦，則郭怕我洩漏他的秘密，必假鹿瑞伯（鍾麟）之手以滅口，那時將求為曾梁而不可得了。見了郭之後，如無可作為，便往天津，郭也無奈我何，這是金蟬脫殼之計，再不然，那裏到營口精鹽公司也近，或且去到那邊休息些時也好。」

這時長民是想見郭之後，渡遼河去營口，或循海路至天津。其夜，林携王範庭所授口令，和孟魯及學生吳少尉（粹）匆匆到東站上車出發。

林氏一行到溝幫子時，郭松齡已進入白旗堡，距皇姑屯只有一日路程，奉方部隊，紛紛輸誠，張作霖也已準備逃往吉黑。郭松齡固是豪氣勃勃，聽到林長民來到，派車接林到白旗堡相見。林本來是急功近名的，又因閩省長弄不到手，不滿於段，郭對之優禮有加，視為平生唯一知己，以為果能使郭言聽計從，舉東北之兵力財力人力，好好運用一番，不特大有可為，且可問鼎中原，多年懷抱之政治主張，或借此以獲實現。在堡所聞捷報，並認為奉天是囊中物，所以在堡發了一電給他的如夫人，說：「遼河冰凍未堅，車不得渡。」猶存觀望之念。

郭松齡自十四年十一月二十五日在灤州發出通電後，一路勢如破竹，馮玉祥出兵五路，由喜峯口進佔熱河，奉方闞朝璽倉皇撤退，奉張勢窮力蹙，擬退往吉黑。馮玉祥志得心滿，假惺惺地電勸張雨亭下野，卻不料用兵關外，會惹起嚴重外交。果然十二月二十六日，日本以護僑為由，命「滿洲派遣軍」菊池少將，分別照會張作霖、郭松齡兩方說：「鐵道附近地帶，及日軍警備區內，兩軍絕對不得侵入，否則，本司令官（白川）不得不執必要之武器。」旋由日方提出調停之議，希望張作霖下野，郭軍和平開入瀋陽，莫傷老百姓生命財產。有人說這是奉張串同日方散出煙幕，好從容部署，確否已無可稽，但張作霖乘著這個空間，調動黑龍江吳俊陞的騎兵作背城借一，卻是真的。

十二月二十三日，吉黑精銳部隊，迎拒叛軍於新民巨流河間。號稱傻大個子的吳俊陞，帶著他部下騎兵打前敵，卻真有破釜沉舟的決心，居然把郭軍打得落花流水，由慘敗轉為大勝。這其間自不免有日本方面的幫忙，即黑龍江騎兵是越自日軍防線而過，橫截郭軍；而日軍以警戒為名，堵住郭軍的後路。在中國道德觀念上，郭是「以下犯上」的叛逆之行，不為一般人所同情，所以奉張借外力來平敉郭亂，也很容易被人忽略了，何況又做得那樣從容不露。郭松齡夫婦倉惶化裝逃遁，終給傻大個子逮住，奉令就地槍決，做了同命鴛鴦。

郭軍慘敗的消息，陸續揭載於北京日人所辦的《順天時報》，林長民的親友們見了，焦急萬分。營口精鹽公司方面，卻得自白旗堡方面來的電報：「孟安，派車接」五字，公司中皆大驚喜，急派車往接，而接回來的卻是李孟魯和吳少蔚二人。原來電文中之「孟」是李而不是林，林氏主僕在兵慌馬亂中已斃命了。

在郭松齡軍中，除長民之外，尚有一個擅長駢四儷六文章、滿身生著蟣蝨的廣濟饒宓僧（漢詳）。這一對新舊「書生」，耍耍筆桿鬥鬥嘴，自是出色當行，一旦身臨「兵凶戰危」的前線，自覺得滿不是事。林長民雖感苦惱，尚能矜持，饒則裝起病來，見人輒說：「遺精病重！」即白天也皺著眉頭做出「忍俊不禁」的樣子，於是饒便在「因病」的理由之下送回後方。林長民、李孟魯一行，隨軍前進。

這是大戰的前夕——黑龍江騎兵越過日軍前線，橫截衝擊，郭軍情勢顯已大變，郭松齡知道大事去矣，和他太太韓氏，換了便服，準備出走。林長民、李孟魯等四人，住在白旗堡的郊外一所小寺的樓上，這一夜，月黑風高，燈昏人憊，景色好不淒寂！長民躑躅樓前，拍遍闌干，口中念著「無端與人共患難」不已。次晨，曉色朦朧，即坐了板車上路，郭氏夫婦已不見了。車過山坳，前面槍聲四起，四人倉惶下車，長民披著狐皮大氅，僕人挾著他走溝塍裏，覺得不安全，主僕二人蜷伏蛇行，想爬到低處避匿，為了狐氅累贅，想把它脫去，頭微仰，恰好彈如雨至，頭顱擠了半截，那僕人往前一拉，也追隨主人於地下了。

李吳二人逃在老農家裏，漏夜易服，變更姓名，接著傳說郭氏夫婦在「菜甕」裏給黑龍江督軍抓獲槍斃了。自錦州至白旗堡間，軍除密佈，查緝郭松齡餘黨，孟魯和少蔚化裝為挑大糞的，肩背長桶，手持糞杓，偷渡過遼河投奔營口精鹽公司，輾轉到了北京，證實林長民的噩耗。

長民的胞弟林希實（天民），是個留日電氣工程師，也是一位「日本通」，便和族弟林樸初商量前往收骨，為避奉方邏弋，繞道大連前往。登岸之後，二林的來意，已為日本方面探悉，南滿鐵道株式會社的總裁松岡洋右，叫人到兩林住的旅舍裏，請他二人前往，見面便說：「林長民先生確已遇難了，為了敬重林先生，遺骸已由白旗堡日本領事館保存著，二位到堡，向領事洽領便可。」派了一個軍曹，陪著兩林換了日本服裝，坐了特備的板車到白旗堡，在領館裏取出兩個大菜甕，揭開一看，只餘頭顱胸肋大腿的骨骼，其餘已燒成了灰，筋黏血漬，顯然是草草焚化，胡亂裝甕的。希實認得其兄齒肋兩處的特徵，才辨出是主是僕的遺骨，乃原車帶著骸骨回大連，在本願寺入殮，將衣冠胡亂包裹後裝入棺木並設奠告靈，日人多有來弔，松岡也送了個大花圈。主僕棺木，自大連逕放上海，希實護柩同行，歸葬福州。北京方面，在過了月餘奉軍撤回關外之後，才在景山林氏私宅裏，設奠憑弔，吳少蔚也穿了白袍，哭著臉在陪客，許多人指指點點，紛紛責吳的背師賣友，成了眾矢之的。

林長民之死，確成了當時許多人的話題，徐志摩和長民長女林徽音很交好，說：「徐佛蘇輓聯？有『衝鋒陷陣那用書生』之句，說得真是，像林先生這樣的才學聲望，在天津賣字也過得下去，偏給郭松齡看上了，把他請去，叫太太陪了同車，一直開到前方去送命，前後半個月，活生生的一個人贘了一堆白骨，你說可怕不可怕？可惜不可惜？」而接近林氏的人，更事後說出先見之明，埋怨不及勸阻，以致輕身嘗試，又說慫恿林出關那些人，只是欲依林氏以取功名。只有一位老先生說得較為平允，他說：「政治這件東西，是可玩而不可玩的，自清末至民國，因為玩政治而送卻老命的，又何止林長民一個？不過這回玩得不太高明罷了，求仁得仁，又何怨焉！」這自然是身後之評了。

長民的字，也值得一說。他的書法，是由晉唐人入手的，早年寫的東西，真是美妙絕倫，中歲參了北碑的態勢，更在雅秀之中，顯出樸茂勁遒的意味，所謂「融碑入帖」，便是這個境界。康南海作《廣藝舟雙楫》，以評書家自命，曾和伊峻齋（立勳）說起：「你們福建書家，卻只有兩位……」伊峻齋以為他自己一定佔了一個，那康聖人從容地說：「一個是鄭蘇龕，一個是林宗孟。」有人把林寫的聖約翰大學校長卜舫濟的壽序來比，稱做「書家兩雄」，因為沈培老的槎岈，算醜中之美，林長民的字則為勁中之美，確是一個天才書家，而他自己也風流自賞。

他有一位如夫人，渾號為「黑裏俏」，略識文字而已。有一個時期，他在北京把她留在南邊，多情的長民，免不了寫了富有情感的信給她。信札寫得好，文句風趣肉麻，都不在話下，單是信裏的字則五花八門，各體俱備。在每一封家書裏，不是註明是學王大令的，便是臨褚登善的，不是虞永興廟堂碑的筆意，便是王羲之的蘭亭，或智永千字文，用盡全付本領，來討她喜歡。而地卻全看不懂，一通一通的拿來給人看，因而這個「佳話」便傳開了。

長民能詩而罕作，壽梁任公五十詩，筆意倜儻，稱誦一時。任公生於同治癸酉，長長民三歲，詩中有「……西郊矮屋窮研詩，出門一笑看殘碁，殘碁急卻聽生死，晝秤檢子心自怡，……我生丙子公癸酉，歲數相差纔幾時，生天成佛孰先後，兩不敢計惟師資，願公長健作山斗，寸舌椽筆終相追。」之句，不料到他自己五十歲時卻死於非命了。

長民死，梁任公撰聯輓之云：「不有廢，誰能興，十年補苴艱危，直愚公移山已耳！」「均是死，庸奚擇，一朝感激意氣，遂捨身飼虎為之。」以任公和林的關係。此聯頗有「既傷逝者，行自念也」的沉痛心情，其後更有〈雙栝行〉之作，全篇凡數十韻，意猶未盡。獨橘州聽水老人陳寶琛所輓，寥寥十四字，卻能憐才念舊，感逝傷時之意，曲曲道出，才算得「持平」之論，句云：「喪身亂世非關命；感舊儒門惜此才！」

蔡哲夫「名士風流」

高伯雨

二十多年前，友人劉均量（作籌）先生在上海買得蘇曼殊畫的《吳門道中聞笛圖》（原為鄧秋枚藏），是一幅高八寸，長一尺二寸的小品畫，圖中一個戴帽的和尚騎驢背上，緩緩向前邊的蘇州城門前進，圖中有茅亭、垂柳、城垣、高塔、景色很是淒清，題識云：「癸卯入吳門，道中聞笛，陰深淒楚，因製斯圖，曼殊。」對葉有章士釗先生題詩二首，今錄如左：

張楚狂潮六十年，入吳風味溯從前。
故人遺墨分明在，卻憶遺蹤總惘然。
癸卯為光緒二十九年，是歲君與吾不告而別。
一代斯文天縱才，偶然揮洒便崔巍。
蕭疏幾樹閶門柳，誰道情僧少作來。

君作此畫，年才弱冠。

辛丑春為

均量先生題曼殊畫幅。孤桐章士釗，時年八十一。

前兩年我拜讀此畫後，對劉先生說在內地恐怕還有不少人與蘇曼殊為多年老友，但在香港同他有文字因緣而又享大年、文名的，只得包天笑、沈燕謀兩先生了。章士釗既有題詩，則不可無包沈二公。劉先生聞言大喜，託我向這兩位文化界老前輩求為題字。我說，包先生今年（一九七一年）已九十六歲了，不知他肯不肯題；不過，他在六十年前和蘇曼殊有深厚的友誼，在暮年得見老友的遺作，一定高興題詩的，待我問他一下。至於沈先生亦已八十一歲，待包先生題後，我想他也會欣然命筆的。（據僑居日本橫濱之羅孝明兄相告，曼殊故友，在日本者尚有梁福起，一九七一年已九十餘，在香港則有與曼殊在橫濱大同學校肄業同學鄭宗榮、陳家法、張世昌。曼殊之九妹蘇惠珊女士，曾在東華醫院第三義學任教，年亦近七十，恐久已退休了。）

我對包先生說及此事，他很高興，然後才拿出畫給他看，他看後忙說：「我一定題！我一定題！」一星期後，包先生題好了。句云：

曼殊騎驢入蘇州，柳色青青笛韻幽。

卸卻僧衣拋去笠，偏救遺墨作長留。

渡海東來走一癯，芒鞋布衲到姑蘇。
悠悠六十年前事，憶否兒童撲滿圖？
曼殊初到蘇州，在辛亥之前，今又辛亥年矣。
憶在吳中公學社樓上，為我畫兒童撲滿圖，寓意殊深，
惜已遺失。今觀此圖，如見故人。均量先生屬題。
辛亥初秋，天笑，時年九十六。

關於蘇曼殊為天笑先生畫「撲滿圖」事，包先生的《釧影樓回憶錄》（一九七一年香港大華出版社出版）有如下的描寫：

那時有吳帙書、吳綰章兄弟二人，日本留學回來。吳家也是蘇州望族，他們在日本倒不是學的什麼速成師範、速成法政，帙書學醫，綰章學理化。而他們回國時，卻帶來一位同伴，一直到如今，成為中國歷史上特殊有名的人物。你道是誰？便是蘇曼殊是也。蘇曼殊，在當時還沒有這個別號（按：曼殊的別號，不下數十個），我們只知道他叫蘇子穀。據帙書說：「他是在扎幌學醫的時候認識他的，他不曾到過中國的上海來。這一次，隨了我們到上海，但他在上海又沒有相熟的人，我們回蘇州，只得又跟我們到蘇州來了。」恰巧這時候，吳中公學社的學生要一位英文教員，曼殊是懂得英文的，吳氏昆仲便把他推薦到吳中公學社

裏來，住在社裏，供他膳食，藉此安頓了他。

當我初見曼殊的時候，他不過二十一二歲年紀吧。瘦怯怯的樣子，沉默寡言，那也難怪他，他第一次到蘇州來，那裏會說蘇州話，而且他說的廣東話，我們也不懂。我那時比較空閒，常到他房裏去看他，起初我們作筆談，後來也就不必了。但曼殊卻喜歡塗抹，有時寫幾句西哲格言，有時寫一首自作的小詩，即以示我，最後則付諸字簏。他又喜歡作畫，見了有空白紙張，便亂畫一番，結果亦付諸字簏。有一次，我購得一扇頁，那是空白的，他持去為我畫，畫了一個小孩子，在敲破他貯錢瓦罐，題之曰「撲滿圖」（按：撲滿者，小兒聚錢器也，滿則撲之，見「西京雜記」）。但這個「撲滿」兩字，有雙重意義。那一個扇面，我卻珍藏之，可惜今亦遺失，不然，倒是曼殊青年遺墨也。

曼殊畫《吳門道中聞笛圖》今為劉君所藏，但另有一幅，則為新加坡收藏家陳之初先生所有，陳藏的一幅畫中有一女子吹笛，劉藏無之。本來兩件都是劉君所藏的，他在上海先買到無女子吹笛一幅，後來在香港由故友黃般若賣給他「曼殊上人墨妙」冊頁，共二十幀之多，其中即有吹笛的一幀，後來陳求劉君讓與。曼殊死後，蔡哲夫集其遺畫編《曼殊上人墨妙》，其題字則為「癸卯入吳門道中……因製斯圖……傾城識」。（按傾城姓張，為蔡哲夫之妻，十年前曾居香港，今則不知其蹤跡矣。）這裏影印的《聞笛圖》，無女子，亦無「傾城識」字樣，大約此一題材，曼殊畫了不少。一九五九年前後，有人介紹香港一位羅君向張傾城女士收得曼殊詩札數十頁，張收藏曼殊遺墨頗多，惟哲夫生前好作偽，則曼殊遺筆恐亦有真真假假存在其中，初不足為奇也。

蔡哲夫是曼殊老友，曼殊詩文中時常提及他，也是我三十年前的故交，他是一個名士而又兼古董客的不尋常人物。我和他相識時，他已近六十多歲的年紀，沒有年少時那樣放蕩了。這時候我們都在香港逃避日寇轟炸廣州。有一日，楊千里問我認得蔡哲夫嗎？我說八九歲時在先叔父蘊琴先生座上見過多次，只見他拿書畫古董來兜售，後來知道他名氣大，便注意及他，但我已離開香港，他是個什麼樣子，毫無印象，於是楊千里就介紹我和他相識。

道蔡哲夫是「大名士」，是沒有太誇大的。有些名士只在某一個地區著名，不出鄉里門一步，而蔡哲夫的「大」，則以其生平務聲氣，結交當世達官貴人、豪商巨賈、詩人墨客，自己則又裝扮得詩詞書畫篆刻考古，無不精通，不知他底細的人，無不欽佩，果然大名士也。

蔡哲夫是廣東順德人，原名守，字哲夫，號寒瓊，此外還有許多別號，如成城子、寒道人、離騷子、水窗詞客、檢淚詞人、思琅、茶丘客等等。又有書齋名甚多，一如其名號焉，正如廣州俗語所謂「壞鬼書生多別號」了。

他的書齋名是隨便起的，偶有所感，立即錫予嘉名，如「有奇堂」，是他十四歲時，微塵和尚贈他的詩「少小有奇氣」而來，於是他請畫家溫其球為作《有奇堂圖》；「雪味庵」是黃賓虹作圖；他住在廣州小東門河旁的時候，齋名叫「寒瓊水榭」；得到越趙胡家的黃楊木刻，齋名就叫「西京片木堂」；晚年與談月色住在南京，叫做「寒月吟窠」。其它還有幾個，想到就用，無非空中樓閣而已！

他在清末已頗有聲名，據南社社友劉筱雲（自一九三八年即寓香港，懸壺為生，一九六二年謝世，年八十）對我說，他同蔡哲夫相識三十年，知其生平甚詳。他說蔡哲夫稍懂法文，曾在廣州一個法國官員衙門裏做過師爺，後來發生了一件艷事，才逃離廣州。朋友們因他的生活是典型的名士作風，他也以名士的姿態在社會上活動，因之朋友們多叫他為「蔡名士」，他也認為這是恰如其分不折不扣的身份，受之而不辭。

書畫古玩，金石碑帖，他都好涉獵，也會吟詩填詞，對於中國古代文物，研究雖然不算十分精博，在表面上的部門源流及其流傳等，也能隨便談談，不懂得的人便以為他是專家，肅然起敬。在文人雅集的處所，他能古今中外，夸夸其談，使整個場面不會怎樣靜寂，所以有時甚得人歡迎。

蔡名士和朋友通信，寫詩詞，都用自己特製的詩牋、信封。印章有三四百方，適當地應用使到收受的，尤其是和他沒有見過面的朋友，多覺得他真是個「風雅之士」，於是便把他的尺牘詩詞寶藏起來，視如拱璧。

大凡會充名士的人，一定會善於「演戲」的，蔡哲夫除了以「藝術氣氛」向人示威之外，在他的住宅裏，也布置得古香古色，充滿藝術氣味，使入其室的人，一見到這些古物，就知道主人不是平常之輩，於是受到威脅，有些人甚至還產生了自卑感，自慚形穢起來。這樣，主人就大獲全勝，有時或者可以償其大欲了。現在試看看他的書房擺設的什麼東西吧。古色古香的東西多了，銅、瓷、古玉、竹刻、造像、石刻、刻絲、書畫、碑版等等，琳瑯滿目。人們要是初入門玩骨董的，一到他家裏，東摩挲，西看看，足夠來客玩賞半天，樂而忘返。而他這些文物中，有些的名稱是很奇異的，如：楊玉環的抹胸繡花圖樣，趙明誠李清照的歸來堂校碑硯，無我尼姑的裸體象臂閣，馬湘蘭的睡鞋，顧橫波的耳墜，葉小鸞的茶碗，張二喬的唾壺，白玉蟾的酒杯，慈禧太后的漆枕，賽金花的銀牙簽，名妓林黛玉的水烟袋，名女伶王克琴的腰帶等等。睹物思人，也足夠使觀者起了不可思議的遐想，或是咄咄稱奇的了。到底這些東西的真實情形如何，恐怕蔡先生本人也不敢確定，不妨以假當真，以真當假，見者既然樂極忘形，這些東西就已經發揮其作用，不必去深究了。

名士是要有美人來配搭，才能相得益彰的。因此他把自己的太太塑造成一個多才多藝的女性，詩詞書畫，件件皆能，是閨中的良伴，其風流韻事，不減李清照、趙明誠。他的太太名張洛，而本人別字哲夫。他便根據《詩經》的〈大雅・瞻卬〉：「哲夫成城，哲婦傾城」，把太太的名字改做「傾城」也就是說哲夫之婦了。而且「傾城」又是佳人的借稱。《漢書、外戚傳》有「北方有佳人，絕世而獨立，一顧傾人城，再顧傾城國」（張傾城也用「獨立」二字為別號）等句，李白詩「眉目艷皎月，一笑傾城歡。」名士有了才女，璧合珠聯，天然湊合，冒襄的董小宛，錢謙益的柳如是，侯方域的李香君，龔鼎孳的顧橫波，以至司馬相如的卓文君，這些風流膩事，無論他們是眷屬，是情侶，總之是「香艷旖旎」，在朋友群中是值得「驕傲」的事。這也是他的思想作風所追求與要達到的目的之一。至於被他打扮成這樣的女性的人，是否真是「才女」呢？這一層倒沒有人去研究，朋友們都是樂於成人之美的，誰願意去煞風景呢。

蔡哲夫有一個時期替朋友寫畫的題句，常是寫明「與傾城合作」，或「傾城詩畫」。有的是他繪畫，傾城題詩，或是傾城作畫，哲夫題詞。這樣的「留韻事於丹青」，企圖和趙子昂管道昇、湯雨生董琬貞、廉南湖吳芝瑛等先後媲美。便是蘇曼殊的畫中，也時常常出現這位蔡夫人張傾城的名字。他有時題畫，寫明所用的硃紅，是蘸著他的太太的口紅來點染，他認為這是極「風流香艷」的作品。顧橫波是十一月初三日生辰，張傾城是十一月初四日子時生，他說子時也屬於初三，係與顧橫波同日生的，於是就找人為張傾城刻了一方印章，印文是「與橫波夫人同日生」，可見其「風趣」一般。如此這般，無怪醴陵名士傅熊湘贈他的詩有「娶妻要娶張麗華」之句了。

護法時期，有一天，馬君武在廣州讌觴酒家約了幾個朋友吃飯，高天梅（也是國會議員）即席向哲夫道謝張傾城夫人的贈畫，並說：「我和老兄相識了十年，還沒有機緣拜見過尊夫人呢。」謝英伯即指著尹笛雲說：「天梅，這就是繪畫的張傾城夫人了。」弄得素來不大愛說話的尹笛雲非常尷尬，只好用廣東話頻說：「唔好講笑，唔好講笑！」原來哲夫夫婦和朋友應酬的畫件，多由尹笛雲、王竹虛等代筆，寫篆書，刻石印，多為鄧爾雅代作，只有題款是他本人親筆。這個內幕，謝英伯了解得很清楚，自恃熟稔，當眾替他開玩笑。同席的人也只好笑，而哲夫並不感到怎樣的難為情，還是若無其事的談天說地，不失其名士風度。

蔡哲夫平日好搜集骨董，在廣州時，常去府學東街（後改文德路）。在香港時，常去摩囉街的攤頭，花幾角錢去掏小玩意兒。經過一再加工，商周秦漢的奇珍，六朝唐宋的遺物，羅馬印度的古器，他都能「化腐朽為神奇」，給它題了一個名字，墨拓出來，加上個跋語，然後蓋了許多個審定的印章，找些詩友題詠，寫觀款。從此這些東西便一旦成為人間瓌寶，稀世之珍了。省港的「風雅」富翁，就收藏了不少這些「瓌寶」。

如果有什麼書畫家要編印集子，或是某家人想出一本紀念家長的書冊，蔡哲夫可以代辦，辦得井井有條。字是蘇黃米蔡復生，畫是董巨荊關再世，也不過如是。因為他認識了不少詩友，尤其是外省的詩友，他們都樂意應酬他一兩首詩詞，彼此標榜，做一個人情。中醫生張雲龍的畫集，就是由他的協助而完成的。

中國的古董商人，真是多如過江之鯽，但文化水平高，而又能脫俗，令人覺得還有些書卷氣的，卻不易見到，蔡哲夫就是我所見到的一個，雖然他喜歡作偽，但他能助人風雅，又喜歡發潛德之幽光，這一層是的確可取的。現在試舉一事例來說。

民國三年甲寅（公元一九一四年），蔡哲夫重游北京，在海王村冷攤買得郭靈芬（名麐，號頻伽，江蘇吳江人，工詩詞，善畫竹石，著有《靈芬館全集》，晚年僑居嘉善）手寫其故友徐江庵遺詩，及江庵遺畫二幅。（江庵名松，字聽　，亦吳江人，工詩）。哲夫歸廣州後，與南社社友醵資一百元，將郭氏手寫詩稿石印若干冊，卷首並附印徐江庵遺畫二，一幅是哲夫贈給柳亞子的，因為亞子是江庵的鄉晚，柳在畫上題詩云：

江鄉畫筆數徐熙，流轉翻從燕市歸。
直似當年曹孟德，黃金絕塞贖蛾眉。
雙龍不作延津合，一幅羅浮臥白雲。
從此中原人望氣，迢迢吳粵要平分。

鄉前輩徐江庵先生梅花小景兩幀，社友順德寒瓊蔡子自燕市購歸，既以一幅見贈，復郵示別幅，屬為題詠，率成兩截，聊記因緣云爾。

民國四年春三月，松陵柳棄疾識。

扉頁是劉三題的字，文如左：

郭瀕伽手寫徐江庵詩冊。哲夫兄長屬題。甲寅中秋，江南劉三。（下蓋朱文「劉三之印」乃楊千里刻）

書末有吳江陳去病一跋，讀之可見郭與徐兩人的行誼和交情，摘錄於後。

寒瓊重游京師，偶從廠肆得郭靈芬手寫徐江庵話雨樓遺書一帙，歡然挾之歸嶺南，以余為郭氏鄉里後進，書來屬為考證。余私淑靈芬有年，往嘗為草年譜，粗稔本末，故弗敢辭。考靈芬之識江庵，在乾隆四十五年庚子，時郭年才十四耳，二人故同里，故相過從甚密，凡十年而江庵卒，靈芬有詩哭之甚哀，時則庚戌之十一月也。頃觀是帙，但庚戌一年中稿，而屬諸倡和聯句尤多，宜靈芬之珍護愛惜過於球璧，晨鈔暝寫而未敢忽焉。夫頻伽交游滿天下，其才什百倍於江庵者何可勝數，顧皆恝然無所纂錄，而獨於江庵乃斤斤，則郭氏性情之真，於此亦足徵矣。哲夫既得頻伽手寫江庵詩，後畫《靈芬館寫詩圖》，以紀高誼，頻伽有知，當與江庵相笑慰於九京之下矣。

書末有蔡哲夫手書南社社友捐金印此書的數目，可見當時友朋之樂，亦盡錄如下：

徐江庵詩都三十有二葉，印一千卷。南社同人醵貲印者：吳江柳安如、棄疾，金二十有八；金山高吹萬、燮，金十；姚石子、光，金十；開平周伯嚴、剛，金十；周亮夫、明金六；周破浪、張帆金四；香山繆勿盦、鴻若，金十；順德蔡寒瓊、守，金二十月二，都百金，乙卯（即一九一五年）秋八月廿五日印成。（下蓋朱文「南社蔡守」、及「寒瓊」二印。）

蔡哲夫的私生活也是很有趣的。他在家裏，夏天有時穿鑲了花邊的女裝小背心，風流自賞，朋友來談天，也是這樣的會客。他曾用屈原〈涉江〉的句子：「余幼好此奇服兮年既老而不衰」，請徐星周刻「好奇服」的印一方，表明他穿奇服的原因。有一次，杜鶴孫醫生客，他因吃菜弄髒了袖子，主人吩咐女傭替他洗滌。他得意忘形，搖頭擺腦的說：「纖纖女手，薄浣我衣。」李栖雲譏評他不應該掉書袋。他反而說「這是事實，孔老二和人談天也好引用詩云的」。

他沒有恒產，他的生活資料來源，全靠自己去張羅。他當過上海《國粹學報》的插圖繪畫員，廣東高師附中的圖畫教員，李根源駐粵滇軍司令部諮議，黃埔軍校的職員，香港赤雅古玩店司理等職事，久的一年兩年，暫的幾個月。其它的歲月，多是搞書畫，玩骨董，拈韻敲詩，賞花載酒的自我陶醉生活。

蔡哲夫生平最愛好朋友，如果朋友有事託他，他是非常熱心不辭麻煩的代辦(自然是要和他的個性相近的事)。黃賓虹的畫，在辛亥革命前而至抗戰前夕那二十多年，在廣東、港、澳等地流傳了千餘件，和他的努力宣傳與代辦，是起了相當作用的。潘達微編印《天荒》畫報，組稿的時候，他花去不少精神、時間去幫忙，大江南北的圖畫與文稿，多是由他設法找來。而這些稿件，全是他個人的交情，沒有稿酬，只是出版後送書一兩冊以當酬勞而已。

商人張五，曾是蔡哲夫的居停主人。張的太太馬二娘，好臨歐陽詢的字。他就借箸代籌，由馬二娘寫了一篇序，把它刻石，墨拓了兩百份，分贈親友。並由他經手請些文人題詠，捧場一番，每人送筆金一百幾十元。於是乎朱祖謀、況周頤、樊增祥、趙藩、潘飛聲、周慶雲、程大璋、康有為們的題件都來了。此輩中，周慶雲是上海一個富商，為人極風雅，工詩詞，又刻過很多書，是有真才學的人，他並不希罕那一百幾十元潤筆，聲明不要，把錢退還，張五也很大方，並不收同私囊，送給蔡哲夫買酒，以酬其勞。

張五把收到海內第一流名士名流的題字後，立即叫人雙鈎，留起真蹟，即以鈎出的刻石，蔡哲夫替他找到肇慶名刻石工匠梁雲渠來刻字，雙鈎字本欲請鄧爾雅，但鄧不肯，只好隨便找個會寫字而沒有名氣的人充當。刻好後，一併墨拓出來，一同裝裱。這樣，無非是要把馬二娘的書法能在藝壇中佔一席地，使千百年後，人們還知道有她這樣的一個書法家。可惜轉眼間，人們就把馬二娘的字甚至那些名人題詠都封鎖在書廚裏餵蠹魚，五十年後的今日，誰也不知道馬二娘是什麼人了。蔡哲夫為了對張五表示感恩知己，才為他完成了這件事，結果仍不能使馬二娘名流千古，不免遺憾。

哲夫的才學頗富，尤其是有雜才，很會想出新花樣。民國八、九年（一九一九、二〇年）間，簡經綸（子琴石，號琴齋，工書法篆刻，一九五〇年在香港謝世）任職南洋兄弟烟草公司，計劃編印一種案頭用的故事日曆，贈送各界。蔡哲夫承接下來辦理，一年三百六十五日，每一天都配合歷史上發生的一件故事（包括人與物），按日的寫述，有圖有文。從這一點可以說明他的博聞強記與巧思，不用說，這一筆酬金也是相當可觀的。

不過他有時也會使人對他很討厭的。第一，他好舞文弄墨，容易文字招尤。第二，口不擇言，有時對於某些事亂說一頓，或亂掉書袋，冒充內行的人，他就忍不住當面給那人搶白幾句，使對方有點難受，無法下台。他又好滿口「鹹濕話」，三字經六字經衝口而出，又喜歡揭人陰私。這些都是他和群眾關係搞不好、樹敵多的原因。

楊千里與柳亞子同為吳江人，亦隸南社，一九三七年南京被日寇攻陷，其時千里在北平逃至天津避寇，我寫信給他，建議他來香港暫作寓公。他回信說省港是他舊游之地，很想重臨，不過熟人不多，不知能否過活。他又說蔡哲夫在香港，或者可以替他拉些寫字刻印的生意，問我知他的行蹤否？我也是初到香港的（我出生在香港，八歲才離開，到一九三七年九月又再來，一切生疏，亦無朋友），不知蔡的住址，問鄧爾雅，才知他在赤雅古玩店出入。我得到了結果後，立即通知千里，千里回書，略說決定來港一行，又說蔡哲夫收藏文物小品甚富，到港後「得與二君日夕談藝，當不寂寞矣」。（千里不識鄧爾雅，彼此聞名，到後，我帶他去見爾雅的。）從此時起，我才真正的相識蔡哲夫，初時他還以為我是「南北行闊少」，常介紹東西給我，一心以為有鴻鵠將至。我老實對他說，我是逃難來的，身邊還帶了幾冊古畫，三四十個石印，目前也想出賣濟貧，「如果你能替我賣去，又賣得很順利，那麼，我放在上海朋友家中的書畫、舊墨、舊紙，可以叫他們為我寄來，託你出賣。」他一口答應。數月後，我七件大行李由上海一家著名的旅行社代運，到香港後，旅行社通知我了，但送到來的只得兩件，而通知單則七件，其餘五件到什麼地方去呢？初時以為先送兩件來，另五件隨後會到的。但等了兩天沒有消息，我馬上往該社查問，他們說一定不會失落的，這批行李是他們的職員乘「俄羅斯皇后」號船一起帶來，旅行社的人去接船拿上岸的，担保不會遺失，叫我自己上二樓的貨倉認一認，也許認到，即可拿走。但認了半天，一件都沒有，後來知道是失落了。（為什麼會失落呢？照道理是不會的，旅行社代運，將我的行李交給船公司，付一筆運費，到香港時，憑提單到船持取，很少有失去的事發生的，這是正當的代運手續。但該旅行社為人多賺幾個錢，交給他們幾個職員帶到香港，作行李論，這樣可以不必付運費，而我仍須照付，不是多賺了嗎？我的七件行李是巨型的樟大木箱，除衣物外，皆書畫文物，上船後，放入行李艙，而那幾個職員只帶隨身行李，將入廣州轉粵漢路到漢口分社辦事的。船到港後，旅行社的人去接船，那些職員告訴他還有幾件大行李放在行李艙。吩咐後匆匆上岸。接船的人不知怎的，只拿了兩件，一日後，該船開往馬尼拉，從此之後，就無法查詢。）

我失去這五箱東西後，屢次向該社交涉無效，他們說替我打電報往馬尼拉和上海再查，仍無結果。該社說是失落無疑了，願依章程每件賠償二十元。我說，我這七箱東西都是書畫文物，只值一百元嗎？他們說：「既是值錢的東西，為什麼不買保險呢？」這一問的確有道理，我難道不知道要買保險嗎？只因為寄來時事出誤會，已經來不及了。原來我離滬前，因行李太多，不便上撤僑的「難民船」「亞細亞皇后」號，便把七件大行李暫時存放在英籍友人來維思（Levi，他是猶太人，出生在上海，父親在沙宣洋行做經理。他喜歡研究中國音樂，但一句中國話都不懂，一九三四年他到北平圖書館研究古樂，與劉半農、鄭穎蓀等人相識，所以我才識他）家中，以為三五個月後便可回上海了。後來戰事發展到無可言和地步，而又幻想蔡哲夫有本領可以替我賣書畫交物，才打算在香港安居下來，零賣古物，苟延性命。於是寫信往上海那家旅行社秘書陳立綱兄，問他我有七件大行李，打算運來香港，不知費用多少，如果不十分昂貴，我想全部運來，行李現存赫德路某號門牌來維思先生家中。怎知立綱兄太過熱心，收到我的信後，就憑信向來維思提取行李了，我還不知道，當然也無從買保險。

以上這番話，旅行社的人當然不會信的，但卻是事實，幸喜那時候陳立綱兄已在香港的西南運輸公司任職，有他為我證明。結果，該社破例賠償我每件四十元港幣（本來是依照法幣賠二十元的，為了特別「體恤」，以港幣計，我可以多得四五十元也）。我當然不肯。蔡哲夫很夠朋友，幾次陪了我去交涉，還找了和該社經理相識的人講人情。這樣的拖了幾個月，蔡哲夫也生氣了，結果仍賠償二百元了事。我當然是忍氣吞聲，心有不甘，打算告它一狀。蔡說，「罷罷，香港打官司是要錢的，官司未必你就贏。如果你有閒錢，閒時間，不妨出出鳥氣，否則收下二百元自歎倒楣，最多以後不照顧它便是。」

八年後，我從香港往上海，小住半年，其時蔡哲夫在南京謝世已將三年了。有一次我在一位收藏書畫甚富的朋友家中，欣賞他的收藏品，其中有文徵明山水、溥心畬白描羅漢、臨書譜卷子，是我失去的書畫，各件不止有我的收藏，還有蔡哲夫的收藏印。這幾件東西都是某旅行社代我寄來香港時失去的，不知是從香港抑馬尼拉「倒流」回上海，已無可稽考了。我問朋友是怎樣得來的？他說那是一個書畫掮客拿來兜售的，因見有我的收藏，故此沒有還價買下了。他知道我曾跟溥先生學過畫，要把臨書譜卷子送還給我，我不肯收。(一九四九年三月，他忽然從上海郵寄溥心先生寄給我他的近作詩詞一卷，有我的上款的，說是新近以賤值收得，故以寄贈。又過三年，某君以破產自殺了。)可惜蔡哲夫已長逝，我無法告知他這幾件東西就是當年胡裏胡塗失去的。他幾次為我奔走，而不知失物後來竟會有小部分在他手上，可謂與蔡哲夫因緣不淺了。

關於蔡哲夫的軼事，還有不少可談的。當民國十一家(公元一九二二年)陳炯明叛變時，廣東亂糟糟，有不少人移居香港，女書法家蕭某亦全家搬到上海租界住下，由朋友的介紹，父女們同去拜訪鄉先輩康有為。康有為因蕭某是學寫他的字體在廣州略有小小名氣的，便很高興的替她寫幾句登報的介紹賣字文字，大意說她的篆書雄渾似吳昌碩大令，行書茂密似沈寐叟尚書，其真書似老夫。哲夫見上海報紙刊出這樣賣字告白，因有「老夫」二字，一時手癢，便斷章取義的賣弄筆墨做打油詩，其中一首云：

恰似香光遇岫雲，藝林佳話久傳聞。
游為老去臨池懶，代筆閨中要有人。

詩在廣州某小報發表，把董其昌與岫雲的夫妾關件相比擬，暗中說女書家是康有為的姨太太。蕭家父女知道了後，氣個半死，但又無可奈何，難道巴巴的遠從上海向他交涉嗎？這本是蔡哲夫的不是，在報紙上罵人，而且無的放矢，未免無聊！

李根源在廣東任滇軍總司令時，喜與文士往還，由蔡哲夫介紹加入南社，李便委他在軍中一個閒差，無非是諮議之類，拿乾薪，陪總司令游山玩水，飲酒作樂而已。（李字印泉，雲南騰衝人，辛亥革命後做過陝西省長、廣東軍政府政務總裁、國務總理等職。抗日戰爭後任雲貴監察使。一九六五年七月六日死於北京，年八十歲。鄧爾雅也在滇軍總司令部當秘書，據說亦哲夫介紹的，故此有時哲夫請他代筆篆書篆刻，爾雅不得不應酬一二。）

滇軍駐在韶關，蔡哲夫利用身份，帶了幾個士兵到馬壩的南華寺，把宋代慶歷年間的造像木座刻字鋸去。寺僧在「外江壯士」的長鎗刺刀威脅下，怎敢阻止，只有跪在地上合作，宣念佛號。後來他把這些木刻，墨拓成張，請名人題些詩詞，按份出售。與滇軍有關係的人物，見到這些木拓本，眼紅起來，也要分一杯羹，哲夫倒也漂亮，有飯大家吃，使眾人皆大歡喜。（鄧爾雅對我說，當時南華寺佛殿兩旁有藏經櫥，內有明人寫經，線裝脱落，對文物有興趣的人都隨便抽幾頁回去當古董玩，寺僧亦不加阻止。蔡哲夫同他也取去數十頁。又，曾做韶關中學校長的葉浩章，一九二三年來澄海中學做校長，他也偷過南華寺藏經，曾以二頁贈澄海縣長李鑑淵，說是唐人寫經，大吹一頓。可見南華寺文物當時不止為丘八破壞，即知識份子也不甘後人也。）

蘇曼殊於一九一八年死後不久，李根源出錢印曼殊遺畫，哲夫承命到上海經辦此事。陸丹林有這本的，曾對我說，畫集有許多幅畫，題著「曼殊令女弟子傾城書」、「曼殊令蔡守錄」、「守一錄」。而所謂「傾城書」、「蔡守錄」，筆蹟都是一模一樣，完全出於一個人的手筆，沒有曼殊親筆題款。其中只有幾張是有他題字的，據說是他到了上海之後，向朋友借得曼殊遺畫，攝影製版加入的。

民國六年夏秋間，南社社友從各省到廣州參加護法工作的有一百多人，極一時之盛。南社自成立以後不久，蔡哲夫已無形中做了南社廣州分社的負責人，現在有了這麼多社員來到，他就更為活躍了，奔走聯系，嚮導傳話，沒有一天停息。有時還舉行小型的雅集。「南社」廿一集附錄〈禺樓清尊集〉（分頁的「清尊」二字，署名「蔡張傾城」，也是哲夫代寫的），就是其中之一。又常在六榕寺裏邀約十個八個社友茶敘，作東道主是住持僧鐵禪。這個葷素並進的鐵頭陀，平日愛食叉燒包、蝦肉粉果、蠔油牛肉炒麵，因之每次茶敘，這幾種點心是主要的食品。高天梅好飲酒，尤喜歡廣東的黑糯米酒，常與鐵禪、葉楚傖等對飲一二小時。哲夫周旋其間。做提調工作，賓主盡歡，飲醉食飽才各散去。

名士與詩詞，一般說來，等於紅花綠葉互相襯托，於是相得益彰，蔡哲夫是名士，當然也不例外，所以他一生就窮其精力去研究詩詞，以增加其名士氣氛。我們只看他的一些詩詞題目。（見《寒瓊遺稿》。此書是他在一九四四年死後才輯印的，滬上友人存有一冊，曾假我一讀），也可以反映他的名士生活（不一定有此事，也許有些由他揑造出來的），如：〈香港重見袁寒雲姬人麗雪青〉、〈重見騷香子同乘摩托車游小香港〉（所謂「小香港」即香港仔，以「仔」字不雅，不便出於名士筆下，故錫以「小香港」佳名）、〈曹溪南華寺七夕寄張蘭娘〉、〈甲辰歲暮，偶於斷腸詞夾有殘絲數縷，憶是去年小除前一夕王素香繡睡鞋賸者，玩物懷人，遂成此解〉、〈荔枝灣納涼寄阮月娘〉、〈與陸貴真、吳子和宿巢居閣〉、〈四照閣與子和、貴真並枕臥看湖山，口占小令，由兩姝歌之，真不知身在人間也〉等標題觀之，盡是脂粉色情，內容如何，也可想而知了。什麼「拔釵沽酒情何限，並枕談詩艷絕倫」，是他看做生平最得意的詩句。

哲夫有一個姓張的女友，字蘊香，又字琅姑，別號心瓊。他也取了個「思琅」的別號。男的是「思琅」，女的是「心瓊」，就是兩人心心相印，形諸別署，作公開的符號。他對於這位心瓊女友，是怎樣的呢？除畫了一張《蘊通體圖》（即人體寫生）之外，還做了不少的詩詞，其中一首〈生查子〉詞是：

湖上蘊香樓，鏡檻胡牀小。夜夜夢魂中，并枕和歡笑。
明月上酥胸，褪卻雞頭罩，得意醉橫陳，還與菱花照。

「雨中花」詞上段是：「脫使眉教儂畫，更覺花容佳冶。但願朝朝看卿梳洗，常侍晶簾下」。這些詞充分表現了色情狂，豈僅庸俗而已。

南社於辛亥革命前二年（一九〇九年十一月十三日）成立於蘇州時，蔡哲夫是參加的，但他和柳亞子之間關係並不好。就在這天的宴會上，為了談論詩詞，大家便爭執起來，弄得舉座不歡。亞子在《南社紀略》有說：

……卻惹惱了龐檗子和蔡哲夫。檗子是詞學專家，南宋正統派；哲夫卻夾七夾八地喜歡發表他自己的主張，於是他們更和我爭論起來。……我急得大哭起來，罵他們欺侮我。檗子急忙道歉，事情才算告一段落。

過了十年左右，亞子為了朱鴛雛的出社也有一說：

因驅逐朱（鴛雛）成（舍我）的關係，引起蔡哲夫對我的反抗。他用了南社廣東分社的名義，背簽了許多粵籍社友的姓名，與朱成遙相呼應，想推戴高吹萬做主任，把我來推翻，這事情掀起了很大的風波。

這樣說明了蔡哲夫常是找機會和柳亞子對立的。

蔡哲夫刻有「南社蔡守」名印，平日與友朋通信或題字，常是鈐用，表示身份。這也是柳亞子對他的印象不好的原因之一。社友們對蔡這種作風，也有感到過於招搖。抗日戰爭時，蔡哲夫住在淪陷區南京，借了六十生日的機會，冒用了經已停頓了十多年的南社名義，大發通啟徵集編印他個人的詩詞集經費和詩詞書畫。當時柳亞子避難香港，便約了旅港的舊南社社友十多人發表聲明說，蔡在南京盜用了久已成歷史上名稱的南社發起為他做壽，不符合事實，請各方面不要相信有這麼一回事。同時，在香港的蔡元培發表談話說，有人在南京冒用他的名字，發起為人祝壽，本人絕無此事等語，表明責任。

五四運動後，蔡哲夫的生活，進入了一個新階段，就是他的第二位夫人來歸了。從此名士又添多一位美人，而這位美人卻是頗為不平凡的。她姓談，名叫月色，是廣州檀度庵的女尼，本是順德人談會存的第十女兒，談月色做雛尼時大約第只有十歲左右，未正式剃髮，仍留有辮子，仍然吃葷。到了成年，由師傅擇吉，大做法事，正式落髮，這時才是尼姑。檀度庵在小北門消泉街，清康熙四年（公元一六六五年）平南王尚可喜為其幼女所建。尚小姐入居之，人呼為王姑姑，而她則自稱為「自悟」。自悟大師博通梵典，戒律精嚴，先尚可喜死，不睹家難，可云有識。庵有自畫像，披髮衣紫，蛾眉雙戚，有憂容。（據「番禺續志稿」云：藥師、檀度兩庵，供奉開山比丘栗主，均書自悟，亦均有自悟像，檀度所藏是原本，藥師則重摹本。）

一九四四年秋我才與李茗柯相識，少不免談到蔡哲夫和談月色的韻事。我問他蔡怎樣取得此「才尼」者。茗柯說，事由自悟畫像而起，大約是民國九年左右罷，蔡哲夫到檀度庵隨喜，見談月色甚可人（其時廣東有些人最愛逛尼庵，遂傳有「開師姑廳」之請，居然以梵宇為青樓矣），便向她兜搭，教她寫畫，臨摹佛像。原來哲夫對自悟畫像動了生意眼，要據為己有，賣給洋人博厚利，就和談月色合作，叫她臨自悟像，臨了一個時期，便摹起來，作以假換真的把戲，老尼當然被蒙在鼓裏，不知這對「情侶」已偷到庵堂也。哲夫偷完古畫後就連人也偷了，這是李茗柯所說的。（茗柯名尹桑，黃穆甫得意門人，精書法篆刻，一九四五年一月死於廣州，後哲夫死不過數月耳。）

哲夫和談月色相識後，便到處宣傳檀度庵的古溶傳（月色法名古溶，「傳」者廣州人稱尼姑也，略去「師」字）懂得做詩，寫得一手宋徽宗瘦金體字，而且能夠畫梅花、刻印章、拓古器。在舊日的社會中，平常一個女子要是能寫一兩筆畫，哼幾句詩，已經給人們另眼相看了，何況是尼姑，更加使人們特別注意的傳奇式人物，符合製造「才」女的條件，一經傳播，自然是萬人矚目的了。（按：民國四、五年間，廣州的檀度庵、永勝庵皆有名於時。劉禺生於民國十七八年後，又到廣州，有〈永勝寺題壁〉詩四首，末首云：「小李將軍寫洛神，蔡中郎婦畫梅人。珠江影事差堪問，醮酒齋壇一欠伸。」李指茗柯，蔡則哲夫也。附記事云：『廣州永勝老尼朱傳，善談論，廣結納，輩行最長。幼尼阿梅、阿竹、善能，皆有風度。十年前，寺將沒官，予助存之。善能最稺，予贈聯云：「善花萬色萬天，白齒紅衣窺寶相，能果一心一點，玉顏珠貌坐蓮台。」李茗柯書懸僧房。三年前，予巡察赴粵，朱傳感往事，為予醮齋祈福三日，茗柯在澳門結婚，頗具韻事。蔡哲夫納檀度庵尼古溶，能畫梅，均來寺讌集。朱傳見予至曰：「劉先生你現在做了八府巡按，你的玉堂春跑了。」實則毫無繾綣，不過興之所至耳。因索詩補壁，記載前事，成感舊四首，千里書之，報清醮也。禺生記』。千里為楊天驥，一九三四年冒鶴亭六十一歲生日，千里為作「六一翁」朱文印，是年鶴亭到廣州，常至永勝寺食朱傳所作粉果，有詩記事。）

我們現在試看蔡哲夫怎樣宣傳他的談月色吧。他買了幾十頁空白的扇面，一面由談月色畫梅花，款署「比丘尼古溶」，下蓋「廣州檀度庵比丘尼古溶」、「舊時月色樓」兩小印。一面是他寫的與古溶唱和的詩。又用古溶名義畫梅花屏條、冊頁，和用珂羅版印製的梅花明信片等，分寄平日往來的朋友。故友壽石工是北京一位有地位的篆刻家，工詩文，他的夫人宋君方也精此道。哲夫與壽石工同為社友，就自己刻了一印從香港寄贈石工，談月色當然少不了也「班門弄斧」一下的。石工甚欣賞「月色」二字，曾以「舊時月色」四字入印，見其《蝶蕪齋逐年自製印存稿》（石工五十生日，集三十年來自作印，朱拓五十部，以贈贈知友，我的一部，寶藏至今）。哲夫這樣的宣傳，不到一年，比丘尼古溶的作品，便不脛而走，一時傳遍了省內外，成了嶺南佛門「才尼」的雅事。哲夫意猶未足，替談月色出畫像潤格，其小引乃出自嶺南遺老、詩人何藻翔之手。

蔡哲夫和談月色們結婚前，時時一同參加社會的文娛活動，如壽蘇會、上巳修禊、重九登高、書畫雅集之類。古溶身穿尼服，厠跡於文人墨客之間，但極少說話。遇到即席揮毫，或是聯句等，她也很客氣地婉詞推卻表示謙虛。

蔡談往還的時期並不太長，到了時機成熟，他們兩相情願，締結良緣，由蔡哲夫懇請程大璋「證婚」（程字子良，廣西人，康有為弟子，當時是國會議員。程倒也不辭，而不知製訂法律的議員已犯法也。）成為眷屬，隨即移居香港，過他們的新生活。高天梅寫了一首七言古詩來調侃他，詩中有：

比蒭夷作居士妻，世間奇事無不有，
念年辛若禮空王，一笑袈裟換艷裝。
儒門詎少清淨業，樂土終在溫柔鄉，
華嚴彈指春懷抱，異樣因緣劇顛倒。

表面上看來是賀他們「新婚」，其實句句都是譏刺的。高天梅是南社主要分子，和蔡哲夫交誼甚深，其對哲夫的觀感如何，可想而知了。

尼姑、居士結合後，相處得還好。有時雖然遭遇生活中有無窘困，彼此也能夠諒解，刻苦耐勞。從此之後，哲夫在朋友間常是提到談月色的畫梅刻印。有一個時期，月色寫梅花，並蓋了「比丘尼古溶歸蔡寒瓊」的小印，表明自己的出身和他們的關係。劉成禺的《世載堂詩》裏「蔡中郎婦畫梅人」，信不誣也。

抗戰勝利前夕，蔡哲夫死於南京，談月色的艱苦生活，是可以想像得到的。此後，她從事藝術活動，真的潛心去鑽研藝術，又再度剃髮出家。近年久不聞其消息，不知是否已圓寂了？

秀威經典　　PC1105

名人餘談

原　　著 / 高伯雨等
主　　編 / 蔡登山
責任編輯 / 周政緯
圖文排版 / 陳彥妏
封面設計 / 魏振庭

出版策劃 / 秀威經典
發 行 人 / 宋政坤
法律顧問 / 毛國樑　律師
印製發行 / 秀威資訊科技股份有限公司
114台北市內湖區瑞光路76巷65號1樓
電話：+886-2-2796-3638　傳真：+886-2-2796-1377
http://www.showwe.com.tw
劃撥帳號 / 19563868　戶名：秀威資訊科技股份有限公司
讀者服務信箱：service@showwe.com.tw
展售門市 / 國家書店（松江門市）
104台北市中山區松江路209號1樓
電話：+886-2-2518-0207　傳真：+886-2-2518-0778
網路訂購 / 秀威網路書店：https://store.showwe.tw
國家網路書店：https://www.govbooks.com.tw

2023年12月　BOD一版
定價：540元

讀者回函卡

國家圖書館出版品預行編目

名人餘談 / 高伯雨等著. -- 一版. -- 臺北市 :
秀威經典, 2023.12
面； 公分
BOD版
ISBN 978-626-97571-3-8(平裝)

1.CST: 人物志 2.CST: 中國

782.18 112020267